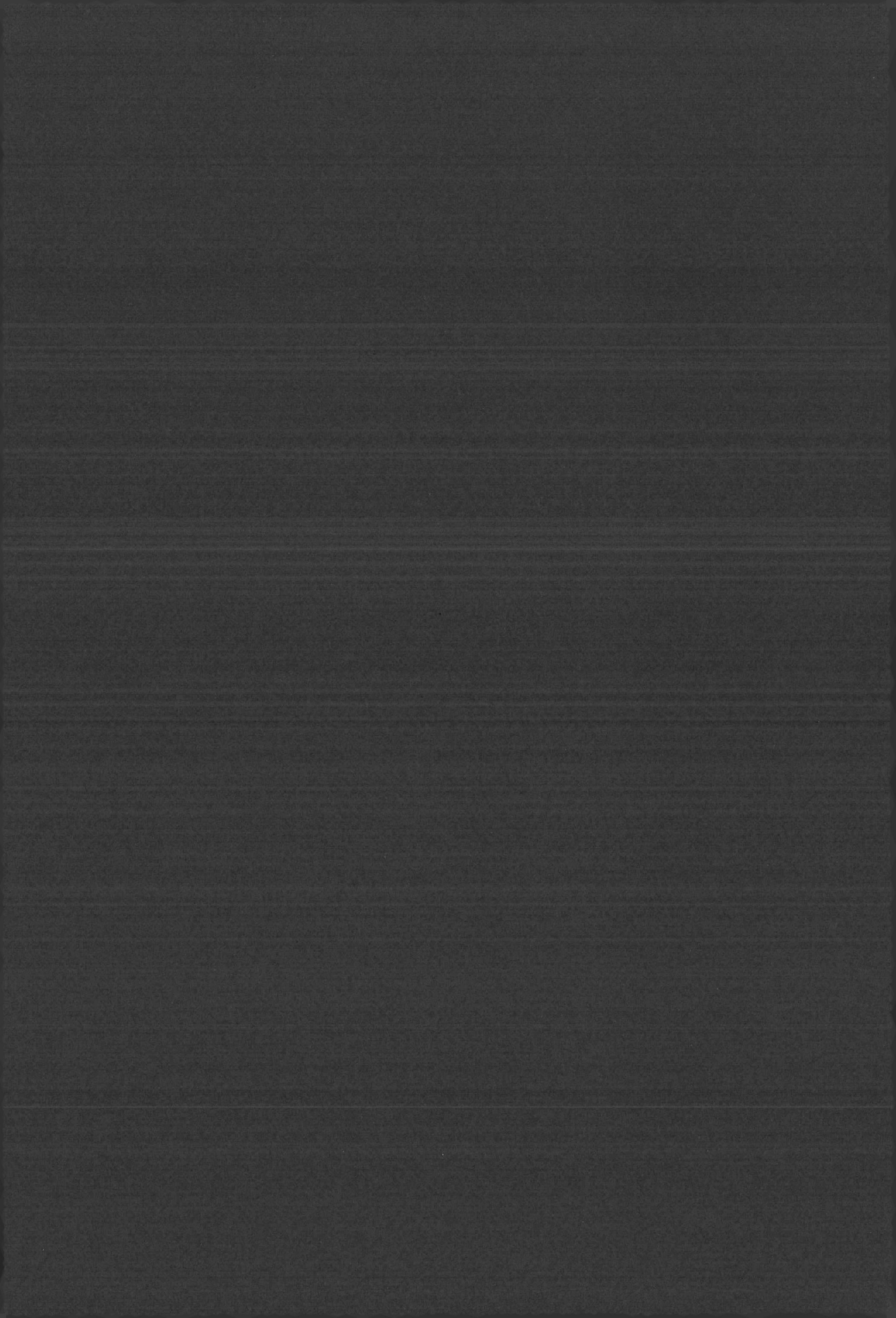

핵심정리부터 모의고사까지 한 권으로 합격!!

은행FP 자산관리사

파이널총정리문제

프로필

유 준 수 강원대학교 경영학 박사수료
ShareValueCompany 대표
(주)에스비컨 이사
장안대학교, 한림성심대학교 등 출강
은행FP 자산관리사 (2019, 에듀크라운)

김 윤 철 서울시립대학교 행정학 석사
성균관대학교 무역학과 졸업
한국폴리텍대학 NCS일학습병행제 강사
부산 해양대학교, 인제대 등 취업 특강

변 선 주 성균관대학교 회계학 석사
국제공인회계사(AICPA) 합격

정 경 희 수원대학교 경영학 박사수료
장안대학교 출강
세무회계 공저(2019, 탑21북스)

이 책을 펴내며...

이 책은 은행FP(자산관리사) 시험을 준비하는 수험생들의 합격을 위해 쓰인 책입니다.
특히, 시험을 치루기 전, 자산관리사에 대한 지식을 마지막으로 총정리 할 수 있도록 도움을 주도록 노력하였습니다.

국가공인 자산관리사(FP : financial Planner)란 금융기관 영업부서의 재테크팀 또는 PB팀에서 고객의 수입과 지출, 자산 및 부채현황 가족상황 등 고객에 대한 각종 자료 수집, 분석하여 고객이 원하는 Life Plan상의 재무목표를 달성할 수 있도록 종합적인 자산설계에 대한 상담과 실행을 지원하는 금융 전문가를 말합니다.

이 책은 시험을 치루기 전 자산관리사의 총정리 도서로, 반드시 알아두어야 할 핵심적인 이론을 작은 부록처럼 요약하였습니다. 또한 자산관리사의 기본지식을 바탕으로 3회의 모의고사, 각 회마다 세무설계, 보험 및 은퇴설계, 금융자산과 비금융자산의 투자설계 분야를 통해 수험생들이 이 책 한권으로 자사관리사에 합격할 수 있도록 구성하였습니다.

아무쪼록 이 책을 통해 자산관리사 시험에서 고득점을 올리기를 기대합니다.

올 한 해 이 책을 접하는 모든 분들에게 행운과 행복이 함께 하시길 바랍니다.

천장산 기슭에서
유준수 올림

CONTENTS

제1회 은행 FP 자산관리사 모의고사

1편 자산관리 기본지식 모의고사   8

2편 세무설계 모의고사   23

3편 보험 및 은퇴설계 모의고사   36

4편 금융자산 투자설계 모의고사   44

5편 비금융자산 투자설계 모의고사   64

제2회 은행 FP 자산관리사 모의고사

1편 자산관리 기본지식 모의고사   78

2편 세무설계 모의고사.   94

3편 보험 및 은퇴설계 모의고사   108

4편 금융자산 투자설계 모의고사   116

5편 비금융자산 투자설계 모의고사   140

제3회 은행 FP 자산관리사 모의고사

1편 자산관리 기본지식 모의고사   154

2편 세무설계 모의고사   170

3편 보험 및 은퇴설계 모의고사   183

4편 금융자산 투자설계 모의고사   191

5편 비금융자산 투자설계 모의고사   212

은행 FP
자산관리사
1회 모의고사

실제 출제빈도수에 맞추어 구성한 모의고사입니다.

1편　자산관리 기본지식 모의고사
2편　세무설계 모의고사
3편　보험 및 은퇴설계 모의고사
4편　금융자산 투자설계 모의고사
5편　비금융자산 투자설계 모의고사

1편 자산관리 기본지식 모의고사

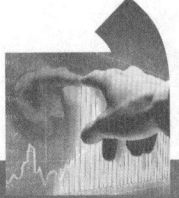

Financial Planner

01 자산관리사의 필요성을 증가시키는 사회 경제적 현상은?

① 가계소득 증가세가 가계부채 증가 속도보다 빠르게 늘고 있다.
② 금융기관 간 업무영역이 희미해짐에 따라 상호진출 및 겸업화가 진행되고 있다.
③ 일반투자자를 위한 투자자보호제도가 아직 마련되지 않았다.
④ 고용의 안정성이 낮아짐에 따라 고수익을 실현하기 위하여 주식투자의 비중을 확대한다.
⑤ 국내 금융시장을 보호하기 위해 외국자본의 국내 세금이나 규제에 대한 조건들이 강화되었다.

> **해설** 금융산업의 경쟁력 강화 필요성으로 금융기관 간 업무영역이 희미해짐에 따라 상호진출 및 겸업화가 진행되고 있다.
> ① 가계부채 증가세가 가계소득보다 빠르게 늘어남에 따라 가계부채의 증가에 따른 실질소득이 줄어들고 있다.
> ③ 일반 투자자를 위한 투자자보호제도 강화로 금융 관련 법규도 더욱 세분화 되고 있다.
> ④ 개인 자산의 대부분이 부동산에 편중되어 체계적인 자산관리를 위한 재무설계의 필요성이 높아졌다.
> ⑤ 금융시장의 개방 및 국제화로 인해 개인 재무설계를 필요로 하는 소비자들의 요구가 급속히 증가하게 되있다.

02 소비자 의식변화에 의한 개인 재무설계의 필요성이 아닌 것은?

① 노후준비에 대한 관심 증대
② 사회공동체 가치 중시
③ 시장이 공급자 중심에서 소비자 중심으로 전환
④ 재무설계의 중요성 인식
⑤ 재무적인 면보다 비재무적인 문제로 관심 증가

> **해설** 개인주의적 사고방식과 개별성 추구이다.

03 업무를 수행함에 있어 고객의 최대 이익을 위해 직업적 책임에 따른 정당한 주의를 기울이며, 최선을 다해 능력을 발휘해야 한다는 종합자산관리사의 윤리 원칙은?

① 전문성의 원칙
② 성실성의 원칙
③ 책임성의 원칙
④ 선관주의 원칙
⑤ 객관성의 원칙

> **해설** 선관주의 원칙

04 유망고객이 되기 위한 조건에 적합하지 않은 사람은?

① 경제적 능력이 있는 사람
② 만나기 어려운 사람
③ 재무목표가 있는 사람
④ 실행력이 있는 사람
⑤ 혈연 및 학연으로 맺어진 사람

> **해설** 재무목표가 있는 사람, 금융상품에 가입할 경제적 능력이 있는 사람, 만남이 가능한 사람, 실행력이 있는 사람이다.

05 고객과의 관계 정립 단계에서 최초 면담에서 활용할 수 있는 시사 질문은?

① 금융상품은 주로 어떤 상품을 가입하십니까?
② 중대 질병에 걸려 막대한 치료비가 필요한 경우 남은 가족의 생활은 어떨까요??
③ 고객님이 조기 사망하시거나 큰 병에 걸리신다면 남은 가족들에겐 무슨 일이 생길까요?
④ 가족 보장 및 필요할 때마다 자금을 찾는 기능이 부가된 상품이면 어떨까요?
⑤ 사랑하는 자녀를 위해 필요한 교육비는 얼마 정도라고 생각하십니까?

> **해설** 시사 질문은 고객 문제로 인해 발생 파급되는 결과에 대한 심각성·중요성 등을 고객 스스로 인지하게끔 하는 질문이다.
> ① 상황 파악 질문은 현재 고객이 처한 상황이나 고객 정보를 수집하기 위한 질문이다.
> ③, ⑤ 문제 인식 질문은 현재 고객의 어려운 상황을 스스로 인식하게 하는 질문이다.
> ④ 해결 질문은 자산관리사의 해결안 제안에 동의를 구하는 질문이다.

정답 01 ② 02 ② 03 ④ 04 ② 05 ②

06 재무설계 시 수집해야 할 고객에 대한 정성적 정보는?

① 고객의 기본 인적 사항
② 유언이나 상속 관련 자료
③ 투자상품에 대한 과거 경험
④ 종업원 복지 관련 자료
⑤ 고객의 소득 자료

> **해설** 주관적인 내용의 자료로서 가치관, 기질, 관심, 예상수명, 다양한 목적의 우선순위, 위험수용성향, 투자상품 또는 개인 재무설계 관련 경험 및 지식 등이 있다.

07 개인재무제표 분석 시 재무상태의 안정성을 측정하기 위한 재무비율은?

① 소득대비 소비비율
② 투자자산대비 주식형자산비율
③ 총자산대비 총부채비율
④ 순자산대비 유동성자산비율
⑤ 총자산대비 순자산비율

> **해설** 순자산대비 유동성자산비율은 유동성과 안정성 진단지표로 수익성과 상반되는 관계이다.

08 현금흐름표의 유출항목에서 고정지출 항목만 바르게 제시한 것은?

① 주택관리비, 공교육비, 세금, 보장성보험료
② 건강의료비, 공교육비, 사교육비, 정기적금
③ 사교육비, 보장성보험료, 식비, 교통비
④ 건강의료비, 정기적금, 임대료, 교통비
⑤ 부채상환원리금, 보장성보험료, 정기적금, 임대료

> **해설** 고정지출 : 주택관리비, 공교육비, 세금, 부채상환 원리금, 보장성보험료 / 변동지출 : 건강의료비, 사교육비, 식비, 교통비 / 저축 및 투자 : 정기적금 / 현금유입-사업소득 : 임대료이다.

09 퇴직 후 노후자금 마련에 관심이 있는 고객에게 제안서를 작성하려고 한다. 고려할 사항으로 가장 거리가 먼 것은?

① 자산의 증식보다는 안정적인 소득 창출이 주목적이 되도록 고려한다.
② 배우자의 사망 후 남은 가족의 생활비도 고려한다.
③ 장기상품보다는 단기상품을 활용한다.
④ 자산의 안전성을 높이기 위해 유동자산보다 고정자산의 비중을 확대하여 의료비 등 목돈이 필요할 때를 대비한다.

⑤ 인플레이션의 위험으로부터 자산가치를 보호할 수 있는 장치도 함께 고려한다.

> 해설 　노후에는 위험에 노출될 가능성이 많으므로 유동성의 확보가 중요하다. 따라서 고정자산보다 유동자산 투자 비중을 확대하도록 한다.

10 정기점검 및 사후관리 단계에서 투자에 관한 사항에 포함되지 않는 것은?

① 경제상황 및 금융환경 점검
② 고객의 재무목표
③ 투자상품의 세금 문제
④ 중도 해지할 경우 수수료
⑤ 새로운 투자 상품의 수익률

> 해설 　고객에 관한 사항은 재무목표, 고객 및 가족 신상 변화, 고객의 수입원 변화 등이 있다.

11 거시경제의 경제주체와 그 기능이 바르게 연결된 것은?

① 가계부문 – 요소시장에서 생산요소의 수요
② 기업부문 – 대부자금시장에서 대부자금의 수요
③ 정부부문 – 외환시장과 대부자금시장을 통하여 통화량과 이자율의 조절
④ 해외부문 – 생산물시장에 공공재의 공급
⑤ 중앙은행 – 재정지출을 통하여 생산물시장에서 재화와 용역의 수요

> 해설 　기업부문 – 대부자금시장에서 대부자금의 수요이다.

12 총공급곡선(AS 곡선)에 대한 설명이 틀린 것은?

① 인구 증가와 기술의 진보로 한 나라의 잠재적 총생산능력이 증가하면 장기총공급곡선은 우측으로 이동한다.
② 물가와 같이 총공급에 영향을 미치는 요인이 변동하면 총공급곡선이 좌우로 이동한다.
③ 노동시장에서 결정되는 고용량과 자본 스톡, 생산기술에 의해 총공급의 크기가 결정된다.
④ 단기 총공급곡선은 물가와 실질국민소득의 평면에서 우상향의 기울기를 갖는다.
⑤ 장기 총공급곡선 상에서는 총공급량은 증가하지 않고 물가만 상승하게 되어 장기 총공급량의 물가에 대한 탄력성은 0이 된다.

> 해설 　물가가 변동하면 총공급량이 변화하여 총공급곡선 상에서 움직이고, 물가 이외의 총공급에 영향을 미치는 요인이 변동하면 총공급이 변화하여 총공급곡선 자체가 이동한다.

정답 06 ③　07 ④　08 ①　09 ④　10 ②　11 ②　12 ②

13 물가와 실질국민소득의 결정에 관련한 설명이 틀린 것은?

① 총수요곡선과 장·단기 총공급곡선이 만나는 점에서 물가와 실질국민소득이 결정된다.
② 총공급곡선은 각각의 물가수준에서 경제 전체의 총생산능력을 나타내는 곡선으로 노동시장과 총생산 함수로부터 도출된다.
③ 총수요곡선은 각각의 물가수준에서 경제의 총수요를 나타내는 곡선으로 IS 곡선과 LM 곡선의 균형으로부터 도출된다.
④ 디플레이션 갭을 감소시키기 위해 금리인하, 정부지출 확대, 각종 세제혜택의 도입 등 확장정책을 실시한다.
⑤ 양(+)의 GDP갭은 잠재GDP가 실제GDP를 초과한 상태이므로 경기가 과열되어 인플레이션이 가속화될 수 있다.

> **해설** 양(+)의 GDP갭은 실제GDP가 잠재GDP를 초과한 상태이므로 경기가 과열되어 인플레이션이 가속화 될 수 있다.

14 인플레이션을 일으키는 원인이 아닌 것은?

① 소득세 등 세율 인하
② 정부의 과도한 재정 적자
③ 자국통화가치의 상대적 상승
④ 근로자 임금의 인상
⑤ 중앙은행의 증권 매입

> **해설** 자국통화가치가 상승하면, 자국통화로 표시한 수입가격이 낮아지면서 물가하락에 기여한다.

15 자연실업률에 대한 설명으로 바르지 않은 것은?

① 자연실업률 수준에서는 정부의 총수요관리정책 등 어떤 정책적 시도도 물가상승만 가져온다.
② 자연실업률 수준에서는 마찰적 실업과 구조적 실업만 존재한다.
③ 실업급여 등 높은 실업혜택, 실질임금의 감소, 노령인구 구성비 증가는 자연실업률을 증가시키는 요인이다.
④ 완전고용(잠재GDP) 수준 하에서 발생하는 실업률이다.
⑤ 인플레이션율과 실업률의 평면에서 단기필립스곡선은 우하향하고, 장기필립스곡선은 자연실업률 수준에서 수직의 형태를 갖는다.

> **해설** 실업급여 등 높은 실업혜택, 실질임금의 증가, 젊은 연령인구 구성비 증가는 자연실업률을 증가시키는 요인이다.

16 재정재출 확대를 위해 재원 조달을 할 때, 국채를 공개시장에 매각할 경우에 비해 중앙은행에서 차입할 경우 그 효과는?

① 소비가 더 증가할 수 있다.
② 물가가 더 안정될 수 있다.
③ 재정적자가 더 증가할 수 있다.
④ 민간투자가 더 감소할 수 있다.
⑤ 이자율이 더 상승할 수 있다.

> **해설** 중앙은행 차입을 통해 재원을 조달하면 국채 발행의 경우보다 국민소득, 물가, 소비 등이 더 크게 증가하고, 이자율은 덜 상승하며, 민간투자가 덜 감소한다.

17 현금통화가 5조 원, 예금은행 시재금이 7조 원, 예금은행 지급준비금이 10조 원일 경우 화폐발행액과 본원통화량은?

	화폐발행액	본원통화량		화폐발행액	본원통화량
①	15조	22조	②	22조	15조
③	12조	15조	④	15조	12조
⑤	12조	22조			

> **해설** 화폐발행액(12조) = 현금통화(5조) + 예금은행 시재금(7조), 본원통화량(15조) = 현금통화(5조) + 예금은행 지급준비금(10조)

18 통화정책에 대한 설명이 틀린 것은?

① 일반적으로 통화정책은 침체된 경기를 부양하는 데는 효과가 있으나, 과열된 경기를 식히는 데는 효과가 떨어진다.
② 한국은행은 물가안정목표를 달성하기 위하여 환매조건부채권(RP) 금리를 운용목표로 하는 금리중심 통화정책을 운영하고 있다.
③ 통상 통화정책은 내부시차는 짧은 편이나, 외부시차는 길고, 그 길이의 변화도 큰 편이다.
④ 기준금리가 상승하면 소비는 감소하고 저축이 증가할 것이고, 환율은 하락하여 수출은 감소하고 수입은 증가할 것이다.
⑤ 본원통화에 대해 증가한 통화량의 비율을 통화승수라고 한다.

> **해설** 일반적으로 통화정책은 과열된 경기를 식히는 데는 효과가 있으나, 침체된 경기를 부양하는 데는 효과가 떨어진다.

정답 13 ⑤ 14 ③ 15 ③ 16 ① 17 ③ 18 ①

19 대부자금시장의 수요공급곡선에 대한 설명이 잘못된 것은?

① 균형 실질이자율보다 높은 이자율 수준에서는 대부자금의 초과공급이 존재한다.
② 실질이자율이 상승하면 대부자금 공급량이 대부자금 공급곡선을 따라 증가한다.
③ 실질GDP가 증가하거나 물가가 상승할 것으로 기대되는 경우 또는 조세부담이 감소할 경우 대부자금 공급곡선이 우측으로 이동한다.
④ 대부자금 수요곡선은 실질이자율과 대부자금 거래량 평면에서 우하향한다.
⑤ 물가, 이자율, 소득이 증가할 것으로 기대되는 경우 대부자금 수요곡선이 우측으로 이동한다.

> **해설** 실질GDP가 증가하거나 조세부담이 감소할 경우 대부자금 공급곡선이 우측으로 이동하고, 물가가 상승할 것으로 기대되는 경우 대부자금 공급곡선이 좌측으로 이동한다.

20 외환시장에서 외환 수요와 공급에 대한 설명이 잘못된 것은?

① 국내수출업자, 국내에 직접 투자하는 해외투자자, 중앙은행, 국내 소재 외국대사관은 외환공급자이다.
② 환율이 상승하면 해외부문으로부터 수요가 증가하고, 외환의 공급량이 감소하게 된다.
③ 환율은 외환시장에서 외환의 수요와 공급에 의해서 결정된다.
④ 수입업자, 해외여행 관광객, 외화표시 증권 투자자, 중앙은행은 외환수요자이다.
⑤ 환율이 하락하면 상대국 생산물에 대한 국내 수요는 증가하고, 외환 수요량도 증가하게 된다.

> **해설** 환율과 외환공급량은 비례관계이므로 환율이 상승하면 해외부문으로부터 수요가 증가하고, 외환의 공급이 증가하게 된다.

21 다음 국제거래 중 경상수지 대변 항목에 작성되어야 할 것은?

① 우리나라 여행사에서 라스베이거스의 호텔에 단체관광객의 숙박비로 4천 달러를 지급했다.
② 외국인이 주식시장에서 우리나라 기업의 주식을 10만 달러 매입하였다.
③ 우리나라 게임업체의 캐릭터 사용에 대해 중국기업으로부터 지적재산권 사용료 50만 달러를 지급받았다.
④ 우리나라 의류업체가 미국 기업으로부터 청바지를 수입하고 8만 달러를 4년 만기 채권으로 지급하였다.
⑤ 우리나라 기업이 베트남에 반도체 공장을 건설하였다.

> **해설** 지적재산권 등 사용료는 경상수지 중 서비스수지의 자금 유입으로 대변항목이다.
> ① 숙박비는 경상수지 중 서비스수지의 자금유출로 차변항목이다.
> ② 비거주자의 국내투자는 자본·금융수지의 자금유입으로 대변항목이다.
> ④ 재화의 수입은 경상수지 중 상품수지의 자금유출로 차변항목이다.
> ⑤ 거주자의 해외투자는 자본·금융수지의 자금유출로 차변항목이다.

22 환율 상승의 효과를 바르게 설명한 것은?

① 외환표시외채 원리금상환 부담이 감소한다.
② 수입상품 가격이 하락한다.
③ 수출이 감소하고 수입이 증가하여 경상수지가 악화된다.
④ 수출채산성이 호전된다.
⑤ 수입원자재 가격이 하락하여 물가가 안정된다.

> 해설 수출채산성이 호전되어 수출이 증가한다.

23 경기침체기에 공개시장에 국채를 발행하여 정부지출을 확대하였을 때 거시경제 변수에 미치는 영향으로 잘못된 것은?

① 생산물시장에서 물가가 상승하고 실질GDP와 명목GDP는 증가한다.
② 노동시장에서 실업률은 낮아지고 명목임금과 실질임금도 상승하지만, 실질임금 상승률은 물가상승률보다 낮아 고용량이 증가한다.
③ 대부자금시장에서 대부자금 수요 증가로 실질이자율이 상승하고 물가가 상승하여 기대인플레이션율도 상승하므로 명목이자율도 상승한다.
④ 확장적 재정정책은 대부자금시장에서 본원통화와 통화공급량에 영향을 미치지 않는다.
⑤ 실질GDP 증가와 실질환율 하락에 따라 경상수지는 증가하고, 실질이자율이 상승하므로 자본·금융수지는 감소한다.

> 해설 실질GDP 증가와 실질환율 하락에 따라 경상수지는 감소하고, 실질이자율이 상승하므로 자본·금융수지는 증가한다.

24 경기변동의 주기 및 진폭에 대한 설명 중 틀린 것은?

① 2차 세계 대전 이후 대부분의 자본주의 국가에서 경기변동의 진폭이 점차 축소되고 있다.
② 쥬글러 파동은 주택, 사무소, 공장 등의 건축 활동에서 볼 수 있는 순환적 파동으로서 18년 주기를 가지고 있다.
③ 키친 파동은 40개월 주기로 움직이는 가장 작은 단위의 경기순환으로서 주로 재고가 쌓여 발생하기 때문에 재고순환이라 한다.
④ 콘트라티에프 파동은 전쟁, 기술혁신, 신 자원개발 등에 의해 약 50년 주기를 가지는 장기파동이다.
⑤ 쿠즈네츠 파동은 약 20년 주기를 가지는 실질국민소득의 성장률 순환으로서 경제성장으로 인한 기복·부침을 알 수 있다.

> 해설 쥬글러 파동은 기술혁신이나 기계류의 발명 등에서 영향을 받는 경기순환으로 7~12년 주기를 가지는 중기파동이다.

25 현재의 경기상황을 판단하고 향후 경기흐름을 예측하고자 할 때 다음 중 경기흐름의 방향이 다른 것은?

① 동행지수 순환변동치가 4개월 연속 0.3 포인트 하락하다가 지난달 0.6 포인트 반등한 후 이번 달에 다시 0.1 포인트 하향 전환하였다.
② 98.7에서 전월 100.5를 기록하며 6개월 연속 큰 폭으로 상승하던 선행지수 순환변동치가 수출입물가비율, 장단기금리차 등이 줄어든 반면 구인구직비율, 코스피지수 등이 늘면서 0.1 포인트로 상승폭이 감소하였다.
③ 매출액 기준 600대 기업을 대상으로 BSI를 조사한 결과 다음 달 전망치는 103.4로 5개월 연속 상승세를 보이고 있다.
④ 국제 유가 하락으로 순상품교역조건지수는 101.99로 전년동월대비 9.7%, 전월 대비 0.3% 상승하였다.
⑤ 한국은행은 기준금리를 지난해 12월 인상한 이후 7개월 만에 연 1.8%로 0.25%포인트 인상하였다.

> **해설** 동행지수 순환변동치의 추세가 하향하는 것은 현재 경기흐름이 좋지 않다는 것을 의미한다. 경기 예측을 할 때는 일시적 변동이 있을 수 있으므로 일정기간의 추세를 고려해야 하고, 이 때 동행지수 순환변동치와 선행지수 전년동월비는 크기, 증감률, 진폭 등이 큰 의미가 없고, 움직이는 방향이 중요하다.
> ② 선행지수 순환변동치와 동행지수 순환변동치는 100을 기준으로 높으면 경기가 좋은 것으로, 낮으면 안 좋은 것으로 해석한다.

26 소유권에 대한 설명으로 틀린 것은?

① 물건이 갖는 가치를 전면적으로 지배할 수 있는 완전물권이다.
② 소멸시효에 걸리지 않는다.
③ 집합건물의 전유부분은 단독소유권을 인정하고, 공용부분과 대지는 전유부분에 따른 공유지분을 인정한다.
④ 합유자는 자기지분의 비율로 처분하거나 합유물의 분할을 청구할 수 있다.
⑤ 총유에서 목적물의 관리·처분 등의 권능은 사단 자체에 속하고, 사용·수익의 권능은 각 사원에게 귀속한다.

> **해설** 공유자는 언제든지 목적물을 분할하여 단독소유로 이행할 수 있으나, 합유자는 전원의 동의 없이는 그 지분을 처분하거나 합유물의 분할을 청구하지 못한다.

27 민법에서 규정하고 있는 채권의 소멸 원인을 잘못 제시한 것은?

① 채무자가 채권을 양수한 경우는 면제에 해당한다.
② 은행은 대출채무자에게 1천만 원의 대출채권이 있고, 대출채무자는 정기예금 1천만 원이 있다면 상대방에 대한 일방적인 의사표시로 채권을 소멸시키는 경우는 상계에 해당한다.

③ 경개는 채무의 중요한 부분을 변경함으로써 신채무를 성립시킴과 동시에 구채무를 소멸시키는 계약이다.
④ 1억 원의 금전채무에 대하여 금전지급에 갈음하여 특정 토지의 소유권을 이전하는 경우는 대물변제이다.
⑤ 채무자와 보증인, 연대채무자 등 이해관계가 있는 제3자는 변제 가능하나 이해관계가 없는 제3자는 채무자의 의사에 반하여 변제하지 못한다.

> **해설** 채무자가 채권을 양수한 경우는 혼동에 해당한다.

28 주식회사에 대한 설명으로 바른 것은?

① 이익배당청구권은 주주의 고유권으로 주주총회나 이사회의 결의를 한 날부터 1개월 내에 이익배당을 하여야 한다.
② 주식의 양수인은 주권의 교부를 받음으로써 그가 주주임을 회사에 대항할 수 있다.
③ 합병에 의해서 소멸회사의 주주의 지위는 원칙적으로 소멸한다.
④ 자본금의 증감은 주주총회의 특별결의가 필요하다.
⑤ 출자는 원칙적으로 현금, 신용, 노무출자 등이 허용된다.

> **해설** 이익배당은 주주총회나 이사회의 결의를 한 날부터 1개월 내에 하여야 한다.
> ② 주주임을 회사에 대항하기 위해서는 주주명부에 성명과 주소를 기재하여야 한다.
> ③ 합병에 의해서 소멸회사의 주주의 지위는 원칙적으로 존속회사 또는 신설회사 주주의 지위로 이전된다.
> ④ 자본금 감소는 주주총회 특별결의가 필요하고, 정관에서 신주발행을 주주총회의 권한으로 정하지 않는 한 이사회의 결정만으로 자본을 증가시킬 수 있다.
> ⑤ 출자는 원칙적으로 현금이며 신용이나 노무출자는 제한된다.

29 대출에 대한 설명으로 틀린 것은?

① 법률적으로 민법상의 소비대차에 해당하며, 유상의 낙성·쌍무계약이다.
② 신용보증서로 담보되는 대출을 채무자가 변제한 후 이를 취소할 경우 반드시 신용보증기금의 동의를 받아야 한다.
③ 증서대출은 거래처에게서 여신거래약정서를 받고, 자금을 빌려주는 대출이다.
④ 지급보증은 당좌거래에 수반하여 거래처가 당좌예금 잔액을 초과하여 발행한 어음·수표를 약정한도까지 은행이 대신하여 지급하는 대출이다.
⑤ 상계의 효과가 발생하려면 원칙적으로 서면에 의한 상계통지를 하여야 한다.

> **해설** 당좌대출은 당좌거래에 수반하여 거래처가 당좌예금 잔액을 초과하여 발행한 어음·수표를 약정한도까지 은행이 대신하여 지급하는 대출이다.

정답 25 ① 26 ④ 27 ① 28 ① 29 ④

30 약관의 해석원칙에 대하여 잘못 설명하는 것은?

① 작성자 불이익의 원칙은 약관의 뜻이 명백하지 아니하여 둘 이상의 해석이 가능한 경우 모든 해석의 의문은 작성자인 은행이 부담한다는 것이다.
② 신의성실의 원칙에 따라 약관의 해석은 직접적인 당사자들의 이해관계 외에 공공이익도 고려되어야 한다.
③ 엄격해석의 원칙은 고객의 법률상의 지위에 중대한 영향을 미치는 약관 조항은 더욱 엄격하게 해석하여야 한다는 원칙이다.
④ 객관적 해석의 원칙은 모든 고객에게 통일적으로 해석되어야 한다는 원칙이다.
⑤ 개별약정 우선의 원칙은 약관과 개별약정이 충돌할 때 그 부분에 대해 개별약정이 우선한다는 원칙이다.

> **해설** 작성자 불이익의 원칙은 모든 해석의 의문을 은행에 부담시키려는 것은 아니며, 일단 객관적 해석을 한 후에도 여전히 의문이 남는 경우에 그 위험을 은행에 부담시키려는 것이다.

31 부동산 신탁에 대한 설명으로 잘못된 것은?

① 부동산관리신탁의 수탁자는 소유권 관리뿐만 아니라 건물관리, 임대차관리, 세제관리 등을 담당한다.
② 부동산처분신탁의 수탁자는 처분가격의 결정, 매수인과의 교섭, 처분대금의 운용 등 모든 권한을 가진다.
③ 부동산 담보신탁은 신탁계약 후 수익증권을 금융기관에 제출해 대출받는 제도이다.
④ 토지신탁은 부동산신탁회사에서 자금조달, 건물신축, 임대, 관리, 분양까지 맡아서 하고, 그 수익을 교부하는 것이다.
⑤ 임대형 토지신탁은 수분양자에게 신탁재산의 소유권을 이전하여 주고 현금형태의 수익을 수익자에게 교부한다.

> **해설** 분양형 토지신탁은 수분양자에게 신탁재산의 소유권을 이전하여 주고 현금형태의 수익을 수익자에게 교부한다.

32 금융소비자 보호기본법 제정안의 내용을 잘못 서술한 것은?

① 설명의무, 부당권유행위금지, 불공정영업행위금지, 광고규제의 위반행위로 인해 발생한 수입의 50% 범위에서 부과 가능하도록 징벌적 과징금 제도 도입
② 일반금융소비자가 제기한 2천만 원 이하의 소액분쟁사건은 분쟁조정절차가 완료되기 전까지는 금융회사가 법원에 소송을 제기할 수 없도록 분쟁조정제도 개선

③ 금융상품 판매행위를 직접 판매업자, 판매대리·중개업자, 자문업자로 분류하여 규율
④ 모든 금융상품 판매에 관하여 적합성 원칙, 적정성 원칙, 설명의무, 불공정영업행위금지, 부당권유금지, 광고규제를 규정
⑤ 금융상품을 예금성, 수익성, 보장성, 대출성으로 분류하여 기능별 규제체계 도입

> **해설** 금융상품을 예금성, 투자성, 보장성, 대출성으로 분류하여 기능별 규제체계 도입

33 자본시장법 하에서 금융투자상품과 투자자에 대한 설명이 부적절한 것은?
① 전문투자자 중 대통령령으로 정하는 자가 일반투자자와 같은 대우를 받겠다는 의사를 금융투자업자에게 서면으로 통지함으로써 일반투자자로 전환이 가능하다.
② 장외파생상품 거래 시 일반투자자로 취급되는 주권상장법인은 서면 통지함으로써 전문투자자로의 전환이 가능하다.
③ 전문투자자에 대해서는 투자권유 규제에 관한 규정의 적용을 배제한다.
④ 파생상품은 증권의 거래에 비하여 위험도가 훨씬 크다.
⑤ 증권은 채무증권, 지분증권, 수익증권, 투자계약증권, 파생결합증권, 예탁증권으로 분류된다.

> **해설** 전문투자자 중 대통령령으로 정하는 자가 일반투자자와 같은 대우를 받겠다는 의사를 금융투자업자에게 서면으로 통지하고, 금융투자업자가 동의한 경우에는 일반투자자로 본다.

34 신용카드사의 주요업무 및 특징을 잘못 서술한 것은?
① 신용카드는 양도·양수하거나 질권을 설정할 수 없다.
② 지급보증, 유동화자산관리, 신용카드회원에 대한 자금의 융통·대금결제 등의 업무를 기본업무로 수행한다.
③ 여신전문금융업법은 분실·도난 등의 통지를 받은 날로부터 60일 전까지 제3자에 의해 발생한 카드의 사용에 대해서 신용카드업자가 책임을 진다.
④ 위조·변조된 신용카드 등의 사용으로 생기는 책임은 신용카드사가 진다.
⑤ 신용카드회원이 서면으로 신용카드의 이용금액에 대하여 이의를 제기할 경우 신용카드사는 조사를 마칠 때까지 그 금액을 받을 수 없다.

> **해설** 지급보증, 유동화자산관리 등의 업무를 기본업무로 수행하고, 신용카드회원에 대한 자금의 융통·대금결제 등의 부대업무도 영위 가능하다.

정답 30 ① 31 ⑤ 32 ⑤ 33 ① 32 ② 33 ① 34 ②

35 상속에 대한 설명으로 옳지 않은 것은?

① 피상속인의 자녀·손자녀가 있는 경우에는 자녀만 상속하고, 자녀가 여럿 있으면 공동으로 상속한다.
② 피상속인 배우자의 상속분은 직계비속·직계존속과 공동으로 상속하는 때에는 직계비속·직계존속의 상속분에 5할을 더한다.
③ 상속인은 상속이 개시된 때에 피상속인의 재산에 대한 개별적인 권리·의무를 이전하는 절차는 필요하지 않다.
④ 공동상속의 경우 상속이 개시되면 상속재산은 일단 공동상속인이 공유하는 상태가 된다.
⑤ 상속인은 상속개시 있음을 안 날로부터 3개월 내에 단순승인 또는 한정승인을 하지 않으면 포기한 것으로 의제된다.

> **해설** 상속인은 상속개시 있음을 안 날로부터 3개월 이내에 승인이나 포기를 하지 않으면, 단순승인한 것으로 의제된다.

36 주식회사의 분할과 합병에 대한 설명으로 틀린 것은?

① 합병을 반대하는 주주는 주주총회 결의일로부터 20일 이내에 주식매수청구권을 행사할 수 있다.
② 합병 및 분할 시에는 반드시 채권자 보호절차를 거쳐야 한다.
③ 합병으로 존속회사 또는 신설회사가 포괄승계한 권리를 행사하기 위해서는 일정한 공시방법과 대항요건을 갖추어야 한다.
④ 주식회사의 경우 회사의 합병과 분할 모두 주주총회의 특별결의를 요구하고 있다.
⑤ 단순분할의 경우 신설회사의 채무승계가 제한적이든, 연대채무이든 상관없이 모든 경우에 당사회사의 모든 채권자의 이의가 인정된다.

> **해설** 분할합병의 경우에 대한 설명이다. 단순분할의 경우 분할로 설립된 회사가 분할되는 회사의 채무를 제한적으로 승계한 경우에만 채권자 이의권이 인정된다.

37 개인회생제도에 대하여 바르게 설명한 것은?

① 개인회생채권자목록에 기재된 개인회생채권을 변제하거나 변제받는 등 이를 소멸하게 하는 행위는 변제계획에 의해서만 가능하다.
② 개인회생절차는 법인 또는 자연인 개인의 채무자가 신청할 수 있다.
③ 채권자는 신청서와 함께 채권자의 성명, 주소와 채권의 원인 및 금액이 기재된 개인회생채권자목록을 제출하여야 한다.
④ 개인회생절차 개시결정이 있는 때에는 개인회생재단에 속하는 재산에 대하여 체납처분을 제외하고 강제집행, 개인회생채권의 변제행위 등은 중지 또는 금지된다.

⑤ 압류금지 재산과 법원이 면제한 재산도 개인회생재단에 편입된다.

> **해설** 변제계획에 의하지 않고는 개인회생채권자목록에 기재된 개인회생채권을 변제하거나 변제받는 등 이를 소멸하게 하는 행위를 할 수 없다.
> ② 개인회생 절차는 법인이 아닌 자연인 개인의 채무자만이 신청할 수 있다.
> ③ 채권자들의 채권신고 없이 채무자는 신청서와 함께 채권자의 성명, 주소와 채권의 원인 및 금액이 기재된 개인회생채권자목록을 제출하여야 한다.
> ④ 개인회생절차 개시결정이 있는 때에는 개인회생재단에 속하는 재산에 대하여 체납처분, 강제집행, 개인회생채권의 변제행위 등은 중지 또는 금지된다.
> ⑤ 압류금지 재산과 법원이 면제한 재산은 개인회생재단에 편입되지 않는다.

38 공중협박자금조달금지 및 자금세탁방지를 위한 제도에 대한 설명이 맞는 것은?

① 의심거래보고에 관여한 금융기관은 그 보고와 관련된 재판의 증언을 거부할 수 없다.
② 의심거래 보고를 한 경우 그 사실을 당해 보고와 관련된 금융거래의 상대방에게 고지할 의무가 있다.
③ 금융회사는 허가 없이 금융거래제한대상자의 금융거래를 취급해서는 안 되고, 이를 위반하면 3년 이하의 징역 또는 3천만 원 이하의 벌금으로 처벌받는다.
④ 금융기관이 금융정보분석원장에게 보고한 사항 중 금융정보분석원장이 법집행기관 등에 제공한 특정금융거래정보는 재판에서 증거로 채택 가능하다.
⑤ 의심거래보고를 한 경우 그 보고와 관련되어 과실로 인하여 손해를 입혔다면 금융거래의 상대방에게 손해배상책임을 진다.

> **해설** 금융회사는 허가 없이 금융거래제한대상자의 금융거래를 취급해서는 안되고, 이를 위반하면 3년 이하의 징역 또는 3천만 원 이하의 벌금으로 처벌받는다.
> ① 중대한 공익상의 필요가 있을 때 또는 특정금융거래보고법 13조 및 14조의 규정과 관련된 재판을 제외하고는 증언을 거부할 수 있다.
> ② 의심거래 보고를 한 경우 그 사실을 당해 보고와 관련된 금융거래의 상대방을 포함하여 다른 사람에게 누설하여서는 안 된다.
> ④ 금융기관이 금융정보분석원장에게 보고한 사항 중 금융정보분석원장이 법집행기관 등에 제공한 특정금융거래정보는 재판에서 증거로 채택할 수 없다.
> ⑤ 의심거래보고를 한 경우 고의 또는 중대한 과실로 인하여 허위보고를 한 경우를 제외하고 그 보고와 관련된 금융거래의 상대방에게 손해배상책임을 지지 않는다.

정답 35 ⑤ 36 ⑤ 37 ① 38 ③

39 투자권유 시 금지사항이 아닌 것은?

① 투자자로부터 투자권유요청을 받지 아니하고 방문·전화 등 방법을 이용하는 행위
② 관계법령 및 회사가 정한 절차에 따르지 않고 금전 등 재산상의 이익을 제공하는 행위
③ 투자자가 투자권유를 거부하는 의사표시를 하였음에도 불구하고 다른 종류의 금융투자상품에 대하여 투자권유를 하는 행위
④ 불확실한 사항에 대하여 확실하다고 오인하게 할 소지가 있는 내용을 알리는 행위
⑤ 투자자가 투자권유를 거부하는 의사표시를 한 후 2주 후에 다시 투자권유를 하는 행위

> **해설** 투자권유를 받은 투자자가 이를 거부하는 의사표시를 하였음에도 불구하고 다른 종류의 금융투자상품에 대하여 투자권유를 하는 행위

40 개인(신용)정보 유출 시 조치방법에 대하여 괄호 안에 들어갈 적절한 용어는?

> 가. 개인(신용)정보가 유출된 경우 정당한 사유가 없는 한 (A) 이내에 정보주체에게 유출된 개인정보항목, 유출시점 및 경위, 대응조치, 신고 등을 접수할 수 있는 연락처 등을 서면, 전자우편, 전화 등의 방법을 통해 통지해야 한다.
> 나. 만약 (B) 이상의 개인(신용)정보가 유출된 경우에는 (A) 이내에 안전행정부 또는 한국인터넷진흥원에 신고해야 하고, (C) 개인정보 보호 담당부서에도 함께 신고해야 한다.

	A	B	C
①	5일	1만 명	금융정보분석원
②	5일	2만 명	금융정보분석원
③	5일	1만 명	금융감독원
④	3일	1만 명	금융정보분석원
⑤	3일	2만 명	금융감독원

> **해설** A : 5일, B : 1만 명, C : 금융감독원

정답 39 ③ 40 ③

2편 세무설계 모의고사

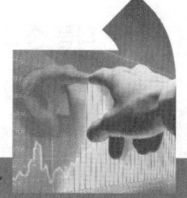

41 다음의 소득 중 필요경비가 인정되지 않는 것은?

① 이자소득   ② 사업소득   ③ 기타소득
④ 양도소득   ⑤ 근로소득

> **해설** 사업소득, 기타소득, 양도소득은 필요경비, 근로소득은 근로소득공제로 일부 필요경비를 인정하나, 이자소득, 배당소득은 필요경비를 인정하지 않는다.

42 소득세법상 이자소득에 포함하는 것은?

① 외상매출금을 소비대차로 전환하여 지급기일을 연기하고 받는 연체이자
② 보험계약에 따라 최초 보험료납일로부터 만기일이나 중도해지 일까지의 기간이 10년 이상인 저축성 보험의 보험차익(보험료1 억 원임)
③ 계약의 위약 또는 해약으로 인한 손해배상금의 법정이자
④ 명예 훼손 으로 인한 피해에 대해 받은 손해배상금
⑤ 금전의 대여행위가 사업적인 것인 경우 금전의 대여로 인한 소득

> **해설** ② 비과세, ③기타소득으로 인한 이자도 기타소득, ④정신적·육체적 피해가 원인이 되면 과세 제외, ⑤ 사업소득

43 소득세법상 다음의 거주자 중 반드시 과세표준 확정 신고를 해야 하는 자는?

① 근로소득과 분리과세 기타소득금액이 있는 자
② 양도소득만 있는 자로 자산양도차익 예정신고를 한 자
③ 분리과세 배당소득과 퇴직소득만 있는 자
④ 근로소득과 공적연금소득만 있는 자
⑤ 분리과세 이자소득과 퇴직소득만 있는 자

> **해설** 근로소득과 공적연금소득만 있는 자는 종합소득대상으로 합산하면 한계세율의 변화로 소득세의 변화를 가져올 수 있으므로 반드시 과세표준 확정 신고를 하여야 한다.

정답 39 ③   40 ③   41 ①   42 ①   43 ④

44 다음 중 소득세의 납부에 관한 설명으로 옳은 것은?

① 거주자가 납부할 세액이 500만 원을 초과하는 경우 세액을 분할납부할 수 있다.
② 확정 신고 시 납부할 세액이 3,000만 원인 경우 분할 납부할 수 있는 세액은 1,000만 원원이다.
③ 소득세 납부액이 1,000만 원을 초과하는 때에는 세액을 연부연납 할 수 있다.
④ 세액을 분할납부하는 경우 분할납부 기한은 납부기한이 지난 후 45일 이내이다.
⑤ 양도소득세는 금전납부가 원칙이므로 물납은 허용되지 아니한다.

> **해설** ① 거주자가 납부할 세액이 1,000만 원을 초과하는 경우 세액을 분할납부할 수 있다.
> ② 확정 신고 시 납부할 세액이 3,000만 원인 경우 분할 납부할 수 있는 세액은 50%인 1,500만 원이다.
> ③ 소득세 납부액이 1,000만 원을 초과하는 때에는 세액을 분납할 수 있다. 상속세 및 증여세는 납부세액이 2,000만 원을 초과하는 경우 연부연납신청이 가능하다.
> ④ 세액을 분할납부하는 경우 분할납부 기한은 납부기한이 지난 후 2개월 이내이다.

45 다음 중 분리과세로 종결되는 금융소득이 아닌 것은?

① 비실명 금융소득
② 출자공동사업자의 배당
③ 직장공제회 초과반환금
④ 법원보증금과 경락대금이자
⑤ 법인 아닌 단체의 금융수익

> **해설** 출자공동사업자의 배당은 형식은 배당이지만, 실질은 사업소득이므로 종합과세 대상이다.

46 다음 중 이자소득과 배당소득의 수입 시기에 관한 설명으로 옳은 것은?

① 기명주식에 대한 잉여금처분에 의한 배당 : 그 지급을 받은 날
② 파생금융상품의 배당 : 당해 잉여금처분결의일
③ 무기명채권의 이자와 할인 액 : 그 지급을 받은 날
④ 법인세법에 의하여 처분된 배당 : 당해 사업연도 종료일
⑤ 기일 전에 해지한 저축성보험의 보험차익 : 보험금 또는 환급금의 지급일

> **해설** ① 약정에 따른 지급일 ② 실제 지급일 ④ 해당 사업연도의 결산 확정일 ⑤ 실제지급일 또는 해지일

47 소득세법상 배당소득의 Gross-up에 관한 설명으로 옳지 않은 것은?

① 배당소득에 대한 이중과세방지 목적이다.
② 내국법인으로부터 받은 배당소득은 Gross-up 대상이다.
③ 배당 가산율은 11%이다.

④ 집합투자기구로부터의 이익은 Gross-up대상에 해당하지 않는다.
⑤ 출자공동사업자의 배당은 Gross-up대상이다.

> **해설** 출자공동사업자의 배당은 배당을 받은 주체가 법인이 아닌 개인으로 법인세를 부과하지 않았기에 법인세와의 이중과세방지가 취지인 Gross-up 대상에 해당되지 아니한다.

48 보험차익이 비과세되는 장기저축성보험의 요건으로 옳지 않은 것은?

① 보험기간 : 10년 이상
② 납입보험료의 합계액 : 1억 원 이하
③ 매월납입보험료의 합계액이 : 150만 원 이하
④ 납입보험료의 합계액이 1억 원 이하 : 일시금으로 납입 가능
⑤ 종신형 연금보험

> **해설** 일시금이 아닌 월 적립식 저축성보험이어야 한다.

49 다음 중 종합소득공제 등의 배제 사항에 관해 틀린 것은?

① 분리과세이자소득만 있는 자
② 분리과세연금소득만 있는 자
③ 수시부과 결정의 경우에는 어떠한 공제도 하지 않는다.
④ 소득공제를 증명하는 서류를 제출하지 아니한 경우에는 거주자 본인공제와 표준공제만 한다.
⑤ 서류를 제출하지 아니하여 나중에 제출한 경우에는 나중에 공제해 준다.

> **해설** 수시부과 결정의 경우 기본공제 중 거주자 본인에 대한 기본공제만을 공제한다.

50 다음 중 금융소득종합과세 절세전략에 대한 설명으로 옳지 않은 것은?

① 비과세저축을 활용한다.
② 증여를 통해 소득 대상자를 분산한다.
③ 세금우대 통장을 활용한다.
④ 명의 이전이나 차명계좌를 활용한다.
⑤ 즉시 형 연금보험을 활용한다.

> **해설** 단순한 명의 이전이나 차명 계좌를 통해 투자하는 것이 아니라 정당한 증여 절차를 거쳐 자산을 미리 배우자나 자녀에게 증여한다.

정답 44 ⑤ 45 ② 46 ③ 47 ⑤ 48 ④ 49 ③ 50 ④

51 다음 중 취득시기가 다르게 연결된 경우?

① 무상승계취득 : 계약일
② 건물의 건축 : 사용승인서를 내주는 날과 사실상의 사용일 빠른 날
③ 연부취득 : 계약상의 연부금 지급일
④ 토지 지목변경 : 사실상 지목변경일과 공부상의 지목변경일 중 빠른 날
⑤ 취득일 전에 등기 · 등록한 경우 : 등기일 또는 등록일

> **해설** 연부취득 시기는 사실상의 연부금 지급일로 한다.

52 다음 중 재산세에 관한 설명 중 옳지 않은 것은?

① 재산세는 토지, 건축물, 주택, 선박 및 항공기를 과세대상으로 한다.
② 재산세 과세기준일은 매년 6월 1일이다.
③ 재산세 납부세액이 500만 원을 초과하는 경우에는 분납을 신청할 수 있다.
④ 재산세 과세기준일 현재 사실상 소유자가 납세의무자이다.
⑤ 건축물의 납세지는 현재 소유자의 주소지이다.

> **해설** 건축물의 납세지 : 소유자의 주소지 → 건축물의 소재지

53 종합부동산세 합산배제대상으로 해당하지 않은 것은?

① 주택건설사업자가 주택을 건설하기 위해 취득한 토지
② 사원용 주택
③ 미분양 주택
④ 시군구청에 임대사업자 등록과 세무서에 주택임대사업자 등록을 하고 실제 소유 임대하는 주택이어야 한다
⑤ 무인가 가정 어린이집용 주택

> **해설** 가정어린이집용 주택은 시 · 군 · 구인가, 세무서 고유번호 발급받고 5년 이상 운영을 만족해야 합산배제대상이 될 수 있다.

54 다음 중 면세점과 소액부징수에 대한 설명이 틀린 것은?

① 취득세면세점은 50만 원 이하이다.
② 재산세의 소액징수면제 금액은 2,000원 미만이다.

③ 원천징수 소액부징수 금액은 1,000원 미만이다.
④ 기타소득금액이 5만 원 이하인 경우 원천징수를 하지 않는다.
⑤ 이자소득이 1,000원 미만인 경우 원천징수를 하지 않는다.

> **해설** 이자소득은 1,000원 미만이라도 원천징수대상이다.

55 양도소득세에 관한 설명이다. 옳지 않은 것은?

① 시설물을 배타적으로 이용할 수 있도록 약정한 구성원이 된 자에게 부여되는 시설물 이용권의 양도로 발생하는 소득을 말한다.
② 양도란 자산에 대한 등기 또는 등록과 관계없이, 매도, 교환, 법인에 대한 현물출자 등으로 인하여 그 자산이 유상 또는 무상으로 사실상 이전되는 것을 말한다.
③ 확정 신고에 따라 납부할 양도소득세액이 2천만 원을 초과하는 거주자는 그 세액의 100분의 50이하의 금액을 납부기한이 지난 후 2개월 이내에 분할납부 할 수 있다.
④ 국외에 있는 토지의 양도일까지 계속 5년 이상 국내에 주소를 둔 거주자가 해당 토지의 양도로 발생한 소득
⑤ 법원의 확정판결에 의하여 신탁해지를 원인으로 소유권이전등기를 하는 경우에는 양도로 보지 않는다.

> **해설** 양도란 자산에 대한 등기 또는 등록과 관계없이 매도, 교환, 법인에 대한 현물출자 등으로 인하여 그 자산이 유상으로 사실상 이전되는 것을 말한다. (무상 = 증여)

56 다음 중 비과세되는 양도소득이 아닌 것은?

① 파산선고에 의한 처분으로 발생하는 소득
② 농지의 교환·분합으로 발생하는 소득
③ 1세대 1주택(고가주택 제외)과 그 부수토지의 양도로 발생하는 소득
④ 미등기양도자산
⑤ 요건을 충족한 조합원입주권 양도소득

> **해설** 미등기 양도자산에 대하여는 비과세와 감면규정을 적용하지 아니한다.

정답 51 ③ 52 ⑤ 53 ⑤ 54 ⑤ 55 ② 56 ④

57 다음 중 장기보유특별공제의 적용을 받을 수 있는 경우는?

① 미등기 자산의 양도
② 국외소재 부동산 양도
③ 최초 조합원의 조합원입주권으로 보유기간 3년 이상 후 양도
④ 국내소재 토지, 건물 등을 3년 미만 보유한 후 양도
⑤ 1세대 2주택 이상 보유한 자가 조정대상지역 내 주택을 양도하는 경우

> 해설 최초로 입주권을 부여받은 원주민 조합원의 경우에만 장기보유특별공제가 적용된다.

58 다음 중 1세대 1주택과 관련된 설명으로 옳지 않은 것은?

① 1세대를 구성하려면 배우자가 있어야 하는 것이 원칙이지만 해당 거주자의 나이가 30세 이상이면 배우자가 없어도 1세대 구성이 가능하다.
② 지정문화재 및 등록문화재에 해당하는 주택과 그 외의 일반주택을 국내에 각각 1개씩 소유하고 있는 1세대가 일반주택을 양도하는 경우
③ 상속받은 주택과 그 외의 일반주택을 국내에 각각 1개씩 보유하고 있는 1세대가 일반주택을 양도하는 경우
④ 60세 이상의 직계존속을 동거봉양하기 위하여 세대를 합침으로써 1세대 2주택을 보유하게 되는 경우 10년 이내에 먼저 양도하는 주택을 1세대 1주택으로 본다.
⑤ 부부가 각각 단독세대를 구성하였을 경우에, 부부가 각각 단독세대로 1주택씩 보유한 경우에는 1세대 1주택으로 본다.

> 해설 1세대를 판단함에 있어서 부부가 각각 단독세대를 구성하였을 경우에도 동일한 세대로 보아 1세대 2주택에 해당된다.

59 양도소득세 과세대상이 되는 '양도'의 범위로 볼 수 없는 것은?

① 경매
② 대물변제
③ 토지를 현물출자 하는 경우
④ 「부담부증여」에 있어서 '수증자의 채무인수액'
⑤ 양도담보

> 해설 양도담보는 외관상 양도의 형식을 띠나 그 실질은 채권의 담보에 불과하기 때문에 양도로 보지 않는다. 다만, 양도담보계약을 체결한 후 그 계약을 위배하거나 채무불이행으로 인하여 자산을 변제에 충당한 때에는 그 소유권이 실질적으로 이전되었으므로 그때 양도한 것으로 본다.

60 양도소득세 절세방안으로 옳은 것은?

① 1세대 2주택자의 경우 먼저 양도하는 주택에 대하여만 양도소득세를 과세하므로 세금이 적게 부과되는 것을 먼저 양도한다.
② 양도소득세는 인당과세이므로 하나의 주택에 부부가 공동명의로 가지고 있다면 부부가 각각에 대하여 양도세를 부과하게 되어 세금을 줄이는 효과를 볼 수 있다.
③ 상속받은 주택과 그 밖의 일반주택을 국내에 각각 1개씩 소유하고 있는 1세대는 반드시 상속받은 주택을 양도해야 1세대 1주택으로 간주된다.
④ 양도차익이 발생하는 2건 이상의 토지 양도 시 합산해야 하므로 연도를 분산해야 좋다.
⑤ 다른 과세연도에 건물과 토지를 양도하였다면 각각 기본공제 250만 원 받을 수 있다.

> **해설** 상속받은 주택이 아니라 일반주택을 양도해야 1세대 1주택의 혜택을 받을 수 있다.

61 다음 중 배우자 등 이월과세에 대한 설명으로 옳지 않은 것은?

① 양도일로부터 소급하여 5년 이내에 배우자 또는 직계존비속으로부터 증여받은 경우 일 것
② 토지 · 건물 · 특정시설물이용권 · 부동산에 관한 권리
③ 증여자가 납세의무자이다.
④ 자산 수증 시 증여세 산출세액은 양도자산의 필요경비로 공제한다.
⑤ 증여자의 취득시기를 기준으로 취득가액, 장기보유특별공제, 세율을 판단한다.

> **해설** 증여자가 아니라 수증자가 납세의무자이다.

62 미등기 토지를 양도한 경우에도 적용될 수 있는 것은?

① 양도소득세의 비과세
② 양도소득세 감면
③ 장기보유특별공제
④ 양도소득기본공제
⑤ 필요경비개산공제

> **해설** 미등기 자산이라도 취득당시 개별공시지가의 0.3%의 필요경비개산공제를 적용한다.

정답 57 ③ 58 ⑤ 59 ⑤ 60 ③ 61 ③ 62 ⑤

63 다음 중 양도소득세 필요경비에 관해 옳지 않은 것은?

① 취득세는 납부영수증 등 증빙서류를 필요로 한다.
② 부동산매매계약의 해약으로 인하여 지급하는 위약금은 필요경비로 공제하지 아니한다.
③ 국민주택채권을 만기 전에 양도함으로써 발생한 매각차손도 인정해준다.
④ 주식 양도 시 증권거래세
⑤ 양도계약서 작성비용

> **해설** 취득세는 증빙서류가 없어도 언제든지 확인 가능하므로 증빙서류 없이도 공제가능하다. 단, 취득세가 감면된 경우에 감면세액은 공제하지 아니한다.

64 다음은 2019년 중 거주자 A씨가 상가(등기 됨)를 양도하였다. 양도소득과세표준은 얼마인가? (기타필요경비는 5천만 원, 보유기간 5년 6개월)

구분	실거래가액
양도 가액	20억
취득 가액	10억

① 8.525억　　② 8.5억　　③ 8억
④ 10억　　⑤ 7.524억

> **해설** 실제양도가액 − 실제취득가액 − 기타 필요경비
> = 양도차익 − 장기보유특별공제*
> = 양도소득금액 − 기본공제
> = 양도소득과세표준
> 2,000,000,000 − 1,000,000,000 − 50,000,000
> = 950,000,000 − (950,000,000×10%)　*장기보유특별공제 5년 6개월 = 5년(10%)
> = 855,000,000 − 2,500,000
> = 852,500,000

65 다음 중 세액의 분할납부 할 수 없는 경우는?

① 종합소득　　② 퇴직소득
③ 중간예납세액　　④ 예정신고세액
⑤ 부가세예정고지세액

> **해설** 부가세 예정고지세액은 분납할 수 없다. 다만 징수유예, 납부연장을 신청할 수 있다.

66 상속에 대한 것으로 틀린 것은?

① 유증　　　　　　　② 유류분제도　　　　　③ 사인증여
④ 대습상속 금지　　　⑤ 특별연고자에 대한 재산분여

> **해설** 대습상속 : 상속인이 될 직계비속 또는 형제자매가 상속개시 전에 사망하거나 결격자가 된 경우 그 직계비속과 그 배우자가 결격자가 된 사람을 대신하여 상속인이 되는 것을 말한다. 우리나라에서는 대습상속을 허용한다.

67 다음 상속세 공제 한도액으로 옳지 않은 것은?

① 기초공제는 상속세 과세가액에서 2억 원 공제한다
② 미성년자공제 (19세가 될 때까지의 연수) × 1,000만 원 공제
③ 연로자공제 1인당 (65세 이상) × 5,000만 원 공제
④ 자녀공제는 1명당 3,000만 원으로 한다.
⑤ 「기초공제와 그 밖의 인적공제를 합친 금액」과 「일괄공제(5억 원)」 중 큰 금액을 선택하여 공제 받을 수 있다.

> **해설** 자녀공제는 1명당 5,000만 원으로 한다.

68 배우자상속에 대한 설명으로 옳지 않은 것은?

① 배우자 상속공제 시 사실혼 관계의 배우자 제외
② 배우자가 실제 상속받은 금액이 없거나 상속받은 금액이 5억 미만이면 5억 원을 공제
③ 상속개시 전 10년 이내에 피상속인으로부터 증여받은 재산가액 합산
④ 무신고시에는 일괄공제 적용배제
⑤ 배우자가 승계하기로 한 공과금 및 채무액은 차감

> **해설** 상속세 신고기한 내에 신고를 하지 않은 경우 일괄공제를 적용한다.

69 다음 중 상속세 과세가액을 계산함에 있어 증여재산가액에 대한 설명이다. 옳지 않은 것은?

① 상속인에게 증여한 10년 이내 증여 분은 합산한다.
② 상속인 이외의 자에게 증여한 자산은 5년 이내의 증여분에 한한다.
③ 증여재산은 증여 당시의 시가로 한다.
④ 증여세액공제는 이중과세 방지를 위하여 증여세 산출세액을 상속세 산출세액에서 공제한다.
⑤ 비거주자인 경우 국내외 소재 증여재산을 상속세 과세가액에 산입한다.

정답 63 ① 64 ① 65 ⑤ 66 ④ 67 ④ 68 ④ 69 ⑤

해설 비거주자인 경우 국내 소재 증여재산만 상속세 과세가액에 산입한다.

70 다음 중 증여로 보는 것은?

① 위자료
② 민법에 의한 재산분할청구권의 행사에 의한 재산의 분할
③ 저가양수 또는 고가양도에 따른 이익의 증여
④ 취득원인 무효에 의한 권리 말소
⑤ 수증자가 증여재산을 과세표준 신고기한 이내에 반환

해설 증여로 보아 증여세 과세대상이 된다.

71 친족으로부터 증여를 받은 경우에 과세가액에서 공제되는 금액으로서 옳지 않은 것은?

① 계부로부터 증여받은 경우 : 5,000만 원
② 장모로부터 증여받은 경우 : 1,000만 원
③ 결혼한 지 7년 5개월 된 처가 남편으로부터 증여받은 경우 : 6억 원
④ 18세 아들이 모친으로부터 증여받은 경우 : 5,000만 원
⑤ 동생으로부터 증여받은 경우 : 1,000만 원

해설 미성년자(만 19세 미만)인 직계비속인 경우 증여재산공제액은 2,000만 원이다.

72 다음 중 상속세 및 증여세의 신고와 납부에 대하여 옳지 않은 것은?

① 수유자는 상속개시일이 속하는 달의 말일로부터 6개월 이내 상속세를 신고·납부하여야 한다.
② 수증자는 증여받은 날이 속하는 달의 말일부터 3개월 이내 증여세를 신고·납부하여야 한다.
③ 상속세 또는 증여세의 납부세액이 1천만 원을 초과하는 경우에는 그 납부할 금액의 일부를 납부기한이 지난 후 2개월 이내 분할 납부할 수 있다.
④ 상속세 또는 증여세의 납부세액이 2천만 원을 초과하는 경우에 관할 세무서장의 허가를 받아 상속세 또는 증여세를 연부연납 할 수 있다.
⑤ 상속세와 증여세는 모두 물납할 수 있다.

해설 상속세의 경우만 물납할 수 있다.

73 「상속세 및 증여세법」상 상속세 비과세 항목으로 옳지 않은 것은?

① 「문화재보호법」에 따른 도지정문화재인 상속재산
② 종중에 속한 금양임야로서 3억 원 이내의 상속재산
③ 지방자치단체에 사인증여 한 재산
④ 「정당법」에 따른 정당에 사인증여 한 재산
⑤ 사변 또는 이에 준하는 비상사태로 인하여 토벌 또는 경비 등 작전업무의 수행 중 입은 부상 또는 질병으로 인한 사망으로 상속이 개시되는 경우의 상속재산

> **해설** 금양임야와 분묘는 재산가액의 합계액이 2억 원을 초과하는 경우에는 2억 원을 한도로 비과세 한다. 따라서 초과된 1억 원은 과세한다.

74 다음 중 상속공제에 대한 설명으로 옳지 않은 것은?

① 비거주자는 기초공제 2억 원만 공제한다.
② 배우자상속공제액은 최저한도(5억 원)와 최고한도(30억 원)가 있다.
③ 자녀가 65세 이상일 경우 자녀공제와 연로자공제의 중복적용이 가능하다.
④ 태아는 자녀공제대상자가 될 수 없다.
⑤ 다른 공동상속인의 상속포기로 배우자 단독상속이 이루어지는 경우 일괄공제를 선택할 수 있다.

> **해설** 자녀가 65세 이상일 경우 자녀공제와 연로자공제의 중복적용이 불가능하다. 자녀가 65세 이상일 경우 자녀공제와 연로자공제의 중복적용이 불가능하다.

75 다음의 ( )안에 알맞을 내용은 어느 것인가?

> 증여추정배제 기준은 10억 원 이하의 재산에 대해서 ( )를 입증하면 되고, 10억 원 초과의 재산에 대해서는 ( )을 차감한 금액을 입증해야 증여세 추정규정을 적용받지 않는다.

① 50%, 1억 원　　② 60%, 2억 원
③ 70%, 1억 원　　④ 80%, 2억 원
⑤ 90%, 1억 원

> **해설** 증여추정배제 기준은 10억 원 이하의 재산에 대해서 80%를 입증하면 되고, 10억 원 초과의 재산에 대해서는 2억 원을 차감한 금액을 입증해야 증여세 추정규정을 적용받지 않는다.

정답 70 ③　71 ④　72 ⑤　73 ②　74 ③　75 ④

76 소득세법상 납세의무자와 납세지에 관한 설명으로 옳지 않은 것은?

① 국내에 거소를 둔 기간이 2과세기간 동안 183일 이상인 경우에만 국내에 183일 이상 거소를 둔 것으로 본다.
② 피상속인의 소득금액에 대해서 과세하는 경우에는 그 상속인이 납세의무를 진다.
③ 납세지 지정사유가 소멸한 경우 국세청장 또는 관할 지방 국세청장은 납세의무자가 요청하는 경우에 한하여 납세지의 지정을 취소할 수 있다.
④ 국외에서 근무하는 공무원은 거주자로 본다.
⑤ 해당 과세기간 종료일 10년 전부터 국내에 주소나 거소를 둔 기간의 합계가 5년 이하인 외국인 거주자에게는 과세대상소득 중 국외에서 발생한 소득의 경우 국내에서 지급되거나 국내로 송금된 소득에 대해서만 과세한다.

> **해설** 국내에 거소를 둔 기간이 1과세기간 동안 183일 이상인 경우에만 국내에 183일 이상 거소를 둔 것으로 본다.

77 다음은 금융소득(이자 및 배당소득)에 대한 설명이다. 옳지 않은 것은?

① 비실명금융소득인 경우 분리과세 대상이다.
② 조건부 종합과세대상 금융소득의 종합과세여부 판단 시 귀속법인세를 가산하지 않은 금액 기준으로 2,000만 원 초과여부를 판단한다.
③ 피투자회사의 자본감소로 인한 의제배당은 Gross-up대상이 아니나, 요건을 충족하면 Gross-up 대상이 된다.
④ 출자공동사업자의 배당소득은 종합과세한다.
⑤ 국내에서 원천징수 되지 않은 금융소득은 14%로 분리과세한다.

> **해설** 국내에서 원천징수 되지 않은 금융소득은 무조건 종합과세대상 금융소득이다.

78 다음은 주택임대소득에 대한 종합소득과세범위에서 수입금액으로 계산하지 않는 것은?

① 부부합산 2주택 이상 소유자
② 기준시가 9억 원 초과 고가주택(과세기간 종료일 현재 또는 해당 주택의 양도일 현재 기준시가 9억 원을 초과하는 주택)
③ 국외 소재 주택
④ 부부합산 3주택 이상 소유하면서 보증금 등의 합계액이 3억 원을 초과하는 경우의 간주임대료
⑤ 주택임대소득이 2천만 원 이하인 경우

> **해설** 주택임대소득이 2,000만 원 이하인 경우는 분리과세와 종합과세 중 선택할 수 있다.

79 다음 중 옳은 설명을 어느 것인가?

① 장기보유특별공제의 적용대상 자산은 토지 · 건물 및 부동산에 관한 권리이다.
② 이월과세가 적용되는 경우에는 거주가가 증여받은 자산에 대하여 납부하였거나 납부할증여세 상당액은 양도차익을 한도로 필요경비에 산입하지 않는다.
③ 특수관계자 간 증여재산에 대한 이월과세가 적용되는 경우에는 증여 후 우회양도 행위에 대한 부당행위계산 부인규정이 적용되지 아니한다.
④ 양도 당시 혼인관계가 소멸(사망 제외)한 경우에는 배우자간 증여재산에 대한 이월과세를 적용하지 않는다.
⑤ 장기보유특별공제 및 세율 적용 시 보유기간 계산은 증여받은 배우자의 취득일로부터 양도일까지이다.

> **해설** ① 장기보유특별공제의 적용대상 자산은 토지·건물 및 조합원입주권이다. ② ~필요경비에 산입한다. ④ 사망을 제외하고는 배우자간 증여재산에 대한 이월과세를 적용한다. ⑤ 장기보유특별공제 및 세율 적용 시 보유기간 계산은 해당 자산의 취득일로부터 양도일까지이다.

80 다음 중 종합부동산세에 관하여 옳지 않은 것은?

① 신고 · 납부 기간은 매년 12.1~12.15일(15일간)
② 자신이 직접 신고납부도 가능하다.
③ 종합부동산세의 분납 기준금액은 250만 원이다.
④ 다주택자는 주택공시가격의 합이 6억 원 이상이면 종합부동산세 과세대상이다.
⑤ 1세대 1주택자라면 주택의 공시가격이 6억 원 이상이면 종합부동산세 과세대상이다.

> **해설** 1세대 1주택자라면 주택의 공시가격이 9억 원 이상이면 종합부동산세 과세대상이다.

3편 보험 및 은퇴설계 모의고사

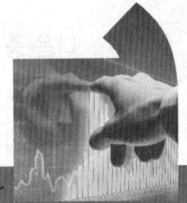

Financial Planner

81 위험과 위험관리에 대한 설명으로 잘못된 것은?

① 건물에 화재경보기, 소화기 등을 설치하는 것은 손해빈도통제이다.
② 주택의 화재, 장기생존, 조기사망 등은 치명적 위험으로 구분한다.
③ 위험회피는 강력한 위험통제기법이나 모든 위험을 회피하는 것은 불가능하다.
④ 손해통제의 대상은 적극적으로 보유하고 있는 위험이다.
⑤ 소극적 위험보유를 최소화하기 위해 체크리스트, 질문표, 플로우차트, 현장검사 등의 위험확인 방법들을 함께 사용하는 것이 좋다.

> **해설** 건물에 화재경보기, 소화기 등을 설치하는 것은 손해강도통제이다.

82 예정기초율과 보험료의 관계를 잘못 설명한 것은?

① 예정이율이 낮아지면 보험료는 높아진다.
② 예정사업비율이 낮아지면 보험료는 낮아진다.
③ 예정위험률이 낮아지면 사망보험료는 높아지고, 생존보험료는 낮아진다.
④ 순보험료는 위험보험료와 저축보험료로 나뉘고, 예정위험률과 예정이율을 기초로 계산한다.
⑤ 부가보험료는 예정사업비율을 기초로 계산되고, 신계약비, 유지비, 수금비 등 보험계약의 재원이 된다.

> **해설** 예정위험률이 낮아지면 사망보험료는 낮아지고, 생존보험료는 높아진다.

83 보험계약의 체결에 대한 설명으로 잘못된 것은?

① 보험계약자의 청약과 보험자의 승낙으로 보험자의 책임이 개시된다.
② 보험약관은 신의성실의 원칙에 따라 공정하게 해석되어야 하며, 고객에 따라 다르게 해석되어서는 안된다.

③ 보험자가 보험약관의 교부·설명 의무를 위반한 경우 보험계약자는 보험계약이 성립한 날부터 3개월 이내에 그 계약을 취소할 수 있다.
④ 보험계약은 불요식 낙성계약, 유상 쌍무계약, 사행계약, 부합계약의 특성을 가진다.
⑤ 보험계약자의 고의, 중과실에 의한 고지의무 위반이 있는 경우 보험자는 계약을 해지할 수 있다.

> 해설 | 최초보험료의 납입 없이는 보험자의 책임이 개시되지 않는다.

84 보험계약에 대한 설명으로 옳지 않은 것은?

① 보험회사가 제작한 보험안내장의 내용이 약관과 다른 경우 보험계약자에게 유리한 내용으로 계약이 성립된 것으로 본다.
② 보험금 청구권 및 보험료 또는 환급금 반환청구권은 3년, 보험료의 청구권은 2년간 행사하지 않으면 소멸된다.
③ 계약에 관하여 분쟁이 있는 경우 분쟁 당사자와 회사는 금융감독원장에게 조정을 신청할 수 있다.
④ 계약자가 계약 전 알릴 의무를 위반하였어도 책임개시일로부터 보험금 지급사유가 발생하지 않고 1년 이상 지났을 때에는 보험회사가 해지할 수 없다.
⑤ 보험금 청구 시 보험회사는 접수한 날로부터 3영업일 이내에 보험금을 지급하여야 한다.

> 해설 | 계약자가 계약 전 알릴 의무를 위반하였더라도 책임개시일로부터 보험금 지급사유가 발생하지 않고 2년(진단계약 시 1년) 이상 지났을 때는 보험회사가 해지할 수 없다.

85 연금보험에 대한 설명으로 틀린 것은?

① 종신연금형은 연금개시 이후에는 계약을 해지할 수 없다.
② 연금개시 전 보험기간에 피보험자가 사망하면 납입한 보험료 전액과 책임준비금 중 큰 금액을 지급하고 계약은 소멸된다.
③ 필요한 경우 선지급제도를 통해 보증기간 동안의 금액을 일시에 수령할 수 있다.
④ 해약환급금은 미상각 신계약비를 공제하고 지급되지만, 책임준비금은 미상각 신계약비를 공제하지 않는다.
⑤ 상속형 연금을 수령하다가 사망한 경우 지급금액이 원금보다 적을 수 있다.

> 해설 | 연금개시 전 보험기간에 피보험자가 사망하면 책임준비금을 지급하고 계약은 소멸된다.

정답 81 ① 82 ③ 83 ① 84 ④ 85 ②

86. 일반연금보험과 변액연금보험을 비교한 내용이 잘못된 것은?

① 일반연금보험은 일반계정에서, 변액연금보험은 특별계정에서 자산을 운용한다.
② 일반연금보험의 투자위험은 보험회사가 부담한다.
③ 변액연금보험은 연금개시 시점에 기납입보험료를 보증한다.
④ 변액연금보험은 예금자보호법의 보호를 받지 못한다.
⑤ 일반연금보험의 적용이율은 공시이율이고, 변액연금보험은 실적배당률이다.

> 해설 변액보험상품은 최저사망보험금, 최저연금적립금 등 최저보증만 예금자보호법의 적용대상이다.

87. 주택화재보험에서 보상하는 손해를 맞게 고른 것은?

A. 아파트 옆집의 화재사고로 주택 내 가재도구가 불에 타서 파손되었다.
B. 돌풍을 동반한 벼락이 치면서 TV와 냉장고 등 전기기기가 파손되었다.
C. 화재 시 집 앞에 내놓은 가재도구를 도난당했다.
D. 화재 후 잔존물을 해체하여 차에 싣고, 청소하는 데 비용이 들었다.
E. 추위로 수도관이 동파하면서 가재도구가 침수되었다.

① A, B, C, D, E
② A, C, E
③ A, B, D
④ A, C, D
⑤ A, B, E

> 해설
> • 보상하는 손해 : A. 화재에 의한 직접손해, B.벼락으로 인한 충격손해, D.잔존물 제거비용
> • 보상하지 않는 손해 : C. 화재가 발생했을 때 도난·분실로 생긴 손해, E.화재와 상관없는 수도관 파열 손해

88. 장기손해보험에 대한 설명 중 잘못된 것은?

① 통합보험은 신체 위험, 생활 위험, 자동차 위험을 통합보장하며, 피보험자별로 관리하므로 하나의 상품으로 전 가족의 보장이 가능하다.
② 장기저축성보험은 만기 시 납입보험료의 100% 이상 환급이 가능한 목돈마련형 상품으로, 10년 이상 유지된 경우 일정 기준을 충족하면 보험차익에 대해 비과세한다.
③ 보험기간이 1년 이상인 경우 2회 이후 보험료의 납입최고기간은 14일 이상을 둔다.
④ 보험기간은 15년 이내로 하되 보장성보험의 경우에는 15년 이상으로 할 수 있다.
⑤ 1회의 사고로 지급되는 보험금이 보험가입금액의 80% 미만이면 몇 번의 사고가 발생하더라도 보험가입금액이 감액되지 않고 보험계약도 존속된다.

> 해설 통합보험은 세대별로 관리하므로 하나의 상품으로 전 가족의 보장이 가능하다.

89 산업재해보상보험에 대한 설명 중 바른 것은?

① 휴업급여의 1일당 지급액은 평균임금의 80%에 상당하는 금액이다.
② 보험급여는 산정사유 발생일 이전 6개월 동안의 평균임금을 기초로 산정된 일정 금액만 보상한다.
③ 장해급여는 장해보상연금으로 지급하는 것이 원칙이다.
④ 업무상 부상 또는 질병이 5일 이내의 요양으로 치유될 수 있으면 요양급여를 지급하지 않는다.
⑤ 산재보험료는 원칙적으로 사업주가 전액 부담한다.

> **해설** 산재보험료는 원칙적으로 사업주가 전액 부담한다.
> ① 휴업급여의 1일당 지급액은 평균임금의 70%에 상당하는 금액으로 한다.
> ② 보험급여는 산정사유 발생일 이전 3개월 동안의 평균임금을 기초로 산정된 일정 금액만 보상한다.
> ③ 장해급여는 제1급부터 제3급까지는 장해보상연금만, 제4급부터 제7급까지는 일시금과 연금 중 선택, 제8급부터 제14급까지는 일시금만 지급한다.
> ④ 업무상 부상 또는 질병이 3일 이내의 요양으로 치유될 수 있으면 요양급여를 지급하지 않는다.

90 보험상담 프로세스 중 정보수집 및 분석 단계에서 다음과 같은 질문에 의한 정보수집 방법은?

> "고객님, 현재의 수입이 반으로 줄어든다면 다른 일을 찾아서라도 보충해야겠지요. 그렇지 않습니까?"

① 대화의 일시적 멈춤
② 요점화법
③ 현상파악 질문
④ 개방형 질문
⑤ 투사화법

> **해설** 현상파악 질문은 특정 정보를 확인하거나 고객의 결심을 요구할 때 활용하는 기법이다.

91 은퇴설계에 대한 설명으로 틀린 것은?

① 경제적인 부분을 설계할 때는 자신의 수명보다 돈의 수명을 더 길게 설계해야 한다.
② 은퇴설계는 은퇴 이전에 노후 생활에 필요한 자금을 확보하는 것과 같이 노후를 위한 재무적 준비를 말한다.
③ 급속한 고령화에 사회경제시스템이 대응하지 못하고 있고, 개인의 인식과 노후준비 정도도 매우 부족하여 은퇴설계의 필요성이 대두된다.
④ 은퇴설계의 3대 기본 축은 재무, 건강, 삶의 보람이며, 이를 균형 있게 운영하는 것이 중요하다.
⑤ 노후에 자금준비 못지않게 노후자금의 관리와 인출도 매우 중요하다.

> **해설** 은퇴설계는 은퇴 이전에 노후를 위해 재무적·비재무적으로 균형 있게 준비하는 것과 은퇴 이후의 삶을 구체적으로 설계하는 것도 포함된다.

92 은퇴생활 위험요소에 대응한 은퇴설계의 방법이 잘못된 것은?

① 투자형 연금상품인 변액연금 등을 활용해 인플레이션 이상의 수익률을 추구하는 자산관리 전략을 세운다.
② 통계청에서 발표하는 현재 기대수명 및 기대여명을 기준으로 은퇴설계를 한다.
③ 노후 생활비에 더하여 의료비와 간병비에 대비한 재무 목표도 반드시 준비한다.
④ 3층 연금제도 중 국민연금만 물가상승을 반영한 연금액을 지급한다는 것을 고려하여 노후 생활비를 예측한다.
⑤ 연금인출 시 장기적으로 연금수령액이 증가하도록 설계한다.

> **해설** 장수리스크에 대응하기 위해 기대수명 및 기대여명에 5~6살 더한 나이를 이용해 은퇴설계를 하는 것이 바람직하다.

93 은퇴설계시 고려해야 할 비재무적 요소에 대한 서술이 잘못된 것은?

① 은퇴 이후에도 기존 주택에서 거주를 계속하려면 배리어 프리 관점에서 기존 주택을 리모델링한다.
② 웰 다잉을 위한 준비로 사전연명 의료의향서 작성을 한다.
③ 협동조합, 자원봉사, 비영리단체에서의 활동, 재능기부 활동 등의 사회활동을 한다.
④ 호위대 모델로 자신의 관계망을 점검해 보고, 직장동료와 같은 기존의 공적관계망이 유지되도록 가장 많이 신경 쓴다.
⑤ 경제상황, 건강, 생활 환경을 고려해 개인별로 맞춤형 여가 설계를 한다.

> **해설** 특히 현역시절 가장 소홀했던 **부부** 및 가족관계망에 많은 신경을 써야 한다.

94 우리나라 노후소득보장 체계에 대한 서술이 틀린 것은?

① 2008년에 도입된 기초연금제도는 65세 이상 고령자 중 소득 하위 70%에게 지급한다.
② 2000년에 저소득층을 대상으로 국민기초생활보장제도가 도입되었다.
③ 국민연금과 개인연금은 근로자와 자영업자 등 전 국민이 대상이고, 퇴직연금제도는 근로자만 가입할 수 있다.
④ 기초연금제도와 국민기초생활보장제도는 공적부조에 해당된다.
⑤ 1988년 국민연금, 2005년 퇴직연금제도, 1994년 개인연금의 도입으로 3층 연금체계가 완성되었다.

> **해설** 2017년 7월부터 개인형 퇴직연금제도(IRP)에 자영업자, 퇴직연금 미가입 근로자, 특수직역연금 가입자도 가입할 수 있게 되었다.

95 국민연금제도에 대해 바르게 설명한 것은?

> A. 국민연금 실버론은 만 60세 이상 수급자에게 의료비, 재해복구비 등 긴급자금이 필요한 경우 일정한도 내에서 저리로 대출해주는 제도이다.
> B. 임의 계속가입자는 주로 전업주부, 18세 이상 27세 미만의 학생, 군복무 등으로 소득이 없는 자가 해당된다.
> C. 연금보험료 추후납부제도에서 납부예외기간 동안 과거에 납부하지 않은 보험료에 적용되는 기준소득월액은 과거 기준이다.
> D. 연기연금제도는 노령연금 수급자가 희망할 경우 1회에 한해 최대 5년간 연금액의 전부 또는 일부의 지급을 연기할 수 있는 제도이다.
> E. 최소가입기간 10년을 채운다면 노령연금은 1968년생의 경우 만 64세부터 수령할 수 있다.

① A, B, D
② A, B, C, D
③ A, D, E
④ B, C, E
⑤ B, C, D, E

해설 B : 임의가입자에 대한 설명이다.
C : 연금보험료 추후납부제도에서 납부예외기간 동안 과거에 납부하지 않은 보험료에 적용되는 기준소득월액은 현재 소득 기준이다.

96 퇴직연금제도에 대한 설명으로 틀린 것은?

① 적립단계와 운용단계에서는 과세가 되지 않고, 연금이나 일시금으로 수령할 때만 과세가 된다.
② 기업은 노사 합의를 통해 DB형과 DC형 중 하나를 도입할 수 있고, 둘 다 도입할 수도 있다.
③ 상시근로자가 10인 미만인 사업장은 개별 근로자의 동의를 받아 IRP 계좌를 개설하면 퇴직연금제도를 설정한 것으로 간주한다.
④ 근로자를 고용한 모든 기업은 퇴직금제도와 퇴직연금제도 중 한 개 이상의 제도를 반드시 도입해야 한다.
⑤ 적립단계에서 납입 한도액은 퇴직연금 추가 납입분과 연금저축을 합산해 연간 1,500만 원이고, 세액공제 대상 납입 한도는 두 연금을 합산해 연간 800만 원 이내이다.

해설 적립단계에서 납입 한도액은 퇴직연금 추가 납입분과 연금저축을 합산해 연간 1,800만 원이고, 세액공제 대상 납입 한도는 두 연금을 합산해 연간 700만 원 이내이다.

97 세제적격 연금저축계좌에 대한 설명이 잘못된 것은?

① 보험료 납입은 연간 1,800만 원까지 가능하나, 세액공제는 400만 원까지 납입액의 13.2% 또는 16.5%를 받을 수 있고, 고소득자는 300만 원까지이다.
② 세액공제를 받기 위해서는 세제적격 연금상품 가입 후 5년 이상 납입하고 55세 이후부터 연금으로 수령해야 한다.
③ 연금저축펀드를 제외하고, 연금저축신탁과 연금저축보험은 5천만 원까지 예금자 보호 적용대상이다.
④ 연금수령 기간은 연금저축신탁과 연금저축펀드는 확정기간형이고, 연금저축보험은 종신지급이나 확정기간 모두 가능하다.
⑤ 연금저축신탁과 연금저축펀드는 실적배당 상품이고, 연금저축보험은 공시이율을 적용해 운용된다.

> **해설** 생보사의 연금저축보험은 종신지급이나 확정기간 모두 가능하고, 손보사는 확정기간 지급만 가능하다.

98 농지연금제도에 대하여 잘못 설명한 것은?

① 농지연금을 받으면서도 담보농지를 직접 경작하거나 임대할 수 있다.
② 대상 농지는 가입 신청자 소유의 전, 답, 과수원으로서 실제 영농에 이용 중이어야 한다.
③ 신청일 기준으로 농지소유자 본인이 만 65세 이상이며 농업인이어야 한다.
④ 농지연금을 받던 농업인이 사망하면 배우자가 승계해 사망 시까지 계속 받을 수 있다.
⑤ 신청일 기준으로 전체 영농기간 중 합산하여 5년 이상 영농경력이 있어야 한다.

> **해설** 신청 연도 말일 기준으로 농지소유자 본인이 만 65세 이상이며, 신청일을 기준으로 농업인이어야 한다.

99 은퇴설계 프로세스에서 각 단계별 내용으로 잘못된 것은?

① 1단계에서는 은퇴생활 목표를 명확히 하고, 라이프 이벤트 표를 작성해 재무목표를 구체화 한다.
② 2단계에서 현금흐름, 대차대조표, 보험상품 가입현황, 금융자산 포트폴리오 등으로 고객 정보를 분석한다.
③ 2단계에서 고객이 납득하는 대안으로 은퇴설계 제안서를 작성한다.
④ 3단계에서 제안 내용을 실행 시 가능한 소속 기관의 상품 안에서 고객의 이익을 최우선으로 하는 정보를 제공한다.
⑤ 3단계에서 사회·경제 상황이나 고객의 희망사항, 자산운용 환경의 변화에 따라 대응하도록 기존 제안서를 수정한다.

> **해설** 고객의 이익에 맞는 금융상품이 있다면 타사 상품일지라도 정보제공을 해야 한다.

100 고객의 현금흐름표 작성과 관련된 설명으로 틀린 것은?

① 각 항목별 지출금액은 모두 기준연도 가격으로 기입하고 항목별 변동률을 매년 곱해서 장래 지출금액을 예측한다.
② 자산 매각 수입, 증여·상속 등 일시적인 수입은 현재가치로 계산한 세후 소득을 기입한다.
③ 보유하고 있는 금융상품을 저축 잔액에 포함할지 안 할지는 고객과 상담해서 결정한다.
④ 현재의 연령을 기준으로 78~80세까지 라이프 이벤트 부분, 수입과 지출, 수지 부분으로 나누어 작성한다.
⑤ 연간 수지의 적자·흑자 금액, 발생 형태를 분석하여 가계의 수익성을 파악하고 개선책을 검토한다.

> **해설** 연간 수지의 적자와 흑자를 통해 가계의 안전성을 파악할 수 있다.

4편 금융자산 투자설계 모의고사

Financial Planner

01 다음 중 저축상품에 대한 설명으로 옳지 않은 것은?

① 정기예금은 예금자가 이자수취를 목적으로 예치기간을 사전에 약정하여 일정 금액을 예입하는 기한부 예금이다.
② 저축예금은 가계저축 증대를 위하여 수시입출금이 가능하면서도 비교적 높은 금리가 지급되는 가계우대예금으로 개인만 가입이 가능하다.
③ 보통예금은 거래대상, 예치금액, 예치기간, 입출금 횟수 등에 아무런 제한 없이 누구나 자유롭게 거래할 수 있는 예금이다.
④ MMDA는 입출금이 자유롭고 각종 이체와 결제도 할 수 있으나 예금자보호법에 의하여 5,000만 원 한도 내에서 보호를 받을 수는 없다.
⑤ 정기적금은 계약금액과 계약기간을 정하고 예금주가 일정 금액을 정기적으로 납입하면 만기에 계약금액을 지급하는 적립식 예금이다.

> **해설** MMDA(시장금리부 수시입출금식 예금)는 입출금이 자유롭고 각종 이체와 결제도 할 수 있으며 예금자보호법에 의하여 5,000만 원 한도 내에서 보호를 받을 수 있다.

02 정부는 부실기업 구조조정을 위해 특수목적법인(SPC) 형태로 자본확충펀드를 설립했는데 이 펀드는 부실기업 지원으로 경영이 어려워진 산업은행과 수출입은행이 발행하는 채권을 매입하게 된다. 이 채권 발행으로 조달된 자금은 은행의 자기자본으로 인정되는데 이와 관련이 깊은 채권은 무엇인가?

① 김치본드   ② 코코본드
③ 정크본드   ④ 커버드본드
⑤ 아리랑본드

> **해설** 코코본드는 다른 말로 '조건부 자본증권'이라 한다. 「자본시장과 금융투자업에 관한 법률」에서는 조건부 자본증권을 '상장법인이 발행한 사채로 객관적이고 합리적인 기준에 따라 미리 정하는 사유가 발생한다면 주식으로 전환되거나 그 사채의 상환과 이자 지급 의무가 감면된다는 조건이 붙은 사채'라고 규정하고 있다.

03 회사채의 형태로 발행되지만, 일정 기간이 경과된 후 보유자의 청구에 의하여 발행회사가 보유 중인 다른 주식으로의 교환을 청구할 수 있는 권리가 부여된 사채는?

① 전환사채
② 신주인수권부사채
③ 교환사채
④ 자산유동화증권
⑤ 옵션부사채

> **해설** 교환사채란 회사채의 형태로 발행되지만 일정 기간이 경과된 후 보유자의 청구에 의하여 발행회사가 보유 중인 다른 주식으로의 교환을 청구할 수 있는 권리가 부여된 사채이다. 교환사채에는 발행조건으로 교환할 때 받게 되는 주식의 수를 나타내는 교환비율이 정해져 있다.

04 다음 중 주택청약 관련 금융상품에 대한 설명으로 옳지 않은 것은?

① 주택청약종합저축은 국민주택과 민영주택에 모두 청약할 수 있다.
② 주택청약종합저축은 별도의 만기가 없다.
③ 청약예금은 계약기간이 있는 상호부금 형태의 적립식 청약상품이다.
④ 청약부금은 자유적립식 또는 정기적립식 납입방법을 선택할 수 있다.
⑤ 청약저축의 적용이율 및 지급 방법은 주택청약종합저축과 동일하다.

> **해설** 보기 ③번은 청약부금에 대한 설명이다.

05 다음 중 구조화 상품의 특징으로 옳지 않은 것은?

① 다양한 기초자산을 선택할 수 있다.
② 운용사의 운용능력보다는 안전성이 중요하다.
③ 일정 모집기간 동안 판매하는 단위형 상품이다.
④ 손익구조가 매우 다양하다.
⑤ 기대수익률 예측이 어렵다.

> **해설** 구조화 상품은 사전적인 기대수익률 예측이 가능하다.

정답 01 ④ 02 ② 03 ③ 04 ③ 05 ⑤

06 다음 중 금융상품에 대한 특징으로 옳지 않은 것은?

① 대출상품은 주택이나 자동차, 예금 등을 담보로 저당권을 설정하고 돈을 빌려주는 담보대출과 담보 없이 개인이나 기업의 신용으로 대출을 받는 신용대출로 나눌 수 있다.
② 담보대출은 금융회사의 입장에서 보면 대출받은 사람이 돈을 갚지 못할 경우 담보로 잡은 자산을 매각하여 원금을 되찾을 수 있기 때문에 일반적으로 신용대출보다 대출금리가 높다.
③ 1년 이상 예치 기간을 두고 이자를 지급하는 장기저축상품으로 주택마련을 위한 주택청약종합저축, 노후자금을 위한 연금저축 등 다양한 상품이 있다.
④ 장기저축상품의 특징은 복리식 이자지급과 10년 이상 유지 시 비과세 혜택, 그리고 연말정산시 세제혜택 등이 있다.
⑤ 금융상품은 투자성이 있는 금융투자상품과 투자성이 없는 비금융투자상품으로 나눌 수 있다.

> **해설** 담보대출은 금융회사의 입장에서 보면 대출받은 사람이 돈을 갚지 못할 경우 담보로 잡은 자산을 매각하여 원금을 되찾을 수 있기 때문에 일반적으로 신용대출보다 대출금리가 낮다.

07 다음 중 파생상품에 해당하지 않는 것은?

① 선도(forwards) ② 선물(futures) ③ 옵션(options)
④ 스와프(swaps) ⑤ 주식(stocks)

> **해설** 대표적인 파생상품으로 선도(forwards), 선물(futures), 옵션(options), 스와프(swaps) 등이 있다.

08 다음 중 금융시장에 대한 설명으로 옳지 않은 것은?

① 보통 만기 1년 이내의 금융상품이 거래되는 시장을 단기금융시장이라고 부르며 만기가 1년 이상의 상품이 거래되는 시장을 장기금융시장이라고 부른다.
② 단기금융시장에는 양도성예금증서시장, 환매조건부채권매매시장, 통화안정증권시장 등이 있다.
③ 장기금융시장에는 주식시장, 채권시장, 콜시장 등이 있다.
④ 단기금융시장은 개인, 기업 등이 일시적인 여유자금을 운용하거나 부족자금을 조달하는 데 이용된다.
⑤ 장기금융시장은 주로 기업, 정부 등이 만기 1년 이상의 채권 또는 만기가 없는 주식 등을 통해 장기적으로 필요한 자금을 조달하는 데 이용된다.

> **해설** 단기금융시장에는 콜시장, 양도성예금증서시장, 환매조건부채권매매시장, 통화안정증권시장 등이 있고, 장기금융시장에는 주식시장, 채권시장, 자산유동화증권시장 등이 있다.

09 다음 중 외화예금에 대한 설명으로 옳지 않은 것은?

① 1인당 최고 5천만 원까지 예금자보호법에 의한 보호를 받는다.
② 이자계산은 원금에다 연이율에 예치일수를 곱하여 365일로 나누어 계산한다.
③ 외국인 또는 비거주자 등이 사용하는 외화예금계정을 대외계정이라고 한다.
④ 외화당좌예금은 수표나 어음을 발행하지 않는다.
⑤ 입금 시에는 전신환매도율이 적용된다.

> **해설** 이자계산은 일 단위로 계산하는 경우 360일로 환산하여 계산한다.

10 다음 중 신용카드의 한도에 대한 설명으로 옳지 않은 것은?

① 가족 회원의 한도는 본인 회원의 한도에 포함하여 관리한다.
② 해외 기본한도는 매 영업일 전신환매도율을 기준으로 관리한다.
③ 초기 한도란 회원의 최초 카드 발행 시 부여되는 한도이다.
④ 특별 한도란 잔여한도를 초과하여 1회에 한하여 승인하는 한도를 말한다.
⑤ 신용카드의 이용 한도는 총한도 범위내에서 현금서비스, 일시불, 할부, 해외 한도로 구분하여 관리한다.

> **해설** 초과한도란 잔여한도를 초과하여 1회에 한하여 승인하는 한도를 말한다.

11 다음 중 자본시장법상 투자자보호제도에 대한 설명으로 옳지 않은 것은?

① 적합성의 원칙은 고객의 투자목적이나 투자경험 등을 파악하여 투자자에게 적합한 상품을 권유해야 한다는 것을 말한다.
② 적정성의 원칙은 파생상품 등의 판매와 관련하여 적합성의 원칙을 보다 완화한 원칙이다.
③ 금융회사의 임직원은 불확실한 사안에 대해 단정적 판단을 제공하는 행위를 해서는 안 된다.
④ 금융회사의 임직원은 투자권유와 관련하여 거짓의 내용을 알리는 부당권유 행위를 해서는 안 된다.
⑤ 금융회사의 임직원이 고객에게 금융상품의 가입을 권유하면서 투자설명서를 교부하지 않거나 자세한 설명을 하지 않은 것은 투자자에 대한 보호의무를 위반한 행위이다.

> **해설** 적정성의 원칙은 적합성의 원칙을 보다 강화한 원칙이다.

정답 06 ② 07 ⑤ 08 ③ 09 ② 10 ④ 11 ②

12 다음 중 구조화 상품의 특징으로 옳지 않은 것은?

① 고객에게 사전에 기대수익률을 예측하여 제시할 수 있다.
② 파생상품을 이용하므로 수익구조가 다소 복잡하다.
③ 일반적으로 중도해지가 불가능하다.
④ 다른 펀드상품과 달리 만기가 있다.
⑤ 투자권유 시 적합성의 원칙과 함께 적정성의 원칙이 적용된다.

> **해설** 구조화 상품은 일반적으로 중도해지가 가능하나 중도해지수수료의 부담이 있는 상품이다.

13 다음 중 주택을 소유하고 있는 고령자의 노후안정자금을 지원하기 위한 목적의 공적 대출로 한국주택금융공사에서 취급하고 있는 대출은?

① 모기지론   ② 역모기지론   ③ 생활자금대출
④ 주택담보대출   ⑤ 공유형 모기지

> **해설** 역모기지론은 주택을 소유하고 있는 고령자의 노후안정자금을 지원하기 위한 목적의 공적 대출로 한국주택금융공사에서 주택연금이라는 명칭으로 취급하고 있는 대출이다.

14 기업이 단기 운용자금을 조달할 목적으로 발행하는 융통어음으로 이자를 먼저 지급받은 후 이자를 제외한 금액을 투자하고 만기에 원금을 받는 금융상품은?

① 기업어음   ② 표지어음
③ 환매조건부채권   ④ 양도성예금증서
⑤ 통화안정증권

> **해설** 기업어음(CP)이란 기업이 단기 운용자금을 조달할 목적으로 발행하는 융통어음으로 만기에 이자를 지급받는 예금과는 다르게 CP는 이자를 먼저 지급받은 후 이자를 제외한 금액을 투자하고 만기에 원금을 받는다.

15 은행의 정기예금에 양도성을 부여한 무기명 증권을 말하는 것으로 발행기관은 은행이고 유통기관은 증권사와 종합금융회사인 금융상품은?

① 환매조건부채권   ② 양도성예금증서   ③ 기업어음
④ 뮤추얼펀드   ⑤ 단기금융투자신탁

> **해설** 양도성예금증서(CD)란 은행의 정기예금에 양도성을 부여한 무기명 증권을 말하는 것으로 발행기관은 은행이고 유통기관은 증권사와 종합금융회사이다.

16 개별 주식의 가격이나 주가지수와 연계하여 사전에 정해진 수익구조에 따라 손익이 결정되는 파생상품으로 상환금액의 지급을 발행사에서 보장하는 금융상품을 의미하는 것은?

① MBS ② CMO ③ ELF
④ ELD ⑤ ELS

> **해설** 주가연계증권(ELS)이란 개별 주식의 가격이나 주가지수와 연계하여 사전에 정해진 수익구조에 따라 손익이 결정되는 파생상품으로 상환금액의 지급을 발행사에서 보장하는 금융상품을 말한다.

17 다음 재무비율 중 안전성 비율에 해당하지 않는 것은?

① 부채비율 ② 이자보상비율
③ 현금흐름보상비율 ④ 당좌비율
⑤ 고정비율

> **해설** 당좌비율은 유동성 비율에 해당한다.

18 투자자들은 강원 회사가 매년 주당 2,000원씩 배당금을 영구적으로 지급할 것으로 기대하고 있다. 만약 투자자들이 이 주식에 대하여 연 10%의 수익률을 요구한다면 이 주식의 주당 가격은 얼마인가?

① 18,000원 ② 19,000원
③ 20,000원 ④ 21,000원
⑤ 22,000원

> **해설** 현재의 주가 = 2,000/0.10 = 20,000(원)

19 주가순자산비율(PBR)의 구성 요인에 대한 설명으로 옳지 않은 것은?

① ROE가 높을수록 PBR은 높아진다.
② 배당성향이 높을수록 PBR은 높아진다.
③ 내부유보율이 낮을수록 PBR은 높아진다.
④ 성장률이 높을수록 PBR은 높아진다.
⑤ 자기자본비용이 높을수록 PBR은 높아진다.

> **해설** 자기자본비용이 낮을수록 PBR은 높아진다.

정답 12 ③ 13 ② 14 ① 15 ② 16 ⑤ 17 ④ 18 ③ 19 ⑤

20 재무제표 비율분석에 있어서 수익성 분석에 해당하지 않는 것은?

① 매출액총이익률
② 총자본회전율
③ 자기자본이익률
④ 총자본이익률
⑤ 매출액영업이익률

> **해설** 총자본회전율은 활동성 분석에 속한다.

21 재무제표 비율분석에 있어서 성장성 분석에 해당하지 않는 것은?

① 매출액증가율
② 총자본증가율
③ 자기자본증가율
④ 매출채권회전율
⑤ 순이익증가율

> **해설** 매출채권회전율은 활동성 분석에 속한다.

22 다음 중 가치주 투자전략의 특징으로 올바르지 않은 것은?

① 투자종목 및 투자전략의 특성상 시장지수와는 다소 괴리가 발생할 수 있어 상대적 민감도인 베타가 낮다.
② 투자한 주식이 적정 가치를 인정받을 때까지 투자기간이 길어질 수 있으므로 장기적 관점에서 투자해야 하는 전략이다.
③ 공격적 투자성향보다는 상대적으로 안정적 성향의 투자자에게 적합한 투자전략이다.
④ 주가 하락기에 목표수량을 정한 후 단계적으로 분할 매입하고 목표가에 이를 때까지 보유하다가 매도하는 전략이 유효하다.
⑤ 가치주 투자는 공모 물량 배정의 한계로 인하여 직접투자의 방법보다는 간접투자의 방법이 더 효과적인 투자전략이다.

> **해설** 공모주 투자는 공모 물량 배정의 한계로 인하여 직접투자의 방법보다는 간접투자의 방법이 더 효과적인 투자전략이다.

23 다음 중 배당주 투자전략의 특징으로 올바르지 않은 것은?

① 고배당주 투자의 경우에는 상대적 민감도인 베타가 낮고 배당성장주 투자의 경우에는 상대적으로 베타가 높다.
② 고배당주 투자는 보수적인 투자성향의 투자자에게 적합한 투자전략이고 배당성장주 투자는 상대적으로 공격적 투자성향을 가진 투자자에게 적합한 투자전략이다.

③ 고배당주 투자는 가치주 투자전략의 특징을 동시에 가지고 있다.
④ 배당성장주 투자는 가치주 투자전략의 특징을 동시에 가지고 있다.
⑤ 투자시기에서 단기적 관점의 투자자라면 배당일 이전에 투자하는 전략이 유효하고 장기적 관점의 투자자라면 배당락 이후에 투자하는 전략이 유효하다.

> **해설** 고배당주 투자는 가치주 투자전략의 특징을 동시에 가지고 있으며 배당성장주 투자는 성장주 투자전략의 특징을 동시에 가지고 있다.

24 펀드의 실제수익률이 시장의 균형을 가정한 경우의 기대수익률보다 얼마나 높은지를 구하는 성과지표로서 펀드 실현수익률에서 시장의 균형하에서의 기대수익률을 차감하여 산출하는 위험조정평가지표는 무엇인가?

① 베타
② 샤프지수
③ 젠센의 알파
④ 정보비율
⑤ 트레이너지수

> **해설** 젠센의 알파는 펀드의 실제수익률이 시장의 균형을 가정한 경우의 기대수익률보다 얼마나 높은지를 구하는 성과지표로서 펀드 실현수익률에서 시장의 균형하에서의 기대수익률을 차감하여 산출한다.

25 증시에서 회사의 실적과 무관하게 특정 이슈 때문에 관심을 받아 상승세를 타는 종목을 말하는 것으로 투자에 신중해야 하는 이것은 무엇인가?

① 우선주
② 실권주
③ 동전주
④ 배당주
⑤ 테마주

> **해설** 테마주는 주식시장에 상장된 주식으로서, 하나의 주제를 가진 사건에 의해 같은 방향으로 주가가 움직이는 종목군을 말한다. 정치, 연예, 레저, 과학기술, 부동산, 질병, 자원개발 등 다양한 종류의 테마주가 있다.

26 컴퓨터 소프트웨어로 특정 매수 시점과 매도 시점을 미리 프로그램화해서 그 시점에 자동으로 매매되도록 하는 거래시스템을 말하는 것은?

① RP매매
② 마진거래
③ 차익거래
④ 반대매매
⑤ 알고리즘매매

> **해설** 알고리즘매매란 투자자가 설정한 목표가격·수량·시간 등의 매매조건에 따라 전산시스템에 의해 자동적으로 매매가 이뤄지는 거래를 말한다.

정답 20 ② 21 ④ 22 ⑤ 23 ④ 24 ③ 25 ⑤ 26 ⑤

27 유가증권 시장에서는 가격대별로 호가 단위가 다른데 ETF는 가격 범위와 무관하게 단일 호가단위가 적용된다. ETF에서 호가단위는 얼마로 적용되는가?

① 1원　　　　　　　　　② 5원　　　　　　　　　③ 10원
④ 50원　　　　　　　　　⑤ 100원

> **해설** ETF는 가격 범위와 무관하게 단일 호가단위 5원이 적용된다.

28 국내의 경우 상장증권의 공정한 거래질서 확립을 위해 1일 동안 주식가격이 변동할 수 있는 제한 폭을 기준가격 대비 얼마로 설정하고 있는가?

① ±10%　　　　　　　　② ±15%　　　　　　　　③ ±20%
④ ±30%　　　　　　　　⑤ ±50%

> **해설** 국내의 경우 상장증권의 공정한 가격형성을 도모하고 급격한 시세변동에 따른 투자자의 피해방지 등 공정한 거래질서 확립을 위해 1일 동안 주식가격이 변동할 수 있는 제한 폭을 기준가격(전일 종가) 대비 ±30%로 정하고 있다.

29 엘리어트 파동이론에 따르면 주가는 연속적인 파동에 의해 상승하고 다시 하락함으로써 주가 사이클을 만들어 가는데 한 사이클은 어떻게 구성되는가?

① 상승 3파동과 하락 3파동　　　　② 상승 3파동과 하락 5파동
③ 상승 5파동과 하락 3파동　　　　④ 상승 4파동과 하락 4파동
⑤ 상승 5파동과 하락 5파동

> **해설** 엘리어트 파동이론에 따르면 주가는 연속적인 파동에 의해 상승하고 다시 하락함으로써 주가 사이클을 만들어 가는데 한 사이클은 상승 5파동과 하락 3파동 등 총 8개의 충격파동과 조정파동으로 구성된다는 것이다.

30 시장에서 증권에 대한 수요와 공급에 의해서 결정되는 시장가격이 그 증권의 내재가치와 동일하지 않을 수 있다는 전제하에 증권의 내재가치를 중점적으로 분석하는 방법은?

① 포트폴리오 분석　　　　② 기본적 분석　　　　③ 기술적 분석
④ 리스크 분석　　　　　　⑤ 기업신용 분석

> **해설** 기본적 분석(fundamental analysis)이란 시장에서 증권에 대한 수요와 공급에 의해서 결정되는 시장가격이 그 증권의 내재가치(intrinsic value)와 동일하지 않을 수 있다는 전제하에 증권의 내재가치를 중점적으로 분석하는 방법이다.

31 경기변동을 나타내는 경기종합지수 중 선행종합지수에 해당하지 않는 것은?

① 재고순환지표 ② 건축허가면적 ③ 총유동성
④ 회사채유통수익률 ⑤ 종합주가지수

> 해설 회사채유통수익률은 경기종합지수 중 후행종합지수에 해당한다.

32 액면금액이 1,000원이고 액면이자율이 연 8%, 시장이자율이 10%이며 만기가 3년인 채권의 현재 가격은 얼마인가?

① 900원
② 950원
③ 1,000원
④ 1,050원
⑤ 1,100원

> 해설 채권의 현재가격 = 80×PVIFA(10%, 3년) + 1,000×PVIF(10%, 3년) = 950(원)

33 다음 중 채권의 발행주체에 따른 분류에 해당하지 않는 것은?

① 국채 ② 특수채
③ 금융채 ④ 회사채
⑤ 이표채

> 해설 이표채는 채권의 이자지급 방법에 따른 분류에 해당한다.

34 강원 회사는 액면가 100만 원, 만기 3년, 액면이자율 8%이고 이자는 매년 말에 지급되는 사채를 발행하였다. 시장이자율이 8%일 경우 이 사채의 발행가격은 얼마인가?

① 92만 원 ② 95만 원
③ 100만 원 ④ 105만 원
⑤ 108만 원

> 해설 액면이자율과 시장이자율이 같으므로 이 사채는 액면 발행된다. 따라서 사채의 발행가격은 100만 원이다.

정답 27 ② 28 ④ 29 ③ 30 ② 31 ④ 32 ② 33 ⑤ 34 ③

35 채권수익률의 기간구조를 설명하는 이론 중 장기채권의 수익률이 미래에 예상되는 단기이자율의 기하평균과 같다는 주장은 어느 이론인가?

① 불편기대가설
② 유동성프리미엄가설
③ 시장분할가설
④ 선호영역가설
⑤ 효율적시장가설

> 해설   불편기대가설은 장기채권의 수익률은 미래에 예상되는 단기이자율의 기하평균과 같다는 주장이다.

36 채권투자전략에서 단기채권과 장기채권에만 투자를 하고 그 중간에 있는 중기채권에는 투자하지 않는 방법은?

① 면역전략
② 사다리형 만기전략
③ 바벨형 만기전략
④ 스왑전략
⑤ 수익률곡선타기전략

> 해설   바벨형 만기전략은 단기채권과 장기채권에만 투자를 하고 그 중간에 있는 중기채권에는 투자하지 않는 방법이다.

37 금리하락이 예상되는 시기의 투자전략으로 옳지 않은 것은?

① 포트폴리오의 듀레이션이 긴 채권형펀드를 선정한다.
② 포트폴리오의 평균 표면금리가 낮은 채권형펀드를 선정한다.
③ 만기보유 전략이나 채권면역 전략과 같은 투자전략을 사용하는 채권형 펀드를 선정한다.
④ 시장민감도인 베타가 큰 채권형펀드를 선정한다.
⑤ 수익률예측 전략과 같은 적극적인 투자전략을 사용하는 채권형펀드를 선정한다.

> 해설   금리상승이 예상되는 시기의 투자전략으로 만기보유 전략이나 채권면역 전략과 같은 소극적인 투자전략을 사용하는 채권형 펀드를 선정한다.

38 채권의 종류에 대한 설명으로 옳은 것은?

① 지방정부가 발행하는 채권은 특수채이다.
② 단기채는 만기가 2~5년인 채권이다.
③ 할인채는 액면가에서 이자를 할인해 발행한다.
④ 불특정 다수에게 판매하는 채권은 사모채이다.
⑤ 물가상승 리스크를 헤지할 수 있는 채권은 은행채이다.

> **해설** 할인채는 이자가 붙지는 않지만 반드시 이자 상당액을 미리 액면가격에서 차감함으로써 발행가격이 액면가격보다 낮은 채권을 말한다.

39 다음 중 금리하락으로 인한 영향이 아닌 것은?

① 저축 감소　　② 투자 감소　　③ 생산 증가
④ 물가 상승　　⑤ 경기 상승

> **해설** 금리가 하락하면 투자는 증가한다.

40 채권 투자시 발생하게 될 위험의 종류 중 가장 거리가 먼 것은?

① 유동성 위험　　② 듀레이션 위험
③ 시장 위험　　④ 신용 위험
⑤ 중도상환 위험

> **해설** 채권투자 위험에는 유동성위험, 듀레이션위험, 신용위험, 중도상환위험이 있다.

41 다음 중 이자지급 방법에 따른 채권의 종류로 옳지 않은 것은?

① 이표채　　② 할인채　　③ 회사채
④ 단리채　　⑤ 복리채

> **해설** 발행주체에 따른 채권의 종류에는 국채, 지방채, 특수채, 금융채, 회사채 등이 있다.

42 다음 중 유통시장의 기능으로 옳지 않은 것은?

① 채권의 발행시장에서 발행된 채권의 유동성과 시장성을 높여 준다.
② 투자자에게는 투자자금의 회수와 이자 등 투자수익의 실현을 가능하게 한다.
③ 정부의 재정수지를 조절하고 건전재정을 확보하는 등 정부의 정책과 역량을 발휘하게 한다.
④ 유통시장에서 형성되는 가격은 발행시장의 가격을 결정하는 지표역할을 한다.
⑤ 채권의 시장성과 유동성은 채권의 담보력을 높여 준다.

> **해설** 정부의 재정수지를 조절하고 건전재정을 확보하는 등 정부의 정책과 역량을 발휘하게 하는 것은 발행시장의 기능이다.

정답 35 ① 36 ③ 37 ③ 38 ③ 39 ② 40 ② 41 ③ 42 ③

43 채권수익률에 영향을 미치는 요인 중 내적 요인에 해당하는 것은?

① 채권의 만기
② 경기변동
③ 물가
④ 통화량
⑤ 환율

> **해설** 채권수익률에 영향을 미치는 요인 중 내적 요인으로는 채권의 만기, 발행주체의 위험 등을 들 수 있다.

44 채권투자전략 중 소극적 전략에 해당하는 것은?

① 스프레드 전략
② 수익률 예측전략
③ 교체 전략
④ 면역 전략
⑤ 수익률 곡선타기 전략

> **해설** 면역전략은 소극적 전략에 속한다.

45 채권의 투자수익률 중에서 전체 투자기간 동안 모든 투자수익 요인들에 의해 발생된 최종 총수입의 투자원본 대비 수익성을 측정한 것은?

① 액면이자율
② 만기수익률
③ 실효수익률
④ 발행수익률
⑤ 연평균수익률

> **해설** 실효수익률은 채권의 투자수익률 중에서 전체 투자기간 동안 모든 투자수익 요인들에 의해 발생된 최종 총수입의 투자원본 대비 수익성을 말한다. 발행수익률은 채권의 발행시 취득가격과 만기까지 해당 채권에서 얻게 되는 최종 총수입간의 비율을 수익률의 개념으로 표시한 것이다.

46 향후 금리의 하락이 예상될 때 채권투자전략은?

① 표면이자율이 높은 최단기 채권을 보유한다.
② 표면이자율이 높은 최장기 채권을 보유한다.
③ 표면이자율이 낮은 최단기 채권을 보유한다.
④ 표면이자율이 낮은 최장기 채권을 보유한다.
⑤ 시장이자율이 높은 최장기 채권을 보유한다.

> **해설** 향후 금리의 하락이 예상될 때에는 표면이자율이 낮으면서 만기가 긴 장기채권을 매입하면 채권가격 상승으로 인한 자본소득을 많이 얻을 수 있다.

47 특정 외국통화를 약정된 조건하에서 자국통화로 사거나 팔 수 있는 권리가 부여된 옵션을 말하는 것은?

① 지수옵션　　　　　② 주식옵션　　　　　③ 선물옵션
④ 통화옵션　　　　　⑤ 금리옵션

> 해설　통화옵션은 특정 외국통화를 약정된 조건하에서 자국통화로 사거나 팔 수 있는 권리가 부여된 옵션을 말하는 것으로, 우리나라에서는 1999년 4월 23일 이후 미국달러옵션이 상장 거래되고 있다.

48 현물의 가격변동위험을 회피하거나 줄이기 위해 현물시장에서의 포지션과 반대되는 포지션을 선물시장에서 취하는 투자자를 의미하는 것은?

① hedger　　　　　② speculator　　　　　③ arbitrager
④ broker　　　　　⑤ trader

> 해설　헤저는 불리한 가격변동의 위험으로부터 기초자산의 가치를 보호하려는 목적에서 방어적 투자관리를 하는 투자자들을 말한다.

49 동일한 형태의 두 개 이상의 옵션에 대해 하나는 매수하고 다른 하나는 매도하는 포지션을 취하는 것을 말하는 것은?

① 스트랭글　　　　　② 스프레드　　　　　③ 스트래들
④ 스트립　　　　　⑤ 스트랩

> 해설　스프레드는 동일한 형태의 두 개 이상의 옵션에 대해 하나는 매수하고 다른 하나는 매도하는 포지션을 취하는 것을 말한다.

50 다음 중 콜옵션 가치의 결정요인에 대한 설명으로 옳지 않은 것은?

① 콜 옵션가치는 현재의 기초주식의 주가가 높으면 높을수록 상승한다.
② 콜 옵션가치는 행사가격이 낮을수록 높아진다.
③ 콜 옵션가치는 만기일이 길수록 상승한다.
④ 콜 옵션가치는 기초주식의 수익률 분산이 클수록 상승한다.
⑤ 콜 옵션가치는 기업의 배당성향이 낮을수록 감소한다.

> 해설　콜 옵션가치는 기업의 배당성향이 높을수록 감소한다.

정답 43 ①　44 ④　45 ③　46 ④　47 ④　48 ①　49 ②　50 ⑤

51 다음 중 코스피200 옵션의 특징이 아닌 것은?

① 기초자산은 코스피200 지수이다.
② 거래단위는 1포인트당 25만 원이다.
③ 결제방법은 현금결제이다.
④ 가격제한폭은 없다.
⑤ 옵션의 유형은 미국형이다.

> **해설** 옵션의 유형은 유럽형이다.

52 옵션의 민감도 지표 중에서 기초자산의 가격변동에 대한 옵션가격의 변동비율을 나타내는 것은?

① 델타
② 감마
③ 쎄타
④ 베가
⑤ 로

> **해설** 델타는 기초자산의 가격변동에 대한 옵션가격의 변동비율을 나타내는 것으로 근사치로 볼 때 옵션가격이 만기에 ATM이 될 확률을 의미한다.

53 선물 거래에 있어서 매일매일 형성되는 정산가격을 기준으로 모든 거래참여자들의 미결제약정에 대한 손익을 계산하여 반영하는 것을 무엇이라 하는가?

① 일일정산
② 증거금
③ 포지션 청산
④ 콘탱고
⑤ 백워데이션

> **해설** 일일정산이란 선물 거래에 있어서 매일매일 형성되는 정산가격을 기준으로 모든 거래참여자들의 미결제약정에 대한 손익을 계산하여 반영하는 것을 말한다.

54 선물가격은 미래의 기대현물가격보다 낮게 형성되었다가 만기일이 가까워지면서 선물가격이 기대현물가격에 접근해 간다는 주장은?

① 정상적 백워데이션 가설
② 콘탱고 가설
③ 기대 가설
④ 현물-선물 등가이론
⑤ 스프레드 거래

> **해설** 정상적 백워데이션 가설은 선물가격은 미래의 기대현물가격보다 낮게 형성되었다가 만기일이 가까워지면서 선물가격이 기대현물가격에 접근해 간다는 주장이다.

55 다음 중 선물과 선도를 비교한 내용으로 옳지 않은 것은?

① 선물의 거래금액은 표준화되어 있으나 선도는 제한이 없다.
② 선물은 거래소가 청산소가 되어 계약이행을 보증하기 때문에 신용위험이 줄어든다.
③ 선물은 만기 정산이나 선도는 일일 정산이 이루어진다.
④ 선물은 장내파생상품이고 선도는 장외파생상품이다.
⑤ 선물은 실물인수도 비율이 매우 낮으나 선도는 주로 실물인수도가 이루어진다.

> **해설** 선물은 일일 정산이 이루어지나 선도는 일일 정산 없이 만기일에 정산이 이루어진다.

56 다음 중 주식연계상품에 대한 설명으로 옳지 않은 것은?

① 주식연계상품은 일반적으로 채권 부분과 주식파생상품 부분으로 구성된다.
② 낙아웃 구조와 디지털옵션 구조는 원금보장형 상품에 많이 활용된다.
③ 옵션 스프레드 전략은 이익과 손실이 한정된 보수적인 투자전략이다.
④ 디지털옵션 구조화상품은 지수상승에 따른 혜택을 보지 못한다는 단점이 있다.
⑤ 대부분의 조기상환형 구조는 옵션의 매수가 내재되어 있다.

> **해설** 대부분의 조기상환형 구조는 옵션의 매도가 내재되어 있으며 원금이 보장되지 않는 구조를 가진다.

57 다음 중 KRX에서 거래되는 KOSPI200 지수선물에 대한 설명으로 옳지 않은 것은?

① 계약금액은 "KOSPI200 지수×25만 원"이다.
② 최소호가단위는 0.01포인트로 금액으로 환산하면 2,500원이다.
③ 계약 시 정한 가격과 결제시점 주가지수의 차이를 기준으로 하여 현금으로 결제한다.
④ 결제월은 3, 6, 9, 12월이며 결제월의 두 번째 목요일이 최종거래일이다.
⑤ 시장안정화 장치로 가격제한폭 제도와 서킷브레이커즈가 있다.

> **해설** KOSPI200 지수선물의 최소 호가단위는 0.05포인트로 금액으로 환산하면 12,500원이다.

정답 51 ⑤ 52 ① 53 ① 54 ① 55 ③ 56 ⑤ 57 ②

58 다음 중 옵션의 변동성 매매전략에 대한 설명으로 옳지 않은 것은?

① 콜옵션과 풋옵션 매수의 베가와 감마는 모두 양의 값을 가진다.
② 시간가치 감소를 측정하는 쎄타는 콜옵션과 풋옵션 매수의 경우 음의 값을 가진다.
③ 콜옵션의 델타는 양의 값을 가지는데 이는 기초자산 가격이 상승할 경우 이익이 발생함을 의미한다.
④ 스트랭글 매도는 스트래들 매도보다 프리미엄 수입이 큰 반면 기대이익이 작다.
⑤ 실현변동성이 현재 내재변동성을 상회할 것으로 예측된다면 델타중립 포지션을 가져감으로써 이익을 기대할 수 있다.

> **해설** 변동성 매도전략인 스트랭글 매도는 스트래들 매도보다 프리미엄 수입이 작은 반면 기대이익은 크다.

59 다음 중 금융자산의 선택과 관련한 설명으로 옳은 것은?

① 수익률을 높이기 위해서는 파생상품보다는 예금에 가입해야 한다.
② 안전한 자산을 선호한다면 국채보다는 주식이 낫다.
③ 원금 손실을 최소화하기 위해서는 낮은 수익률을 감수해야 한다.
④ 수익률을 높이기 위해서는 주가수익비율(PER)이 높은 주식을 구매해야 한다.
⑤ 물가상승률이 높다면 실물자산보다는 금융자산을 구매하는 것이 유리하다.

> **해설** 안전한 자산을 선호한다면 국채가 주식보다 유리하고, 수익률을 높이기 위해서는 예금보다 파생상품에 투자하는 것이 일반적이다. 또한 원금 손실을 최소화하기 위해서는 낮은 수익률을 감수해야 한다.

60 다음 중 투자자의 효용과 무차별곡선에 대한 설명으로 옳지 않은 것은?

① 위험회피자의 무차별곡선은 양의 기울기를 가지며 원점에 대해 볼록하다.
② 투자자의 기대효용은 기대수익률이 클수록 그리고 예상되는 위험이 작을수록 커진다.
③ 위험회피자의 효용은 수익이 증가함에 따라 증가하지만, 한계효용은 체감한다.
④ 무차별곡선은 위쪽에 위치할수록 더 큰 효용을 나타낸다.
⑤ 위험회피 성향이 큰 보수적 투자자일수록 무차별곡선의 기울기는 완만하다.

> **해설** 위험회피 성향이 큰 보수적 투자자일수록 무차별곡선의 기울기는 가파르다.

61 일정한 조건 아래에서 위험이 발생할 경우 잃을 수 있는 최대 손실 예상치를 추정한 금액을 말하는 것은?

① 베타
② 표준편차
③ 공분산
④ VaR
⑤ 결정계수

> **해설** VaR는 일정한 조건 아래에서 위험이 발생할 경우 잃을 수 있는 최대 손실 예상치를 추정한 금액으로 VaR가 높으면 위험이 발생했을 때 잃을 수 있는 자금이 크다는 얘기다.

62 포트폴리오를 구성하는 자산들의 가격이 변동하여 포트폴리오 구성비율이 달라졌거나 포트폴리오의 위험과 수익 특성에 영향을 미칠 수 있는 새로운 정보가 존재할 때 이루어지는 것은?

① 포트폴리오 다운사이징
② 포트폴리오 리밸런싱
③ 포트폴리오 업그레이딩
④ 포트폴리오 디스트리뷰팅
⑤ 포트폴리오 올로케이팅

> **해설** 포트폴리오 리밸런싱이란 상황변화가 있을 경우 포트폴리오가 갖는 원래의 특성을 그대로 유지하고자 하는 것으로 주로 투자비율을 원래대로 환원시키는 방법을 사용한다.

63 경희 펀드의 1년간 실현수익률은 10%이고 벤치마크 수익률은 8%, 경희 펀드의 베타는 1.20이며 무위험 이자율이 2%라고 할 때 이 펀드의 젠센의 알파 값은 얼마인가?

① -2.0%
② -0.8%
③ 0.4%
④ 0.8%
⑤ 2.0%

> **해설** 젠센의 알파 = 10% - [2% + (8% - 2%) * 1.2] = 0.8%

64 다음 중 자본배분선(CAL)에 대한 설명으로 옳지 않은 것은?

① 자본배분선 상에서 우측으로 갈수록 위험자산의 비중이 커진다.
② 무위험수익률을 절편으로 하고 위험보상비율을 기울기로 하는 직선이다.
③ 투자자의 위험회피 성향에 따라 자본배분선의 기울기는 달라진다.
④ 자본배분선의 기울기가 클수록 더 좋은 투자대상이다.
⑤ 자본배분선 중 시장포트폴리오를 위험자산으로 사용하는 것을 자본시장선이라고 한다.

> **해설** 자본배분선의 기울기는 투자자의 위험회피 성향과 관계없이 위험보상비율에 따라 달라진다.

정답 58 ④ 59 ③ 60 ⑤ 61 ④ 62 ② 63 ④ 64 ③

65 다음 중 자본시장선(CML)과 증권시장선(SML)에 대한 설명으로 옳지 않은 것은?

① 자본시장선의 기울기는 위험 1단위에 대한 위험보상의 정도를 나타낸다.
② 자본시장선은 완전히 분산투자된 효율적 포트폴리오만을 분석 대상으로 한다.
③ 증권시장선은 모든 자산의 기대수익률과 총 위험과의 관계를 나타낸다.
④ 증권시장선보다 아래쪽에 위치하는 증권은 현재 고평가된 상태이다.
⑤ 시장포트폴리오를 편입한 최적 포트폴리오는 자본시장선과 증권시장선이 동일하다.

> **해설** 증권시장선은 모든 자산의 기대수익률과 체계적 위험과의 관계를 나타낸다.

66 다음 중 자본배분선(CAL)에 대한 설명으로 옳지 않은 것은?

① 자본배분선상의 어떠한 점이 가장 최적인가는 투자자의 위험성향에 달려 있다.
② 위험회피 성향이 높을수록 자본배분선상에서 왼쪽에 위치한 포트폴리오를 선택한다.
③ 자본배분선의 기울기는 투자자의 위험회피 성향과 관련이 깊다.
④ 자본배분선의 기울기가 클수록 더 좋은 투자대상이다.
⑤ 무위험자산이 포함될 때의 투자기회선으로 무위험수익률을 절편으로 한다.

> **해설** 자본배분선의 기울기는 위험보상비율에 따라 달라지므로 투자자의 위험회피 성향과 관련이 없다.

67 다음 중 증권시장선(SML)에 대한 설명으로 옳지 않은 것은?

① 개별 증권의 위험프리미엄은 시장포트폴리오 수익률에 개별 증권의 민감도인 베타(β)를 곱한 값과 같다.
② 증권시장선은 개별 증권의 투자 성과 평가를 위한 벤치마크로도 사용된다.
③ 비효율적인 포트폴리오나 개별 자산까지 포함한 모든 투자자산의 기대수익률과 체계적 위험의 관계를 설명할 수 있다.
④ 증권시장선보다 위쪽에 위치하는 자산은 예상수익률이 요구수익률보다 높은 저평가된 자산이다.
⑤ CAPM이 성립하는 경우 시장 균형상태에서 모든 증권은 증권시장선상에 위치해야 한다.

> **해설** 개별 증권의 위험프리미엄은 시장포트폴리오의 위험프리미엄에 개별 증권의 민감도인 베타(β)를 곱한 값과 같다.

68 다음 중 자본자산가격결정모형(CAPM)과 차익거래가격결정이론(APT)에 대한 설명으로 옳지 않은 것은?

① CAPM은 시장포트폴리오를 전제로 하기 때문에 비현실적인 가정에 의존하지만, APT는 시장포트폴리오에 의존하지 않는다.
② CAPM과 APT는 기대수익률과 체계적 위험 간의 선형관계를 설명한다.
③ CAPM은 설명 요인이 하나인 모형이고, APT는 설명 요인이 다수인 모형이다.
④ CAPM은 잘 분산된 포트폴리오에만 적용되지만, APT는 모든 자산에 예외 없이 적용된다.
⑤ CAPM과 APT는 상호 배타적인 모형이 아니다.

> **해설** APT는 잘 분산된 포트폴리오에만 적용되지만, CAPM은 모든 자산에 예외 없이 적용된다.

69 다음 중 벤치마크에 대한 설명으로 옳지 않은 것은?

① 벤치마크는 구성 종목명과 비중이 명확하게 표시되어야 한다.
② 벤치마크는 투자설계의 3단계인 계획, 실행, 성과 평가 중 계획과 성과 평가단계에서 활용된다.
③ 벤치마크는 자산집단뿐만 아니라 개별 상품별로도 정해질 수 있다.
④ 벤치마크는 투자성과 평가 기간이 시작되기 전에 미리 정해져야 한다.
⑤ 적극적인 운용을 하지 않을 경우에 벤치마크의 구성 종목에 투자하여 보유할 수 있어야 한다.

> **해설** 벤치마크는 투자설계의 모든 단계에서 활용된다.

70 다음 중 CAPM의 기본 가정이 아닌 것은?

① 평균-분산 기준
② 동질적 미래예측
③ 완전시장
④ 위험자산의 존재
⑤ 균형시장

> **해설** 투자위험이 전혀 없는 무위험 자산이 존재하며 모든 투자자들은 무위험이자율 수준으로 얼마든지 자금을 차입하거나 빌려줄 수 있다.

정답 65 ③ 66 ③ 67 ① 68 ④ 69 ② 70 ④

5편 비금융자산 투자설계 모의고사

71 부동산의 특성과 현상을 연결한 것이다. 가장 적절하지 않게 연결된 것은?

① 내구성 – 재고시장형성에 영향을 준다.
② 개별성 – 부동산가치추계의 어려움을 유발한다.
③ 부동성 – 국지적 시장을 형성하는 경향이 있다.
④ 고가성 – 부동산시장에의 진출입을 어렵게 한다.
⑤ 부증성 – 토지의 조방적 이용을 촉진한다.

> 해설 토지의 물리적 특성 중에 하나인 부증성은 토지의 공급이 한정되는 특성이므로 토지에 대한 집약적 이용이 필연적이다. 토지의 조방적 이용(粗放的 利用)이란 집약적 토지이용에 반대되는 개념으로 토지이용에서 집약도가 낮은 토지이용 상태를 말한다.

72 부동산 투자의 특징에 대한 설명으로 옳지 않은 것은?

① 투자기간이 장기간이다.
② 자본이득 또는 자본손실이 발생한다.
③ 감가상각에 의한 절세효과를 기대할 수 있다.
④ 부동산은 여러 투자대상물 중에서 안정성과 환금성이 뛰어나다.
⑤ 투자수익창출은 투자자의 능력보다도 경제적 상황에 많이 의존한다.

> 해설 부동산은 환금성이 떨어지고 안정성과 수익성이 뛰어나다.

73 동산과 부동산의 차이점을 설명한 것 중 틀린 것은?

① 부동산에는 공시의 원칙이 인정되지 않는다.
② 부동산의 공시방법은 등기이나, 동산의 경우는 인도이다.
③ 동산에는 용익물권이 설정될 수 없지만, 부동산에는 설정할 수 있다.

④ 동산에는 질권설정이 가능하지만, 부동산에는 저당권을 설정할 수 있다.
⑤ 무주의 동산은 그 선점자가 소유권을 취득하지만, 부동산은 국유이다.

> **해설** 우리 민법은 공시의 원칙을 부동산물권과 동산물권 모두에 인정하지만, 공신의 원칙은 동산물권에만 인정하고 있다. 부동산물권의 공시방법은 등기이고, 동산물권의 공시방법은 점유이다.
> ※ 공신의 원칙은 공시방법을 신뢰한 제3자를 보호하기 위해 공시된 대로 권리가 존재하는 것으로 다루는 원칙으로 대표적인 예가 선의취득제도이다.

74 부동산의 가격과 가치에 관한 설명으로 틀린 것은?

① 가격은 특정 부동산에 대한 교환의 대가로서 매수인이 지불한 금액이다.
② 가격은 대상부동산에 대한 현재의 값이지만, 가치는 장래 기대되는 편익을 예상한 미래의 값이다.
③ 가치란 주관적인 판단이 반영된 것으로 각 개인에 따라 차이가 발생할 수 있다.
④ 가치는 효용에 중점을 두며, 장래 기대되는 편익은 금전적인 것뿐만 아니라 비금전적인 것을 포함할 수 있다.
⑤ 주어진 시점에서 대상부동산의 가치는 다양하다.

> **해설** 가격은 대상부동산에 대한 과거의 값이며, 가치는 장래 기대되는 편익을 현재가치로 환원한 현재의 값이다.

75 토지용어에 대한 설명으로 옳은 것은?

① 획지는 하나의 지번을 갖는 토지의 등록단위를 말한다.
② 빈지(濱地)는 개인의 사유지로서 전답 등이 하천으로 변한 토지를 말한다.
③ 전(田)지지역이 답(畓)지지역으로 그 용도가 변경되고 있는 토지를 후보지라고 한다.
④ 택지란 인위적·자연적·행정적 조건에 의하여 다른 토지와 구분하여 가격수준이 비슷한 일단의 토지를 말한다.
⑤ 부동산의 용도적 지역 내에서 그 용도가 이행·변경 중에 있는 토지를 이행지라고 한다.

> **해설** ① 필지에 대한 설명이다.
> ② 포락지에 대한 설명이다.
> ③ 전(田)지지역이 답(畓)지지역으로 그 용도가 변경되고 있는 토지는 이행지이다.
> ④ 획지에 대한 설명이다.

정답 71 ⑤ 72 ④ 73 ① 74 ② 75 ⑤

76 다음 중 용도지역에 대한 설명으로 옳지 않은 것은?

① 국토교통부장관이나 시·도지사 또는 대도시 시장이 지정 또는 변경을 결정한다.
② 건폐율이나 용적률을 제한할 수 있다.
③ 도시지역은 16가지로 세분화되어 있다.
④ 용도지역 간에 중복되지 않도록 한다.
⑤ 용도지역은 총 20가지의 용도구역으로 세분화되어 있다.

> **해설** 용도지역은 도시지역은 16가지, 도시지역 외는 5가지로 세분화하여 모두 21가지의 용도구역으로 세분화되어 있다.

77 다음 중 지목의 설정원칙으로 옳지 않은 것은?

① 하나의 필지에서는 하나의 지목만을 설정해야 한다.
② 일시적으로 다른 용도로 사용될 경우 지목을 변경해야 한다.
③ 우리나라는 이용형태로 총 28가지의 법정지목을 분류하고 있다.
④ 도시사업개발이 집행 중인 지역의 토지는 그 목적에 따라 지목을 설정해야 한다.
⑤ 1필지에서 토지의 일부가 주된 사용목적과 다른 용도로 사용될 경우 주된 사용목적에 따라 지목을 설정해야 한다.

> **해설** 토지가 일시적인 용도로 사용되는 때에는 지목을 변경하지 않는다.
> ※ 지목은 주된 사용 목적에 따라 토지의 종류를 구분해 놓은 것을 말한다.

78 다음 중 부동산 공적장부에 대한 설명으로 연결이 바르지 못한 것은?

① 등기사항전부증명서 표제부 – 지번, 지목, 면적, 건물내역
② 등기사항전부증명서 갑구 – 소유권, 압류, 가압류, 저당권
③ 등기사항전부증명서 을구 – 지상권, 지역권
④ 건축물대장 전유부 – 소유권, 층수
⑤ 건축물대장 표제부 – 용도구역, 용도지구, 건폐율, 용적율

> **해설** 저당권은 소유권에 이외에 관련된 권리에 관한 내용으로 등기사항전부증명서 을구에 해당된다.

79 부동산만을 객체로 하는 물권으로 묶인 것은?

① 유치권 – 질권 – 저당권
② 지상권 – 지역권 – 전세권
③ 지상권 – 유치권 – 저당권
④ 소유권 – 점유권 – 저당권
⑤ 소유권 – 지상권 – 저당권

> **해설** ㉠ 부동산만을 객체로 하는 물권(지상권·지역권·전세권·저당권)
> ㉡ 동산(권리)만을 객체로 하는 물권(질권)
> ㉢ 부동산과 동산을 모두 객체로 하는 물권(점유권·소유권·유치권)

80 국토의 계획 및 이용에 관한 법령상 아파트를 건축할 수 있는 용도지역은?

① 제1종 전용주거지역
② 제1종 일반주거지역
③ 유통상업지역
④ 준주거지역
⑤ 일반공업지역

> **해설** 아파트를 포함하여 공동주택을 건축할 수 있는 용도지역은 제2종 전용주거지역, 제2종 일반주거지역, 제3종 일반주거지역, 준주거지역이다.

81 주택의 유형에 관한 설명으로 옳은 것은?

① 도시형생활주택은 350세대 미만의 국민주택규모로 대통령령으로 정하는 주택으로 단지형 연립주택·단지형 다세대주택·원룸형 주택 등이 있다.
② 연립주택은 주택으로 쓰는 1개 동의 바닥면적 합계가 660m² 이하이고, 층수가 4개 층 이하인 공동주택이다.
③ 다세대주택은 주택으로 쓰는 1개 동의 바닥면적 합계가 330m² 이하이고, 층수가 5개 층 이하인 주택이다.
④ 다중주택은 학생 또는 직장인 등 다수인이 장기간 거주할 수 있는 구조로서, 독립된 주거형태가 아니며 연면적이 330m² 이하, 층수가 3층 이하인 주택이다.
⑤ 다가구주택은 주택으로 쓰는 층수(지하층은 제외)가 3개 층 이하이며, 1개 동의 바닥면적(부설주차장 면적 제외)이 330m² 이하인 공동주택이다.

> **해설** ① 350세대 미만 ⇨ 300세대 미만
> ② 660m² 이하 ⇨ 660m² 초과
> ③ 330m² 이하이고, 층수가 5개 층 이하 ⇨ 660m² 이하이고, 층수가 4개 층 이하
> ⑤ 330m² 이하 ⇨ 660m² 이하

정답 76 ⑤ 77 ② 78 ② 79 ② 80 ④ 81 ④

82 국토의 계획 및 이용에 관한 법령상 도시지역 중 건폐율의 최대한도가 낮은 지역부터 높은 지역 순으로 옳게 나열한 것은? (단, 조례 등 기타 강화·완화조건은 고려하지 않음)

① 자연녹지지역 – 일반상업지역 – 준주거지역
② 보건녹지지역 – 유통상업지역 – 준공업지역
③ 일반상업지역 – 준공업지역 – 제2종 일반주거지역
④ 전용공업지역 – 중심상업지역 – 제1종 전용주거지역
⑤ 생산녹지지역 – 근린상업지역 – 유통상업지역

> **해설** 생산녹지지역(20%) – 근린상업지역(70%) – 유통상업지역(80%)

83 다음 중 투기지역과 투기과열지구에 대한 설명으로 옳지 않은 것은?

① 투기지역은 기획재정부장관이 지정한다.
② 투기과열지구의 설정은 직접규제로 볼 수 있다.
③ 투기과열지구는 주택가격상승률이 물가상승률보다 현저히 높은 경우에 지정된다.
④ 투기과열지구의 지정효과로는 청약1순위 자격 제한, 분양권 전매 제한 등이 있다.
⑤ 투기과열지구는 주택분량계획이 전월대비 20% 이상 감소하거나 주택사업계획승인 또는 주택건축 허가실적이 수년간 급격히 감소한 경우 지정될 수 있다.

> **해설** 투기과열지구는 주택가격상승률이 물가상승률보다 현저히 높은 지역으로서 ㉠ 2개월간 청약경쟁률이 5:1을 초과하는 경우(국민주택규모 이하 주택 청약경쟁률이 10대 1을 초과하는 경우, ㉡ 주택사업계획승인이나 주택건축허가 실적이 최근 수년간 급감하여 주택 공급이 위축될 우려가 있거나 분양계획이 전월대비 30% 이상 감소하는 경우 ㉢ 주택의 전매행위 성행 등으로 주거불안의 우려가 있는 경우 등에 지정한다.

84 인터넷을 이용한 등기부 등의 열람에 관한 설명 중 틀린 것은?

① 인터넷에 의한 등기기록의 열람 및 등기사항증명서 발급과 법인 등기사항증명서 다량발급예약 및 인감증명서 발급예약의 경우에는 신청서의 제출을 요하지 아니한다.
② 민원인은 등기기록과 부속서류를 인터넷을 통하여 열람할 수 있다.
③ 민원인은 타인으로부터 교부받은 등기사항증명서의 진위 여부를 인터넷을 통하여 확인할 수 있다.
④ 민원인은 자신의 등기신청사건에 대하여 그 진행상태(접수중, 기입중, 보정중, 완료 등)를 인터넷을 통하여 확인할 수 있다.
⑤ 인터넷에 의한 등기기록의 열람 및 등기사항증명서 발급과 법인 등기사항증명서 다량발급예약의 경우에는 수수료 면제에 관한 규정을 적용하지 아니한다.

> **해설** 민원인은 등기기록에 기록되어 있는 내용의 전부 또는 일부를 인터넷을 통하여 볼 수 있으나 부속서류는 인터넷을 통해 열람할 수 없다.

85 담보인정비율(LTV)과 차주상환능력(DTI)이 상향 조정 되었다. 이 경우 A가 기존 주택담보대출금액을 고려한 상태에서 추가로 대출 가능한 최대금액은? (단, 금융기관의 대출승인 기준은 다음과 같고, 다른 조건은 동일함)

> ○ 담보인정비율(LTV) : 60% → 70%로 상향 ○ 차주상환능력(DTI) : 50% → 60%로 상향
> ○ A소유주택의 담보평가가격 : 3억 원 ○ A소유주택의 기존 주택담보대출금액 : 1.5억 원
> ○ A의 연간소득 : 3천만 원 ○ 연간 저당상수 : 0.1
> ※ 담보인정비율(LTV)과 차주상환능력(DTI)은 모두 충족시켜야 함

① 2천만 원 ② 3천만 원 ③ 4천만 원
④ 5천만 원 ⑤ 6천만 원

> **해설** – 상향 조정 담보인정비율(LTV) : 3억 원×70% = 2.1억 원
> – 상향 조정 차주상환능력(DTI) = 연간 원리금상환액/채무자의 연간소득 → 연간 원리금상환액/3,000만 원 = 0.6 → ∴ 연간 원리금상환액 = 3,000만 원×0.6 = 1,800만 원
> – 대출가능금액 = 연간 원리금상환액/연간 저당상수 = 1,800만 원/0.1 = 1억 8천만 원
> 그러므로 대출가능금액(융자금)은 1억 8천만 원이다.
> ∴ 두 가지 조건을 모두 충족시킬 때 대출받을 수 있는 금액은 1억 8천만 원이며, 기존 대출이 1억 5천만 원이므로 추가로 대출 가능한 금액은 3천만 원이다.

86 우리나라의 주택금융제도에 관한 설명으로 옳지 않은 것은?
① 한국주택금융공사는 주택저당채권의 평가 및 실사업무 등을 수행하고 주택저당채권을 매입하여 일정기간 보유하고 장기주택금융활성화를 위하여 금융기관에 대하여 주택자금을 지원한다.
② 국민주택기금은 국민주거생활의 안정과 향상을 도모하기 위하여 국민주택의 건설이나 국민주택을 건설하기 위한 대지조성사업에 소요되는 자금을 지원하는데 사용한다.
③ 공공주택금융은 일반적으로 민간주택금융에 비하여 대출금리가 낮고 대출기간도 장기이다.
④ 대한주택보증은 주택관련 각종 보증을 통하여 분양계약자의 안전한 입주와 주택건설사업자의 원활한 사업수행을 지원한다.
⑤ 국민주택규모를 초과하는 주택의 구입자 또는 임차자에 대해서도 국민주택기금 대출이 가능하다.

> **해설** 국민주택기금 대출은 국민주택규모를 초과하면 대출 지원이 되지 않는다.

정답 82 ⑤ 83 ⑤ 84 ② 85 ② 86 ⑤

87 부동산마케팅전략에 관한 설명으로 옳지 않은 것은?

① 부동산마케팅에서 시장세분화란 부동산시장에서 마케팅활동을 수행하기 위하여 구매자의 집단을 세분하는 것이다.
② 부동산마케팅에서 표적시장(Target Market)이란 세분된 시장 중에서 부동산기업이 표적으로 삼아 마케팅활동을 수행하는 시장을 말한다.
③ 마케팅믹스(Marketing Mix)는 마케팅 목표의 효과적인 달성을 위하여 이용하는 마케팅 구성요소인 4P(Place, Product, Price, Promotion)의 조합을 말한다.
④ 판매촉진(Promotion)은 표적시장의 반응을 빠르고 강하게 자극·유인하기 위한 전략을 말한다.
⑤ 부동산마케팅의 가격전략 중 빠른 자금회수를 원하고 지역구매자의 구매력이 낮은 경우, 고가전략을 이용한다.

> **해설** 부동산마케팅의 가격전략 중 빠른 자금회수를 원하고 지역 구매자의 구매력이 낮은 경우에는 저가전략을 이용한다.

88 다음 중 상가건물임대차보호법에 대한 설명으로 옳지 않은 것은?

① 사업자등록의 대상이 되는 영업용 건물의 임대차에 적용된다.
② 대항력은 건물의 인도와 사업자등록을 해야 발생한다.
③ 서울시의 최우선변제권 소액보증금 범위는 6,500만 원 이하이다.
④ 서울시의 임차인의 경우 환산보증금이 9억 원 이하여야 보호대상이 된다.
⑤ 환산보증금=임차보증금+(월차임×120)으로 계산한다.

> **해설** 환산보증금 = 임차보증금 + (월차임×100)으로 계산한다.

89 주택임대차보호법의 적용 대상이 아닌 것은?

① 미등기 건물
② 영업중인 여관에 딸린 방
③ 공부상 창고이나 현황주택
④ 주거용으로 사용중인 오피스텔
⑤ 일부를 점포로 쓰고 있는 주택

> **해설** 주 용도가 주거용인 경우에 한하여 주택임대차보호법이 적용된다.

90 다음에 제시된 대상부동산의 순영업소득(NOI)은?

> ○ 건축연면적 : 2,000㎡
> ○ 유효임대면적비율 : 80%(건축연면적 대비)
> ○ 연 평균임대료 : 5,000원/㎡
> ○ 영업경비율 : 50% (유효조소득 기준)
> ○ 평균공실률 : 10%
> ○ 연간 부채상환액 : 500원/㎡ (유효 임대면적 기준)

① 320만 원 ② 340만 원
③ 342만 원 ④ 360만 원
⑤ 362만 원

> **해설** 건축연면적 2,000㎡ 중 유효임대면적 비율이 80%이므로 임대단위수는 1,600㎡
> 가능총소득(가능조소득) = 연간임대료×가능한 임대단위수
> = 2,000㎡×80%×5,000원/㎡ = 8,000,000원
> 유효조(총)소득 = 가능조소득 – 공실 및 불량부채 + 기타소득
> 8,000,000원 – (800만 원×10%) = 800만 원–80만 원 = 720만 원
> ∴ 순영업소득(NOI) = 유효조소득–영업경비 = 720만 원 – (720만 원×50%) = 360만 원

91 다음 중 부동산평가 방식이 잘못 연결된 것은?

① 비용성 – 과거 – 복성가격
② 시장성 – 미래 – 수익가격
③ 원가방식 – 원가법 – 적산원료
④ 수익방식 – 미래 – 수익분석법
⑤ 비교방식 – 거래사례비교법 – 유추가격

> **해설** 시장성은 비교방식으로 '시장성 – 미래 – 비준(유추)가격, 비준(유추) 임료'이다.
> 3방식 6방법
>
> | 부동산 | | | | | |
> |---|---|---|---|---|---|
> | | 시장성 | 비교방식 | 거래사례비교법 | → | 비준가격(유추가격) |
> | | | | 임대사례비교법 | → | 비준임료(유추임료) |
> | | 비용성 | 원가방식 | 복성식평가법(원가법) | → | 복성가격(적산가격) |
> | | | | 적산법 | → | 적산임료 |
> | | 수익성 | 수익방식 | 수익환원법 | → | 수익가격 |
> | | | | 수익분석법 | → | 수익임료 |
>
> ※ 시장성의 성립 근거는 대체의 원칙에 있다.

정답 87 ⑤ 88 ⑤ 89 ② 90 ④ 91 ②

92 임대주택정책에 관한 설명으로 옳지 않은 것은? (단, 다른 조건은 불변이라고 가정함)

① 정부나 지방자치단체가 공급하고 있는 임대주택의 유형에는 건설임대주택, 매입임대주택, 장기전세주택이 있다.
② 정부가 임대료 상승을 균형가격 이하로 규제하면 장기적으로 기존 임대주택이 다른 용도로 전환되면서 임대주택의 공급량이 감소하게 된다.
③ 정부가 임대료 상승을 균형가격 이하로 규제하면 단기적으로 임대주택의 공급량이 늘어나지 않기 때문에 임대료 규제의 효과가 충분히 발휘되지 못한다.
④ 주거바우처(housing voucher) 제도는 임대료 보조를 교환권으로 지급하는 제도를 말하며, 우리나라에서는 일부 지방자치단체에서 저소득가구에 주택임대료를 일부 지원해 주는 방식으로 운영되고 있다.
⑤ 정부가 임차인에게 임대료를 직접 보조해주면 단기적으로 시장임대료는 상승하지만, 장기적으로 시장임대료를 낮추게 된다.

> **해설** 부가 임대료 상승을 균형가격 이하로 규제하면 단기적으로 임대주택의 공급량이 늘어나지 않기 때문에 임대료 규제의 효과가 나타난다. 장기적으로는 공급량이 감소하므로 오히려 임차인에게 불리한 효과를 야기할 수 있다.

93 부동산 투자의 위험에 관한 설명으로 틀린 것은?

① 유동성위험(liquidity risk)이란 대상부동산을 현금화하는 과정에서 발생하는 시장가치의 손실가능성을 말한다.
② 운영위험(operating risk)이란 사무실의 관리, 근로자의 파업, 영업경비의 변동 등으로 인해 야기될 수 있는 수익성의 불확실성을 폭넓게 지칭하는 개념이다.
③ 위치적 위험(locational risk)이란 환경이 변하면 대상부동산의 상대적 위치가 변화하는 위험이다.
④ 부채의 비율이 크면 지분수익률이 커질 수 있지만, 마찬가지로 부담해야 할 위험도 커진다.
⑤ 장래에 인플레이션이 예상되는 경우 대출자는 변동이자율 대신 고정이자율로 대출하기를 선호한다.

> **해설** 변동이자율방식에서는 인플레이션 위험을 차입자에게 전가시킬 수 있으므로, 대출자는 높은 인플레이션이 예상되는 시기에 변동이자율방식을 보다 선호한다.

94 다음 대출이자와 레버리지효과에 대한 설명으로 옳지 않은 것은?

① 레버리지는 지렛대 작용을 말하고, 조달자금의 증빙역할을 한다.
② 일반적으로 대출이자는 경비처리 받을 수 있기 때문에 절세효과가 있다.

③ 기대수익률이 대출이자율보다 높은 경우 적절한 레버리지 활용이 가능하다.
④ 레버리지 비율뿐만 아니라 대출이자 비율과 수익률의 상관관계 등을 비교해야 한다.
⑤ 기대수익률이 대출이자율보다 낮은 경우 투자자금이 모자라더라도 레버리지 활용이 불가능하다.

> **해설** 기대수익률이 대출이자율보다 낮은 경우, 즉 대출이자율이 높더라도 투자자금이 모자라는 경우 레버리지를 통해 투자자금을 조달할 수 있기에 옳지 않다.

95 다음 중 박근혜정부의 부동산정책으로 모두 묶인 것은?

A. 주택바우처 도입
B. 행복주택 공급
C. 청약가점제 적용 축소
D. 재건축 초과이익환수제 폐지
E. 공동주택의 수직증축 리모델링 적용

① A, B, C
② A, C, D
③ A, B, C, D
④ A, C, D, E
⑤ A, B, C, D, E

> **해설** 모두 박근혜정부의 부동산정책이다.

96 농지법령상 용어에 관한 설명으로 틀린 것은?

① 소가축 80두 사육하면서 1년 중 150일을 축산업에 종사하는 개인은 '농업인'에 해당한다.
② 인삼의 재배지로 계속하여 이용되는 기간이 4년인 지목이 전(田)인 토지는 '농지'에 해당한다.
③ 실제로 농작물 경작지로 이용되는 토지이더라도 법적 지목이 과수원인 경우는 '농지'에 해당하지 않는다.
④ 3,000㎡의 농지에서 농작물을 경작하면서 1년 중 80일을 농업에 종사하는 개인은 '농업인'에 해당한다.
⑤ 농지 소유자가 타인에게 일정한 보수를 지급하기로 약정하고 농작업의 일부만을 위탁하여 행하는 농업경영도 '위탁경영'에 해당한다.

> **해설** 지목이 전, 답, 과가 아니더라도 실제로 농작물 경작지로 이용되거나 다년생식물을 재배하면 '농지'에 해당한다. 그리고 지목이 전, 답, 과이면 무조건 농지에 해당한다.

정답 92 ③   93 ⑤   94 ⑤   95 ⑤   96 ③

97 다음 중 해외 부동산 투자에 대한 설명으로 옳지 않은 것은?

① 해외 부동산 투자의 자유화로 실수요자, 투자자를 불문하고 송금제한액이 없다.
② 해외 부동산 투자 시 나라마다 세금체계가 다를 수 있음을 유의해야 한다.
③ 취득 후 3개월 이내에 지정거래외국환은행에 취득보고서를 제출해야 한다.
④ 처분 후 2개월 이내에 지정거래외국환은행에 처분보고서를 제출해야 한다.
⑤ 처분한 달의 말일부터 2개월 이내에 양도소득세 예정신고 납부를 해야 한다.

> **해설** 해외 부동산 처분 후 3개월 이내에 지정거래외국환은행에 처분보고서를 제출해야 한다.

98 다음 중 NPL 투자전략에 대한 설명으로 옳지 않은 것은?

① NPL은 미회수채권, 무수익채권, 부실채권을 말한다.
② NPL투자에 개인이 직접 참여할 수 있는 방법이 차단되었다.
③ 자산관리자가 될 수 있는 회사는 자산보유자, 신용정보회사, 기타 자산관리업무 전문업체로 구성된다.
④ 자산유동화전문회사(SPC)는 페이퍼컴퍼니로 SPC에 돈을 빌려주는 주체는 대부분 개인투자자이다.
⑤ NPL 매입은 근저당권을 인수하는 구조이므로 투자금을 회수하기 위해서는 경매를 통하여 채권을 회수한다.

> **해설** 자산유동화전문회사(SPC)는 돈을 빌려주는 주체는 대부분 기관투자자이다.

99 부동산개발에 관한 설명으로 옳은 것은?

① 공공개발은 제2섹터 개발이라고도 하며, 민간이 자본과 기술을 제공하고 공공기관이 인허가 등 행정적인 부분을 담당하는 상호보완적인 개발을 말한다.
② BOO(build-own-operate)는 시설의 준공과 함께 사업시행자가 소유권과 운영권을 갖는 방식이다.
③ BTO(build-transfer-operate)는 사업시행자가 시설의 준공과 함께 소유권을 국가 또는 지방자치단체로 이전하고, 해당 시설을 국가나 지방자치단체에 임대하여 수익을 내는 방식이다.
④ BTL(build-transfer-lease)은 사업시행자가 시설을 준공하여 소유권을 보유하면서 시설의 수익을 가진 후 일정기간 경과 후 시설소유권을 국가 또는 지방자치단체에 귀속시키는 방식이다.
⑤ BOT(build-operate-transfer)는 시설의 준공과 함께 시설의 소유권이 국가 또는 지방자치단체에 귀속되지만, 사업시행자가 정해진 기간 동안 시설에 대한 운영권을 가지고 수익을 내는 방식이다.

> **해설** BOO(build-own-operate) 방식은 시설의 준공과 함께 사업시행자가 소유권과 운영권을 갖는 방식이다.

100 부동산관리에 관한 설명으로 틀린 것은?

① 시설관리(facility management)는 부동산시설을 운영하고 유지하는 것으로 시설사용자나 기업의 요구에 따르는 소극적 관리에 해당한다.
② 법률적 측면의 부동산관리는 부동산의 유용성을 보호하기 위하여 법률상의 제반 조치를 취함으로써 법적인 보장을 확보하려는 것이다.
③ 경제적 측면의 부동산관리는 대상 부동산의 물리적·기능적 하자의 유무를 판단하여 필요한 조치를 취하는 것이다.
④ 임차 부동산에서 발생하는 총수입(매상고)의 일정 비율을 임대료로 지불한다면, 이는 임대차의 유형 중 비율임대차에 해당한다.
⑤ 자기(직접)관리방식은 전문(위탁)관리방식에 비해 기밀유지에 유리하고 의사결정이 신속한 경향이 있다.

해설 대상 부동산의 물리적·기능적 하자의 유무를 판단하여 필요한 조치를 취하는 것을 기술적 관리라고 한다.

정답 97 ④ 98 ④ 99 ② 100 ③

은행 FP
자산관리사
2회 모의고사

실제 출제빈도수에 맞추어 구성한 모의고사입니다.

1편   자산관리 기본지식 모의고사
2편   세무설계 모의고사
3편   보험 및 은퇴설계 모의고사
4편   금융자산 투자설계 모의고사
5편   비금융자산 투자설계 모의고사

1편 자산관리 기본지식 모의고사

01 개인 재무설계 필요성이 더욱 중요해진 사회 경제적 환경변화가 아닌 것은?

① 개인금융자산규모의 확대
② 금융시장의 개방 및 국제화
③ 투자자 보호 제도 강화
④ 가계부채의 증가에 따른 실제소득 감소
⑤ 사회 보험의 확대

해설 사회 보험의 확대이다.

02 노후준비를 위한 개인 재무설계의 필요성으로 옳지 않은 것은?

① 65세 이상 고령층 인구 및 15~64세인 생산가능 인구는 늘어나는 반면, 0~14세 유소년 인구는 지속적으로 감소하고 있다.
② 베이비 붐 세대의 대량 퇴직으로 제 2의 인생설계에 관심이 많다.
③ 고령화 사회에 접어들수록 노년부양비와 노령화 지수가 높아져 사회적 부담이 늘어날 것으로 예상된다.
④ 노후준비의 필요성을 많이 느끼나 공적연금을 제외한 사적연금의 준비는 많지 않다.
⑤ 경제적 이유로 일자리를 찾지만 고령자들의 일사리가 부족하여 경쟁이 심해지고 있다.

해설 65세 이상 고령층 인구는 늘어나는 반면, 0~14세인 유소년 인구 및 15~64세인 경제활동 인구는 지속적으로 감소하고 있다.
③ 노년부양비 = 노년 인구/생산가능 인구, 노령화 지수 = 노년 인구/유년 인구

03 종합자산관리사의 자세로 바르지 않은 것은?

① 고객의 최대 이익을 위해 최대한 사적인 부분까지 정확하고 충분히 정보 수집한다.
② 고객의 개인정보, 소속회사의 정보 및 자료 등을 보호한다.
③ 편견, 선입관, 이해관계 등으로 인해 판단이 종속되어서는 안 된다.
④ 고객과 시장으로부터 믿음과 신뢰를 얻을 수 있도록 항상 정직해야 한다.
⑤ 전문가로서 판단과 행동으로 위험을 예측하고 결과에 대한 책임의식을 보유해야 한다.

해설 정확하고 충분한 정보수집은 중요하지만 지나치게 사적인 부분까지 정보를 파악하는 것은 윤리의식에 어긋날 수 있다.

04 재무설계 절차 1단계에서 고객과의 관계를 정립하기 위한 과정에 속하는 것은?

① 고객의 재무목표 구체화 및 우선순위 결정
② 고객의 재무상태 분석 및 진단
③ 고객에 관한 정보수집
④ 재무설계의 개념과 진행과정 설명
⑤ 생애주기에 따른 재무목표 설정

해설 1단계에서는 재무설계의 개념과 진행과정 설명하고 고객과의 관계를 정립한다.

05 고객 정보수집을 위해 고객과의 직접 면담 시 주의할 사항으로 적절하지 않은 것은?

① 약속한 면담 시간을 초과하지 않도록 효율적으로 진행한다.
② 고객이 스스로 생각이나 의견을 이야기하도록 유도성 질문을 한다.
③ 언어적일 뿐만 아니라 행동이나 표정과 같은 비언어적 의사소통 방법을 적극적으로 활용한다.
④ 가능한 전문용어를 사용하여 전문가로서 고객의 신뢰를 얻는다.
⑤ 능숙한 의사소통으로 고객과의 대화를 리드해 가야 한다.

해설 고객과의 상담 시 전문용어와 부정어는 가능한 사용하지 않도록 주의한다.

06 생애주기 단계에 따른 일반적인 재무관심사를 잘못 제시한 것은?

① 자녀성장기-자녀들의 교육자금 및 주택자금 마련
② 청년기-직장을 구하고 결혼자금 마련
③ 가족축소기-노후자금 마련, 기타 목적자금 마련
④ 가족형성기-자녀출생을 위한 준비자금 마련
⑤ 은퇴 및 노후기-상속 및 증여에 대한 계획

해설 자녀성장기-자녀들의 교육 및 결혼자금 마련, 주택 확장 자금 마련 등이다.

정답 01 ⑤ 02 ① 03 ① 04 ④ 05 ④ 06 ①

07 고객의 재무상태를 분석하기 위한 과정으로 잘못된 것은?

① 일정기간 동안 고객의 자산, 부채, 순자산의 상태를 파악하기 위해 자산부채상태표를 분석하였다.
② 자산은 현금성자산, 금융투자자산, 부동산자산, 개인사용자산 등으로 분류하였다.
③ 고객의 현금유입과 현금유출을 파악하기 위해 현금흐름표를 작성하고 분석하였다.
④ 자산의 수익성과 위험성을 진단하기 위해 투자자산 대비 주식형 자산비율과 채권형 자산비율을 알아보았다.
⑤ 고객의 소득, 생활수준, 저축 및 투자능력을 파악하기 위해 현금흐름표를 분석하였다.

> **해설** 자산부채상태표는 일정 시점에서 고객의 자산, 부채, 순자산의 상태를 나타낸다.

08 현금흐름표에 대한 설명이 잘못된 것은?

① 현금유입은 근로소득, 금융소득, 사업소득, 기타소득, 기타유입으로, 현금유출은 고정지출, 변동지출, 저축 및 투자로 분류한다.
② 고객의 미래 현금흐름을 예측할 수 있다.
③ 재무상태 변동의 결과를 표시하여 총소득과 총지출의 규모를 통해 저축 및 투자금액을 알 수 있다.
④ 현금유입은 기준기간 내 들어오는 모든 소득 및 예금인출액, 대출입금액 등을 포함한다.
⑤ 고객에게 해당되지 않은 항목들도 현금흐름표 항목에서 제외하지 않는다.

> **해설** 현금흐름표는 재무상태 변동의 원인, 자산부채상태표는 재무상태 변동의 결과를 표시한다.
> ⑤ 고객에게 해당 사항이 없더라도 현금흐름표상 그 항목을 제외하지 않는 것이 재무상태를 이해하고 분석하는 데 도움이 된다.

09 제안서 내용으로 옳지 않은 것은?

① 자산관리사의 의견과 대안은 가능한 한 많이 제시하여 고객이 선택할 수 있는 폭을 넓힌다.
② 고객의 현황과 기대하는 상황을 한눈에 보여주어 자산관리사의 전문성과 능력을 나타낸다.
③ 물가상승률과 같은 일반 경제에 대한 가정 및 모든 자료의 분석에 대한 가정치와 판단 근거를 제시한다.
④ 자산관리사가 수립한 대안과 예산 규모를 제시한다.
⑤ 자신의 의견이 주관적이므로 다른 자산관리사에 의해 내용이 달라질 수 있음을 고려한다.

> **해설** 자산관리사의 의견과 대안을 많이 제시할 필요는 없으며, 실현 가능성이 높고 적합한 2~3개의 대안을 제시하는 것이 효율적이다.

10 재무설계 실행 단계에서 효과적인 가입 제안 방법으로 볼 수 없는 것은?

① 감성적인 면은 가능한 자극하지 않으며, 가입해야 하는 이유를 논리적으로 설명한다.
② 실제로는 고객이 동의한 적 없지만, 묵시적 동의를 전제로 다음 단계로 진행한다.
③ 가입을 미루는 고객에게는 앞으로 발생할 수 있는 손해를 암시한다.
④ 사소한 결정을 내리기 어려워하는 고객에게 양자택일하도록 한다.
⑤ 친구의 계약 체결 사례를 들어 불안감을 제거하고 모방심리를 유도한다.

> **해설** 고객이 가입해야 하는 이유에 대해 논리적으로 설명하되, 감성을 자극하는 스토리텔링을 제공하는 것이 좋다. ②~⑤는 계약 체결 기법 중 묵시적 동의법, 손해 암시법, 양자택일법, 예화법이다.

11 개방경제하의 거시경제 모형에서 4개의 시장에 대한 설명이 잘못된 것은?

① 생산물시장에서 총수요와 총공급이 일치하는 점에서 실질GDP와 물가가 결정된다.
② 대부자금시장에서는 중앙은행의 정책, 가계의 저축률, 정부의 재정수지 등이 균형이자율과 대부자금거래량에 영향을 미친다.
③ 경제성장률, 물가상승률, 소득분배, 실질임금과 고용량 등이 생산물시장에서 결정된다.
④ 외환시장에서는 한 나라의 환율제도, 국제수지 등이 균형 환율과 외환거래량 결정에 영향을 미친다.
⑤ 요소시장에서 천연자원은 지대, 자본은 이자, 노동은 임금, 기업가는 이윤 또는 손실의 형태로 요소소득이 분배된다.

> **해설** 노동시장에서 균형 실질임금과 고용량 등이 결정된다.

12 다음 중 GNI(국민총소득)에 대한 설명이 아닌 것은?

① 한 국가의 국민이 국내외 상관없이 생산 활동에 참가하거나 생산에 필요한 자산을 제공하고, 그 대가로 받은 소득의 총합을 말한다.
② GNI가 GNP보다 한 나라 국민의 실제 경제복지 수준을 더 명확히 평가할 수 있다.
③ GDP에 교역조건 변동에 따른 실질 무역손익과 실질 대외순수취 요소소득을 더하여 구한다.
④ GNI에는 국내에서 외국인이 생산활동에 참가하여 벌어들인 소득이 포함된다.
⑤ 우리나라는 1998년부터 GNP대신 GNI를 국민소득지표로 바꾸었다.

> **해설** GNI에는 그 나라 국민이 벌어들이는 소득은 국내외 상관없이 포함된다. 따라서 자국민이 해외에서 생산한 소득은 포함되지만 외국인이 국내에서 생산한 소득은 포함되지 않는다.
> 국민총소득(GNI) : 한 나라 국민의 총 실질구매력을 나타내는 소득지표
> 국내총생산(GDP) : 일정 기간 동안 한 나라 안에서(영토) 생산된 재화와 서비스의 총 가치
> 국민총생산(GNP) : 일정 기간 동안 한 나라 국민이 생산한 최종재의 가치

정답 07 ① 08 ③ 09 ① 10 ① 11 ③ 12 ④

13 총수요곡선(AD 곡선)에 대하여 잘못 설명한 것은?

① 중앙은행이 통화공급을 증가시키면 총수요곡선이 오른쪽으로 이동한다.
② 구매력효과, 실질통화 공급 효과, 부의 효과, 순수출 효과로 인하여 총수요곡선이 우하향하는 형태를 갖는다.
③ 실질이자율 상승, 실질소득의 감소, 조세부담 증가는 소비지출을 감소시켜 총수요곡선이 왼쪽으로 이동한다.
④ 미래의 물가상승 기대, 실질소득 감소 기대, 실질이자율 하락 기대는 투자지출을 증가시켜 총수요곡선이 오른쪽으로 이동한다.
⑤ 환율하락, 상대국 실질국민소득의 상대적 증가, 자국의 관세 등 실효적 무역장벽 강화는 순수출을 증가시켜 총수요곡선이 오른쪽으로 이동한다.

> 해설 미래의 물가상승 기대, 실질소득 증가 기대, 실질이자율 상승 기대는 투자지출을 증가시켜 총수요곡선이 오른쪽으로 이동한다.

14 물가지수에 대한 설명으로 틀린 것은?

① 대표적인 물가지수로는 한국은행에서 발표하는 생산자물가지수, 수출입물가지수와 통계청에서 발표하는 소비자물가지수가 있다.
② 소비자물가지수와 생산자물가지수는 해마다 다른 가중치를 적용해 가격의 평균적 동향을 파악하는 방식으로 구한 파셰지수이다.
③ GDP 디플레이터는 가장 포괄적인 물가지수로서 명목GDP를 실질GDP로 나누어 계산한다.
④ 물가지수는 화폐의 구매력 측정수단, 경기동향 판단 지표, 디플레이터로서의 기능, 상품수급동향 판단자료 등으로 활용된다.
⑤ 생산자물가지수는 국내의 생산자가 국내의 시장에 공급하는 상품 및 서비스의 가격변동을 측정하기 위해서 작성되는 지수이다.

> 해설 소비자물가지수와 생산자물가지수는 기준연도의 상품 수량을 가중치로 고정한 뒤 기준연도 가격과 비교연도 가격을 대비해 물가지수를 계산하는 라스파이레스지수이다. GDP 디플레이터는 당해연도에 거래된 상품의 양을 기준으로 해마다 다른 가중치를 적용해 가격의 평균적 동향을 파악하는 방식으로 구한 파셰지수이다.

15 우주항공산업에서는 구인난이나 제조업에서 일하던 근로자들의 실업은 높을 때 발생하는 실업의 종류는?

① 경기적 실업 ② 구조적 실업
③ 마찰적 실업 ④ 자연적 실업
⑤ 계절적 실업

해설 구조적 실업은 기술의 변화에 따라 발생하는 실업이다. 노동수요의 부족이 문제가 아니라 노동 숙련도에 있어서의 불균형이 문제이다.

16 재정 정책의 효과에 관한 설명 중 잘못된 것은?

① 중앙은행이 국채를 인수하면 구축효과는 발생하지 않으나 인플레이션을 유발할 수 있다.
② 공개시장에서 국채발행을 하면 이자율 상승과 소비의 평활화로 민간의 투자와 소비가 감소하는 구축효과가 발생한다.
③ 조세증가를 통한 재정정책은 소비의 감소가 재정지출을 확대시킨 효과를 완전히 상쇄하지 않아 불완전구축 효과가 발생한다.
④ 조세로 재원을 조달하면 통화공급에는 변동이 없으나, 국채의 공개시장매각 또는 중앙은행 인수로 조달하면 통화공급이 증가하게 된다.
⑤ 자동안정화장치는 경기확장기에 소득 증가에 따른 세수 증가를 통해 총수요를 억제한다.

해설 과세 또는 국채의 공개시장매각을 통하여 재원을 조달하면 통화공급에는 변동이 없으나, 국채를 중앙은행이 인수하여 조달하면 통화공급이 증가하게 된다.

17 거주자외화예금에서 200만 원을 원화로 인출하여 40만 원은 CMA-RP통장에, 100만 원은 3년 만기 적금에 입금한 후 나머지는 60만 원은 현금으로 보유하였다. 이 경우 협의통화(M1), 광의통화(M2), 금융기관유동성(Lf)의 변화는?

① M1은 60만 원 증가, M2는 40만 원, Lf는 100만 원 증가
② M1은 60만 원 증가, M2와 Lf는 변화 없음
③ M1은 60만 원 증가, M2는 100만 원 감소, Lf는 변화 없음
④ M1과 M2는 변화 없음, Lf는 100만 원 증가
⑤ M1, M2, 금융기관유동성 모두 변화 없음

해설 M1은 60만 원 증가(현금 60만 원 증가), M2는 100만 원 감소(거주자외화예금 200만 원 ⇒ 현금 60만 원과 CMA-RP통장 40만 원, 총 100만 원), Lf는 변화 없음(거주자외화예금 200만 원 ⇒ M2+3년 만기 적금 100만 원, 총 200만 원)

정답 13 ④ 14 ② 15 ② 16 ④ 17 ③

18 중앙은행의 통화정책으로 인한 영향이 아닌 것은?

① 외환시장에서 외환을 매입하면 본원통화와 통화량이 증가하고, 이자율이 감소한다.
② 통화안정증권을 발행하면 본원통화와 통화량이 감소하고, 이자율이 상승한다.
③ 시중은행에 대한 대출한도를 늘리면 본원통화와 통화량이 증가하고, 이자율이 감소한다.
④ 재할인율을 인상하면 예금은행 차입이 감소하여 본원통화와 통화량이 감소하고 이자율이 상승한다.
⑤ 법정지급준비율을 인하하면, 본원통화와 통화량이 증가하고, 이자율이 감소한다.

> **해설** 법정지급준비율을 인하하면, 통화승수와 통화량 증가하고, 이자율이 감소한다. 본원통화의 변화는 없다.

19 경기부양을 위한 재정정책과 통화정책의 비교 설명이 잘못된 것은?

① 재정정책이나 통화정책으로 경기를 부양하면 일반적으로 물가가 오른다.
② 재정정책과 통화정책은 총공급곡선의 기울기가 클수록 효과적이다.
③ 통화정책은 투자를 증대시키지만, 재정정책은 투자를 위축시킬 수 있다.
④ 통화정책은 재정정책보다 정책의 실행이 신속하다.
⑤ 재정정책은 통화정책보다 경기부양의 효과가 직접적이다.

> **해설** 재정정책과 통화정책은 총공급곡선의 기울기가 크면 별로 효과가 없다.

20 환율 및 외환시장에 대한 설명으로 틀린 것은?

① 비거주자와 원화로 거래할 경우 이때의 채권, 채무도 외환으로 간주한다.
② 교차환율은 두 개의 통화 간에 기준환율을 이용하여 간접적으로 계산한 자국통화와 특정 외국 통화 사이의 환율을 말한다.
③ 실질환율이 높으면 상대적으로 자국 재화와 용역의 가격이 싸다.
④ 선도환시장은 먼저 외환매매계약 체결 후 상당기간이 경과한 후 실제 인수도가 이루어지는 시장이다.
⑤ 현물환시장은 외환거래 계약 후 통상 2영업일 이내에 주로 계좌간 이체하는 방식으로 결제가 이루어지는 시장을 말한다.

> **해설** 재정환율에 대한 설명이다. 교차환율은 자국 통화가 개입되지 않은 외국통화 간의 환율을 말한다.

21 우리나라 화폐의 대외가치를 상승시키는 요인은 무엇인가?

① 우리나라 기업의 국제 경쟁력이 약화되었다.
② 국내 정치 상황이 상당히 불안해졌다.
③ 우리나라가 다른 나라 경제보다 상대적으로 더 빨리 성장하였다.
④ 환율이 올라 원화의 가치가 내려가리라고 예상한다.
⑤ 외국인의 주식투자 한도액을 확대시켰다.

> **해설** 외국인의 주식투자 한도액을 확대하면 외국에서 투자가 유입되면서 외환의 공급이 늘어나고 환율은 떨어진다. (원화가치 상승 = 환율하락)

22 국제수지표에 대하여 바르게 설명한 것은?

① 국제수지는 특정 시점에 국가 간에 발생한 모든 경제적 거래를 국제기준에 따라 체계적으로 기록한 표이다.
② 국제수지표는 거래의 성질에 따라 경상수지, 자본·금융계정으로 나누어 단식부기의 원리에 따라 작성된다.
③ 모든 경제적 거래란 상품, 서비스, 소득, 자본 및 금융거래를 말하므로, 대외원조 등 대가없이 이루어지는 이전거래는 포함하지 않는다.
④ 해외에서 경제활동을 하고 있는 우리나라 사람이나 우리 기업은 거주자로 분류한다.
⑤ 국제수지표의 수취란과 지급란의 총합은 항상 같다.

> **해설** 오차 및 누락계정은 계상시점 및 평가방법의 차이, 통계의 오류 가능성 등으로 생긴 오차를 사후적으로 조정하는 항목이다. 즉 오차 및 누락계정을 포함할 때 복식부기의 원리에 따라 양변의 합계는 항상 같다.
> ① 국제수지는 일정기간 동안 국가 간에 발생한 모든 경제적 거래를 국제기준에 따라 체계적으로 기록한 표이다.
> ② 국제수지표는 거래의 성질에 따라 경상수지, 자본·금융계정으로 나누어 복식부기의 원리에 따라 작성된다.
> ③ 모든 경제적 거래란 상품, 서비스, 소득, 자본 및 금융거래뿐만 아니라 대외원조 등 대가없이 이루어지는 이전거래도 포함한다.
> ④ 거주자와 비거주자는 경제활동에 있어 이익의 중심이 어디에 있느냐에 의해 구분되므로 해외에서 경제활동을 하고 있는 우리나라 사람이나 우리기업은 비거주자로 분류한다.

23 경기침체 시 국채를 발행하여 확장적 재정정책을 시행할 경우 외부충격과 연쇄반응을 분석한 내용으로 맞지 않는 것은?

① 외부충격은 정부의 재정지출 증가이고, 분석의 최초시장은 대부자금시장이 된다.
② 대부자금시장에서 실질이자율이 상승함에 따라 민간부문의 대부자금수요가 감소하는 구축효과 때문에 정부의 재정지출 증가분보다 균형 대부자금거래량 증가분이 작다.
③ 생산물시장에서 총수요가 증가할 경우 실질GDP 증가에 비해 물가상승은 작은 편이다.
④ 노동시장에서 낮은 실질임금 상승에 비해 균형고용량은 큰 폭으로 증가한다.
⑤ 국가 간 자본이동성이 높으면 재정지출의 증가가 자본·금융거래보다 경상거래에 미치는 영향이 커서 외환시장에서 균형 환율은 상승하게 된다.

> **해설** 국가 간 자본이동성이 높으면 재정지출의 증가가 경상거래보다 자본·금융거래에 미치는 영향이 커서 외환시장에서 균형 환율은 하락하게 된다.

24 경기변동의 일반적 특징에 대한 설명이 잘못된 것은?

① 비내구재산업의 생산과 고용의 진폭은 크고, 상대적으로 가격변화는 작다.
② 경기변동의 지속기간이나 폭은 상하로 반복적이나, 불규칙이고 예측불가능하다.
③ 경기변동은 총생산·이익·고용·물가와 같은 총체적 변수에 파급되며, 이들은 공행운동을 하지만 크기는 각기 다르고 일정한 시차를 두고 변동한다.
④ 실업률의 변동성은 GDP 변동성보다 작고, 경기역행적이며 경기변동에 후행한다.
⑤ 내구재 소비는 GDP보다 변동성이 크며, GDP에 선행하는 경향이 있다.

> **해설** 내구재산업의 생산과 고용의 진폭은 크고, 상대적으로 가격변화는 작다.

25 기업체의 경기전망을 설문한 결과 긍정적 응답업체 수는 120개, 부정적 응답업체 수는 80개일 때, 기업경기실사지수(BSI)와 단기 경기예측은?

① 120, 수축국면 ② 120, 경기전환점(저점)
③ 120, 확장국면 ④ 160, 수축국면
⑤ 160, 확장국면

> **해설** BSI = (120−80)/200×100+100 = 120, 100〈BSI≤200 : 확장국면

26 물권에 대한 설명으로 틀린 것은?

① 소유권과 제한물권이 병존하는 경우 제한물권이 우선한다.
② 공신의 원칙은 동산만 인정하고, 부동산물권은 인정하지 않는다.
③ 상속·판결·경매 등으로 부동산에 관한 물권의 취득 및 소멸은 등기를 하지 않아도 효력이 발생하여 처분할 수 있다.
④ 물권과 채권이 병존하는 경우 그 성립시기를 불문하고 물권이 우선한다.
⑤ 혼동은 서로 대립하는 두 개의 법률적 지위 또는 자격이 동일인에게 귀속되는 경우 어느 한쪽이 다른 한쪽에 흡수되어 물권이 소멸하는 것이다.

해설 상속·판결·경매 등으로 부동산에 관한 물권의 취득 및 소멸은 등기를 하지 않아도 효력은 발생하나 처분하지 못한다.

27 특정한 채권을 특정인의 지정 없이 증서의 소지인에게 변제하여야 하는 증권적 채권은?

① 양도성예금증서
② 수표
③ 창고증권
④ 선하증권
⑤ 어음

해설 무기명채권은 무기명사채, 무기명식 수표, 상품권, 철도승차권, 양도성예금증서 등이 있다.

28 주식회사의 설립 과정 중 일부이다. 모집설립에 대한 것만 바르게 고른 것은?

A. 설립 시에 발기인이 일부 인수하고, 잔액을 공모하여 설립한다.
B. 발기인은 의결권의 과반수로 이사와 감사의 선임을 한다.
C. 이사와 감사가 설립경과조사를 하여 발기인에게 보고하여야 한다.
D. 주금 납입과 납입발행인 중에 현물출자를 하는 자가 있을 때에는 즉시 출자물을 인도하고 이 절차가 완료되면 창립총회를 개최한다.
E. 법원이 선임한 검사인은 변태설립 사항을 조사하여 창립총회에 보고한다.
F. 창립총회 종결 후 2주 이내에 관할 법원에 설립등기를 함으로써 회사가 성립된다.

① A, B, C, D, F
② A, B, C, D, E, F
③ A, B, C, E, F
④ A, B, D, F
⑤ A, D, E, F

해설 B : 모집설립 시 창립총회에서 출석한 주식인수인 의결권의 2/3 이상, 인수된 주식총수의 과반수에 해당하는 다수로 이사와 감사를 선임한다. C: 이사와 감사가 설립경과조사를 하여 창립총회에 보고한다.

29 은행의 수신업무에 대한 설명이 틀린 것은?

① 예금계약의 법률적 성질은 소비임치이다.
② 무기명 예금을 제외하고는 은행의 승낙 없이 예금채권의 양도나 담보제공은 금지된다.
③ 현금 입금에 의한 예금계약은 예금자가 은행에 현금을 제공하고 은행의 직원이 그 돈을 실제로 입금하였을 때이다.
④ 투자위험의 고지, 지급정지사실의 고지, 거액예금통보제도에 따른 통보, 정보제공사실의 통지 등은 법적 고지의무에 해당된다.
⑤ 모든 계좌의 금융자산은 명의자 소유이므로, 실소유자가 예금의 소유권을 주장하려면 소송을 통해 입증해야 한다.

> **해설** 현금 입금에 의한 예금계약은 예금자가 제공한 금전을 은행직원이 받아 확인하였을 때 성립하며, 은행직원이 받은 돈을 은행에 실제로 입금하였는지 여부는 예금계약의 성립에는 영향을 미치지 않는다.

30 약관의 규제에 관한 법률의 설명으로 적절한 것은?

① 은행이 금융거래약관을 제정·변경하고자 하는 경우에는 사전에 금융위원회에 약관 및 서류를 제출하여 심사를 받도록 하고 있다.
② 은행이 약관내용 명시·교부의무에 위반하여 체결된 계약은 무효이다.
③ 은행은 약관의 모든 내용을 고객이 이해할 수 있도록 설명하여야 한다.
④ 고객에게 부당하게 불리한 약관조항도 은행과 고객의 합의이므로 유효하다.
⑤ 약관편입의 승낙은 묵시적 승낙도 무방하며, 승낙한 이상 약관내용을 알지 못하더라도 편입합의는 인정된다.

> **해설** 약관편입의 승낙은 묵시적 승낙도 무방하며, 승낙한 이상 약관내용을 알지 못하더라도 편입합의는 인정된다.
> ① 은행이 금융거래약관을 제정 또는 변경하고자 하는 경우에는 사전에 금융감독원장에게 약관 및 서류를 제출하여 심사를 받도록 하고 있다.
> ② 계약자체가 무효가 되는 것이 아니고, 당해 약관을 계약의 내용으로 주장할 수 없다.
> ③ 약관의 모든 내용을 설명하여야 하는 것은 아니고, 중요한 내용만을 설명하면 된다.
> ④ 고객에게 부당하게 불리한 약관조항은 공정성을 잃은 것으로 추정하고, 무효이다.

31 신탁상품의 활용목적을 잘못 설명한 것은?

① 부동산신탁은 지상권, 전세권, 임차권 등의 관리 및 활용을 목적으로 한다.
② 종합재산신탁은 여러 종류의 자산을 한꺼번에 유동화하여 자금을 조달할 때 활용한다.

③ 무체재산권의 신탁은 저작권, 상표권, 특허권 등의 무체재산권의 관리 또는 처분을 목적으로 하는 신탁이다.
④ 증권신탁은 유가증권의 보관, 관리 또는 대여운용을 목적으로 한다.
⑤ 금전채권신탁은 금전채권의 관리, 추심을 목적으로 하는 신탁이나 수탁된 금전채권의 수익권 양도를 통한 자금조달수단으로 주로 이용된다.

해설 부동산 관련 권리의 신탁은 지상권, 전세권, 임차권 등의 관리 및 활용을 목적으로 한다.

32 금융소비자보호에 관련한 설명으로 옳지 않은 것은?

① 금융회사의 약관이 금융 관련 법령에 위반되거나 그 밖에 금융 이용자의 이익을 해칠 우려가 있는 경우 변경하도록 하고 있다.
② 적합성의 원칙은 금융투자회사가 일반투자자에게 투자자의 투자목적, 재산상황, 투자경험 등에 비추어 부적합한 상품을 권유하면 안 된다는 원칙이다.
③ 해당 금융소비자가 금융지식이 있고, 관련 금융상품의 거래경험이 있더라도 설명 의무가 충분히 이행되지 않으면 금융회사는 손해배상책임을 가진다.
④ 금융상품 공시제도는 정보비대칭을 해소하여 금융소비자의 상품선택권을 강화하고 금융회사들 간의 경쟁을 유도할 목적을 가지고 있다.
⑤ 은행상품 광고는 소비자의 오해 유발 또는 분쟁야기 우려가 있는 표현의 사용은 금지되고 은행의 명칭, 상품의 내용 및 거래조건 등이 포함되어야 한다.

해설 해당 금융소비자가 어느 정도 금융지식이 있고, 관련 금융상품의 거래경험이 있다면, 설명 의무가 충분히 이행되지 않았더라도 금융회사의 손해배상책임은 없다.

33 자본시장법에 대한 설명으로 틀린 것은?

① 이해상충의 가능성이 매우 높다면 금융투자업 상호 간 겸영을 엄격하게 금지한다.
② 투자권유에 있어서 적합성의 원칙, 적정성의 원칙, 설명의무, 기타 부당권유행위의 금지에 관해 규정하고 있다.
③ 금융투자업자가 투자자가 입을 손실의 일부를 보전하여 줄 것을 사전에 약속하는 행위를 할 경우 그 행위에 대하여 3년 이하의 징역 또는 1억 원 이하의 벌금에 처한다.
④ 이해상충 행위의 금지와 이해상충 관리 시스템의 구축을 강제하고 있다.
⑤ 동일한 기능을 수행하는 금융투자업자에 대해서 취급 금융기관을 불문하고, 동일한 규제를 적용한다.

해설 업무 범위 확대와 관련하여 모든 금융투자업 상호 간 겸영을 허용한다.

정답 29 ③ 30 ⑤ 31 ① 32 ③ 33 ①

34 여신전문금융업법에 관한 설명이 잘못된 것은?

① 전업카드사를 제외하고 여신전문금융회사는 금융위원회에 등록하면 업무영위가 가능하다.
② 신용카드사는 매 분기 말 대환대출채권을 제외한 현금대출채권의 분기평균잔액이 신용판매채권의 분기 평균잔액을 초과할 수 없도록 부대업무의 비중이 제한된다.
③ 신기술사업금융회사는 신기술사업에게 투·융자, 경영 및 기술의 지도, 신기술사업투자조합의 설립 및 자금의 관리·운용을 주업무로 한다.
④ 리스사는 연간 리스실행액의 일정비율을 중소기업을 대상으로 운용해야 한다.
⑤ 신용카드사, 할부금융사와 달리 리스사, 신기술사업금융회사는 지급보증, 유동화자산관리 등의 업무를 기본업무로 수행할 수 없다.

> **해설** 신용카드, 할부금융사, 리스사, 신기술사업금융회사 모두 지급보증, 유동화자산관리 등의 업무를 기본업무로 수행할 수 있다.

35 친권과 후견에 대한 설명으로 부적절한 것은?

① 친권자가 미성년인 자녀와 이해상반되는 행위를 특별대리인에 의하지 않고 대리한 경우, 그 행위는 무효이다.
② 미성년후견은 친권자가 법률행위의 대리권과 재산관리권을 행사할 수 없는 경우에 활용할 수 있다.
③ 한정후견시 원칙적으로 피한정후견인은 홀로 유효한 법률행위를 할 수 있다.
④ 법정후견인을 선임하는 후견심판은 본인, 배우자·4촌 이내 친족, 검사, 지방자치단체의 장 등이 청구할 수 있다.
⑤ 피특정후견인이 후견인의 대리를 통하지 않고 법률행위를 한 경우 법원이 정한 범위 내에서 후견인은 취소권 등을 갖는다.

> **해설** 피특정후견인이 후견인의 대리를 통하지 않고 법률행위를 한 경우 후견인은 취소할 수 없다.

36 유언과 유류분에 관한 설명으로 바른 것은?

① 일정한 방식에 따르지 않은 유언은 유언자의 진정한 의사에 합치하더라도 무효이다.
② 민법이 정하는 다섯 가지 유언의 방식 모두 증인이 참여하여야 유효하다.
③ 피상속인의 직계비속과 배우자의 유류분은 법정상속분의 3분의 1이다.
④ 유류분 반환청구권은 유류분권자가 증여 또는 유증을 한 사실을 안 때부터 1년, 상속이 개시된 때부터 5년 내에 행사하지 않으면 소멸한다.
⑤ 유류분 산정의 기초가 되는 재산은 피상속인이 사망할 당시 보유하고 있던 재산의 가액이 기준이다.

> **해설** 일정한 방식에 따르지 않은 유언은 유언자의 진정한 의사에 합치하더라도 무효이다.
> ② 자필증서 유언을 제외한 나머지 유언의 경우에는 증인이 참여하여야 한다.
> ③ 피상속인의 직계비속과 배우자의 유류분은 법정상속분의 2분의 1이다.
> ④ 유류분 반환청구권은 유류분권자가 증여 또는 유증을 한 사실을 안 때부터 1년, 상속이 개시된 때부터 10년 내에 행사하지 않으면 소멸한다.
> ⑤ 유류분 산정의 기초가 되는 재산에는 피상속인이 사망할 당시 보유하고 있던 재산의 가액에 증여재산의(상속개시 전 1년 동안의 증여계약을 기준) 가액을 더하고 채무의 전액을 공제하여 산정된다.

37 개인회생제도의 변제 및 면책에 대한 설명으로 바른 것은?

① 변제계획은 변제계획인가일로부터 1개월 이내에 변제를 개시하여야 하고, 변제기간은 변제개시일로부터 5년을 초과하여서는 안 된다.
② 면책허가 결정은 개인회생채권자가 채무자의 보증인에게 가지는 권리에도 영향을 미친다.
③ 변제계획인가결정이 있는 때에는 변제계획 또는 변제계획인가결정에서 다르게 정하지 않는 한 개인회생재단에 속하는 모든 재산은 채무자에게 귀속된다.
④ 채무자는 개인회생절차 개시신청일로부터 10일 이내에 변제계획안을 제출하여야 한다.
⑤ 변제계획인가결정이 되면 인가의 효력에 기하여 채무자는 면책된다.

> **해설** 변제계획인가결정이 있는 때에는 변제계획 또는 변제계획인가결정에서 다르게 정하지 않는 한 개인회생재단에 속하는 모든 재산은 채무자에게 귀속된다.
> ① 변제기간은 변제개시일로부터 3년을 초과하여서는 안 된다.
> ② 면책허가 결정의 효력은 개인회생채권자가 채무자의 보증인에게 가지는 권리에는 영향을 미치지 않는다.
> ④ 채무자는 개인회생절차 개시신청일로부터 14일 이내에 변제계획안을 제출하여야 한다.
> ⑤ 기업회생절차와 달리 개인회생절차의 경우는 일정한 요건이 충족된 경우에 한하여 면책결정을 받아야 비로소 면책된다.

정답 34 ⑤ 35 ⑤ 36 ① 37 ③

38 빈칸에 들어갈 내용이 적절하게 짝지어진 것은?

> 가. 의심거래보고제도에서 금융거래와 관련하여 불법재산 또는 자금세탁행위를 하고 있다고 의심되는 합당한 근거의 판단주체는 (A)이며 이를 (B)에게 보고하여야 한다.
> 나. 강화된 고객확인제도는 (C)에 기초하여 고객별·상품별 자금세탁위험도를 분류하고, 자금세탁위험이 큰 경우에는 더욱 엄격한 고객확인, 즉 실제 당사자 여부 및 금융거래 목적을 확인하도록 하는 제도이다.

	A	B	C
①	금융회사	금융감독원장	고객중심 접근법
②	금융위원회	금융정보분석원장	고객중심 접근법
③	금융회사	금융감독원장	위험중심 접근법
④	금융회사	금융정보분석원장	위험중심 접근법
⑤	금융위원회	금융감독원장	위험중심 접근법

해설 A : 금융회사, B : 금융정보분석원장, C : 위험중심 접근법

39 투자권유 프로세스에 대한 설명으로 옳은 것은?

① 금융상품의 매매 또는 계약체결의 권유가 수반되지 않은 정보제공도 투자권유에 포함된다.
② 투자자가 투자권유를 희망하지 않는 경우 투자자정보파악 및 적합성 원칙에 따른 의무를 금융기관이 부담하지 않아도 무방하다는 의사를 투자자로부터 금융기관의 종사자가 직접 대면 확인을 받아야 한다.
③ 투자자가 해당 투자로 투자에 수반되는 위험을 낮출 수 있다고 판단되는 경우에도 체계적 위험관리를 위해 금융투자상품 위험도분류기준을 그대로 유지해야 한다.
④ 투자자 정보는 개인정보이므로 반드시 투자자 본인으로부터 파악하여야 한다.
⑤ 투자자가 주요 손익구조 및 손실위험을 이해하지 못하는 경우에는 투자권유를 계속하여서는 안 된다.

해설 투자자가 주요 손익구조 및 손실위험을 이해하지 못하는 경우에는 투자권유를 계속하여서는 안 된다.
① 금융상품의 매매 또는 계약체결의 권유가 수반되지 않은 정보제공도 투자권유로 보기 어렵다.
② 투자자가 투자권유를 희망하지 않는 경우 투자자정보파악 및 적합성 원칙에 따른 의무를 금융기관이 부담하지 않아도 무방하다는 의사를 투자자로부터 서면 등의 방법으로 확인받아야 한다.
③ 투자자가 해당 투자로 투자에 수반되는 위험을 낮출 수 있다고 판단되는 경우에는 금융투자상품 위험도분류기준 보다 완화된 기준을 적용할 수 있다.
④ 투자자 정보는 투자자의 대리인이 대리권을 증빙할 수 있는 서류 등을 지참하는 경우 대리인으로부터 정보파악을 할 수 있다.

40 개인(신용)정보에 대하여 바르게 서술한 것은?

① 정보주체가 자신의 개인정보 정정을 요구할 경우 10일 이내 조치하고 그 결과를 통지하여야 한다.
② 법령상 보존기간이 불분명하나 보유기간에 대하여 정보주체의 동의가 있는 경우, 향후 분쟁 대응이나 금융당국의 검사·감독 수감을 위해 개인정보를 분리하여 보관할 수 있다.
③ 정보주체는 정당한 사유가 있을 때에 한해 금융기관에 자신의 개인신용정보의 열람·정정을 요구할 수 있다.
④ 개인의 신용도 등을 평가하기 위한 목적으로 제공되고 있는 개인신용정보의 처리정지를 요구할 경우 10일 이내에 정지하여야 한다.
⑤ 개인(신용)정보는 보유기간의 경과, 개인정보 처리목적 달성 등으로 불필요하게 되었을 때는 7일 이내 파기하여야 한다.

> **해설** 정보주체가 자신의 개인정보 정정을 요구할 경우 10일 이내 조치하고 그 결과를 통지하여야 한다.
> ② 법령상 보존기간이 불분명하나 보유기간에 대하여 정보주체의 동의가 있는 경우, 정보주체가 동의한 보유기간이 경과된 후 지체 없이 파기해야 한다.
> ③ 정보주체는 개인신용정보 열람·정정 청구권이 있다.
> ④ 개인의 신용도 등을 평가하기 위한 목적으로 제공되고 있는 개인신용정보에 대해서는 처리정지를 요구할 수 없다.
> ⑤ 개인(신용)정보는 보유기간의 경과, 개인정보 처리목적 달성 등으로 불필요하게 되었을 때는 지체 없이 5일 이내 파기하여야 한다.

2편 세무설계 모의고사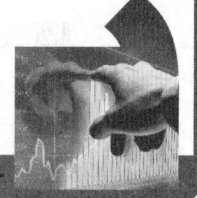

41 다음 중 우리나라 소득세의 특징으로 맞지 않는 것은?

① 소득원천설
② 신고납세제도
③ 주소지과세
④ 열거주의 과세
⑤ 부부합산과세

> 해설   부부합산과세가 아니라 개인단위과세이다.

42 다음 중 이자소득에 해당하지 않는 것은?

① 직장공제회 초과반환금
② 비영업대금의 이익
③ 채권 또는 증권의 환매조건부 매매차익비영업대금의 이익
④ 채권 또는 증권의 이자와 할인액
⑤ 국내 또는 국외에서 받는 투자신탁수익의 분배금

> 해설   국내 또는 국외에서 받는 투자신탁수익의 분배금은 이자소득으로 보지 아니한다.
> (참고) 국채 등의 공개시장 할인액은 이자소득으로 보지 않는다.

43 소득세법상 납세의무자에 관한 설명으로 옳지 않은 것은?

① 거주자자가 국외 이전을 위하여 출국하는 날의 다음 날부터 비거주자가 된다.
② 거주자란 국내에 주소 또는 183일 이상 거소를 둔 개인을 말한다.
③ 직업관계로 계속하여 183일 이상 국내에 거주할 것을 통상 필요로 하는 직업을 가진때
④ 국외에서 근무하는 공무원은 비거주자이다.
⑤ 주한미군·군무원 및 그들의 가족은 비거주자로 의제한다.

> 해설   국외에서 근무하는 공무원은 거주자로 의제한다.

44 거주자 A씨 의 2018년 종합소득공제에 대한 설명으로 옳지 않은 것은?

① A가 분리과세연금소득과 분리과세기타소득만 있는 경우에는 종합소득공제를 적용하지 아니 한다
② A가 생계를 같이하는 배우자B를 배우자공제로 신청하고, 대기업 이사장인 장인이 딸인B를 부양가족으로 동시에 신고한 경우, 종합소득이 많은 사람이 소득공제를 받는다.
③ 기본공제, 추가공제 및 연금보험료 공제는 A씨가 사업소득자인 경우에도 적용받을 수 있다.
④ A와 배우자 B가 이혼을 한 경우 B는 A와 생계를 같이하더라도 공제대상 배우자의 범위에 포함되지 않는다.
⑤ A가 근로소득자인 경우 신용카드 사용금액에 대한 소득공제를 적용함에 있어 소득이 없는 A의 동생(18세)이 사용한 금액은 공제대상이 아니다.

> **해설** 혼인한 딸에 대해 그 배우자가 배우자공제를 신청하고 아버지가 딸에 대하여 부양가족공제 신청을 동시에 한 경우 배우자공제를 우선하여 적용하게 된다.

45 다음의 신고납부기한으로 옳은 것은?

① 종합소득세 : 5월1일 ~ 5월31일
② 상속세 : 상속개시일이 속하는 달의 말일로부터 6개월까지
③ 증여세 : 증여받은 날이 속하는 달의 말일로부터 6개월까지
④ 양도소득세 : 양도일이 속하는 달의 말일로부터 2개월 이내 (예정신고 납부기한)
⑤ 종합부동산세(납부기간) : 매년 12월1일 ~ 12월15일

> **해설** 증여세 : 증여받은 날이 속하는 달의 말일로부터 3개월까지

46 다음은 거주자 A씨와 관련된 2019년도 소득세내역이다. 소득세(원천징수소득세 포함)가 과세 되지 않는 항목은?

① 공익신탁의 이익 500만 원
② 계약의 위약으로 인한 손해배상금 수령액 500만 원
③ 아파트 건설현장에서 일용근로자로 일하고 받은 일당 20만 원
④ 복권당첨소득 2,000만 원
⑤ 외국의 법률에 의한 현금배당 300만 원

> **해설** ① 공익신탁의 이익은 비과세이다. ②기타소득 ③ 근로소득 ④기타소득 ⑤ 배당소득이다.

정답 41 ⑤ 42 ⑤ 43 ④ 44 ② 45 ③ 46 ①

47 다음 중 종합소득공제에 대한 설명으로 옳은 것은?

① 기본공제 대상자가 부녀자공제와 한 부모공제에 해당하는 경우 중복하여 적용한다.
② 종합소득공제의 미공제분은 퇴직소득과 양도소득에서 공제할 수 없으나, 그 다음 연도로 이월하여 종합소득금액에서 공제한다.
③ 장애인은 나이와 소득에 관계없이 기본공제대상이다.
④ 계부·계모와 의붓자녀도 직계존비속이므로 실제 부양하는 경우 기본공제대상이 된다.
⑤ 해당 과세기간 중에 출생한자는 기본공제대상이나, 해당 과세기간 중에 사망한 자는 기본공제대상이 될 수 없다.

> **해설** ① 기본공제대상자가 부녀자공제와 한 부모공제에 해당하는 경우 중복하여 적용하지 않고, 둘 중 큰 쪽(한 부모공제)으로 공제를 받는다
> ② 종합소득공제의 미공제분은 퇴직소득과 양도소득에서 공제할 수 없고, 그 다음 연도로 이월되지도 아니 한다.
> ③ 장애인은 나이는 관계없나 소득요건을 충족해야만 기본공제대상이다.
> ⑤ 해당 과세기간 중에 출생한자는 기본공제대상이고, 해당 과세기간 중에 사망한 자도 기본공제대상이 된다.

48 다음 중 금융소득종합과세에 대한 설명으로 옳지 않은 것은?

① 소득세법상 이자소득과 배당소득을 금융소득이라 한다.
② 환매조건부 증권·채권의 매매차익은 과세대상 이다.
③ 개인단위로 금융소득을 계산한다.
④ 금융소득금액은 필요경비를 차감하여 계산한다.
⑤ 금융소득금액이 2천만 원을 초과하는 경우 종합과세 되고, 2천만 원 이하의 금액에 대해서는 원천징수로 납세의무가 종결된다.

> **해설** 금융소득은 필요경비를 인정하지 않는다.

49 다음 이자소득의 수입시기 중 현금주의가 아닌 것은?

① 기명채권의 이자와 할인 액
② 무기명채권의 이자와 할인 액
③ 정기예금의 이자
④ 저축성 보험의 보험차익
⑤ 노란우산공제부금에서 발생하는 소득

> **해설** 기명채권의 이자와 할인 액 = 약정주의 – 약정에 따른 지급일

핵심정리부터 모의고사까지 한 권으로 합격!!

은행FP 자산관리사

파이널총정리문제

핵심이론 요약집

제1편 자산관리 기본지식

제1장 재무설계의 의의 및 재무설계 프로세스

1 재무개인 재무설계란?

개인이나 가계의 현재의 재정상태를 검토하고, 개인 및 가계가 설정한 재무목표를 달성하기 위해 개인 및 가계의 재무적·비재무적 자원을 적절하게 관리하는 과정

2 개인재무설계의 필요성

① 사회 경제적 배경 : 자산 및 부채의 증가, 금융시장 개방 및 국제화, 금융상품 다양화 및 금융관련 법규 강화
② 인구 통계적 배경 : 1인 가구의 증가, 저출산 및 고령화, 노동환경의 변화
③ 소비자의식 변화 : 개인주의적 사고방식과 개별성 추구, 비재무적 요구의 증가, 재무설계의 중요성 인식

3 재무설계의 절차 6단계

① 1단계 : 고객과의 관계 정립 단계
　유망고객의 조건, 면담준비(DM, TA, SMS), 최초면담, 효과적인 질문 방법(상황파악질문, 문제 인식 질문, 시사 질문, 해결 질문), 면담 마무리
② 2단계 : 고객 정보수집 및 재무목표 설정 단계

생애주기별 재무목표, 재무적·비재무적 정보 수집, 수집 방법(면담, 설문서, 인터넷, 전화)
③ 3단계 : 고객의 재무상태 분석 및 진단 단계
자산부채상태표, 현금흐름표
④ 4단계 : 제안서 작성과 대안 수립 제시 단계
고객 연령, 직업, 현황 등을 고려하여 고객의 목표 달성과 이익을 최우선으로 고려
⑤ 5단계 : 재무설계안 실행 단계
계약 체결 기법 : 묵시적 동의법, 양자택일법, 예화법, 손해 암시법
⑥ 6단계 : 정기점검 및 사후관리 단계

4 FP 윤리원칙 8가지

성실성의 원칙, 전문성의 원칙, 객관성의 원칙, 투명성의 원칙, 책임성의 원칙, 비밀유지, 품위유지, 선관주의(업무를 수행함에 있어 고객의 최대이익을 위해 직업적 책임에 따른 정당한 주의를 기울이며, 최선을 다해 능력을 발휘해야 한다.)

제2장 경제동향분석 및 예측

1 개방경제하의 거시경제

1. 거시경제의 4시장

① 생산물시장
총수요(AD)와 총공급(AS)이 일치하는 점에서 한 나라의 균형 실질GDP와 물가 결정. 생산물시장에서 경제성장률, 물가상승률, 소득분배 등 결정
② 요소시장
생산요소에 대해 요소소득 분배. 천연자원-지대, 자본-이자, 노동-임금 그리

고 기업가-이윤 또는 손실. 단기에는 노동만을 가변 생산요소로 가정. 노동시장에서 균형 실질임금과 고용량 결정

③ 대부자금시장(신용시장)
한 나라의 균형 이자율과 대부자금거래량 결정. 중앙은행의 정책, 가계의 저축률, 기업의 투자, 정부의 재정수지 등이 이자율의 수준, 변동방향 그리고 변화율에 큰 영향을 미치는 요인

④ 외환시장
균형 환율과 외환거래량 결정. 한 나라의 환율제도, 국제수지와 그 구성요소 등이 영향을 미치는 주요 요인

2. 거시경제의 경제주체
가계부문, 기업부문, 정부부문, 해외부문, 중앙은행

② 생산물시장과 노동시장

1. 개방경제하의 국민소득 순환모형
① 지출의 흐름 측면에서의 국민소득
국민소득 ≡ 소비 + 국내투자 + 재정지출 + 수출
② 소득의 흐름 측면에서의 국민소득
가처분소득 ≡ 국민소득 − 조세 ≡ 소비 + 저축 + 수입
국민소득 ≡ 소비 + 저축 + 조세 + 수입

소비 + 국내투자 + 재정지출 + 수출 ≡ 국민소득 ≡ 소비 + 저축 + 조세 + 수입

2. 생산물 시장
1) 총공급
① 총공급곡선은 물가와 실질국민소득의 좌표평면에서 우상향
② 물가의 변동 → 총공급량 변동 → 총공급곡선 상에서 움직임
③ 물가 이외의 요인 변동 → 총공급 증감 → 총공급곡선이 좌우로 이동

④ 단기 총공급곡선의 우측 이동요인 : 임금 등 생산요소 가격 하락, 기대 인플레이션 하락에 따른 임금하락, 총수요 증가 예상 등
⑤ 장기 총공급곡선의 우측 이동요인 : 인적·물적 자본의 증가, 기술의 진보 등

2) 총수요
① 총수요곡선은 물가와 실질국민소득의 좌표평면에서 우하향
구매력 효과, 실질통화 공급 효과, 부의 효과, 순수출 효과
② 물가의 변동 → 총수요량 변동 → 총수요곡선상에서 움직임
③ 물가 이외의 요인 변동 → 총수요 증감 → 총수요곡선이 좌우로 이동
④ 총수요곡선의 우측 이동요인
  - 가계의 소비지출에 영향 : 실질소득 증가, 실질이자율 하락, 미래 물가상승 기대 등
  - 기업의 국내 총투자 지출에 영향 : 실질이자율 하락, 조세부담 감소, 기술의 발전 등
  - 정부의 재정지출 증가
  - 순수출에 영향 : 환율상승, 자국의 실질이자율 하락, 상대물가의 하락 등 중앙은행의 통화공급 증가

3. 노동시장
단기에 노동고용량 증가 → 노동의 한계생산량은 체감하면서 양(+)의 값 → 총생산량은 체감적으로 증가

4. 물가와 실업
1) 물가지수
한국은행의 생산자물가지수와 수출입물가지수, 통계청의 소비자물가지수
2) 인플레이션 : 지속적으로 물가가 상승하는 현상
▶ 인플레이션의 종류 : 수요견인 인플레이션(총수요의 증가)과 비용인상 인플레이션(총공급의 감소)

▶ 스태그플레이션 : 비용인상 인플레이션에 따라 물가와 실업률 상승, 실질국민소득 감소

3) 실업

① 현행 임금 수준에서 일할 능력과 의사를 갖고 있으나 취업의 기회가 주어지지 않은 상태

②

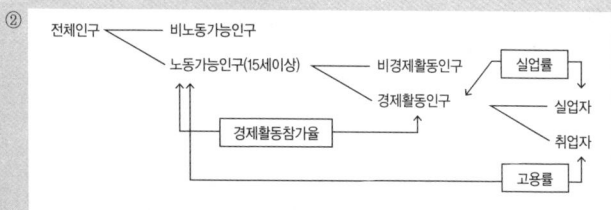

③ 실업의 종류 : 마찰적 실업, 구조적 실업, 계절적 실업, 경기적 실업

④ 자연실업률 : 완전고용(잠재 GDP) 수준 하에서 발생하는 실업률, 마찰적 실업과 구조적 실업만 존재

4) 인플레이션과 실업 : 필립스 곡선

자연실업률 상승 → 장단기 필립스곡선 우측 이동 → 새로운 기대인플레이션에서 교차

5. 재정정책 : 정부의 수입과 지출의 변동

① 재량적 재정정책

② 비재량적 재정정책(자동안정화장치)

경기침체기 : 실업이 증가하면 실업급여 등 사회적지지 프로그램을 통해 정부의 지출 증가

경기확장기 : 소득 증가에 따른 세수 증가를 통해 총수요를 억제

③ 대부자금시장

1. 통화지표 : 금융상품의 유동성 정도에 따라 구분
협의통화(M1) 〉 광의통화(M2) 〉 금융기관유동성(Lf) 〉 광의유동성(L)

2. 통화정책
한 나라의 중앙은행이 그 나라에서 유통되는 통화(본원통화 및 예금통화)의 양이나 이자율(금리)에 영향을 미치고, 이를 통해 물가를 안정시키고 지속가능한 경제성장을 이루어 나가려는 일련의 정책

1) 본원통화 증가요인 : 중앙은행의 자산이 증가 또는 은행에 대한 대출이 증가
2) 통화승수 증가요인 : 지급준비율 하락, 현금보유비율 하락, 초과 지급준비율 하락 등
3) 통화공급 주체 : 중앙은행, 예금자, 은행
4) 통화정책의 수단
   ① 지급준비제도 : 지급준비율↓ → 통화승수↑ → 통화량↑ → 이자율↓
   ② 공개시장조작 : 국공채매입 → 본원통화↑ → 통화량↑ → 이자율↓
   ③ 재할인율정책 : 재할인율↓ → 예금은행 차입↑ → 본원통화↑ → 통화량↑ → 이자율↓
   ④ 외환시장 개입 : 외환 매입 본원통화↑ → 통화량↑ → 이자율↓
5) 한국은행의 통화정책 : 외환위기 이후 물가안정목표제 도입과 함께 단기금리인 환매조건부채권(RP) 금리를 운용목표로 하는 금리중심 통화정책 운영방식

3. 이자율
1) 실질이자율 변동원인 : 무위험이자율, 위험, 조세·정부보조, 만기
2) 대부자금에 대한 실질이자율 결정
   ① 실질이자율 변동 또는 대부자금공급량 변동 → 대부자금 공급곡선상의 이동
   ② 대부자금 공급에 영향을 미치는 요인 변동 → 대부자금 공급 증감 → 대부자금 공급곡선 좌우 이동
      ▶가계 : 실질GDP 증가, 저축 증가, 조세부담 감소 등 → 대부자금 공급 증가

- ▶기업 : 실질GDP 증가, 조세부담 감소 등 → 대부자금 공급 증가
- ▶정부 : 재량적인 조세징수의 증가 또는 재정지출의 감소 → 대부자금 공급 증가
- ▶해외부문 : 국내 실질GDP 증가, 국내에 대한 낙관적 기대 등 → 대부자금 공급 증가
- ▶중앙은행 : 국채매입, 외환매입, 재할인율인하 등 → 대부자금 공급 증가

③ 실질이자율 변동 또는 대부자금 수요량 변동 → 대부자금 수요곡선상의 이동
④ 대부자금 수요에 영향을 미치는 요인 변동 → 대부자금 수요 증감 → 대부자금 수요곡선 좌우 이동

가계 : 물가, 이자율, 소득 증가 기대 등 → 대부자금 수요 증가
기업 : 물가, 이자율, 매출수익 증가 기대 등 → 대부자금 수요 증가
정부 : 재량적 조세징수의 증가 또는 재정지출의 감소 → 대부자금 수요 감소
해외부문 : 실질GDP 상대적 증가, 국내에 대한 낙관적 기대 등 → 대부자금 수요 감소

⑤ 외부충격과 대부자금 실질이자율
재정적자 → 총저축 감소 → 대부자금 공급량 감소 → 공급곡선 좌측 이동 → 실질이자율 상승, 투자 감소, 소비지출 감소(구축효과 발생)
긴축적 통화정책, 투기자금 국외 유출 → 실질이자율 상승

④ 외환시장

1. 외환과 환율

1) 환율표시방법

자국통화 표시환율(USD1=KRW1,200), 외국통화 표시환율(KRW1=USD0,001)

2) 환율의 종류

매도환율과 매입환율, 현물환율과 선도환율, 교차환율과 재정환율, 명목환율과 실질환율 및 실효환율

3) 외환시장

현물환시장, 선도환시장, 외환 스왑시장, 외환선물시장, 외환 옵션시장 등

4) 환율의 결정 : 외환의 수요와 공급에 의해 결정

5) 환율의 변동

① 환율 하락 요인 : 국내 물가 하락으로 수출 증가, 국내 생산성 증가로 국내 물가 하락, 국내 실질이자율·투자수익률 상승으로 투자자금 국내 순 유입, 국내 투자수익률 상승 기대로 투자자금 국내 순 유입, 민간수지 흑자로 외환공급 증가 등

② 환율 상승 요인 : 국내 실질GDP 고성장률로 수입수요 증가, 국내 고위험 및 조세의 고부담으로 국내 투자수요 감소, 환율상승 기대로 외환투기수요 증가, 중앙은행 외환 매입으로 외환수요 증가

③ 환율하락(원화평가절상)의 효과 : 수출채산성 악화로 수출 감소, 수입상품가격 하락으로 수입증가, 수입원자재가격 하락으로 물가안정, 외화표시외채 원리금 상환 부담감소

5 생대경제동향분석과 경기변동

1. 경제동향 분석

1) 경기침체기, 국가 간 자본이동성 높은 편, 자유변동환율제 채택, 중앙은행의 외환시장 개입 없을 경우

① 1단계 : 4시장의 현재 경제 상태 분석
② 2단계 : 외부충격 분석
③ 3단계 : 외부충격에 따른 4시장의 연쇄반응 분석
④ 거시경제 변수의 변동

2) 확장적 재정정책 : 물가와 실질GDP 및 명목GDP 상승, 실업률 하락, 고용률 상승, 명목임금과 실질임금 상승, 실질이자율과 명목이자율 상승, 본원통화와 통화공급량 영향 없음, 국내 민간총투자 알 수 없음, 명목환율과 실질환율 하락, 경상수지 감소, 자본·금융수지 증가, 준비자산 변동 없음

3) **확장적 통화정책**: 물가와 실질GDP 및 명목GDP 상승, 실업률 하락, 고용률 상승, 명목임금과 실질임금 상승, 실질이자율 하락, 명목이자율 알 수 없음, 본원통화 변동 없음, 통화공급량 증가, 국내 민간총투자 증가, 명목환율과 실질환율 상승, 경상수지 증가, 자본·금융수지 감소, 준비자산 변동 없음

2. 경기변동의 특징

① 경기변동은 반복적으로 나타나지만 주기는 일정하지 않음
② 경기변동은 총생산·이익·고용·물가 등과 같은 총체적 변수에 파급됨. 변수들은 공행운동
③ 내구재 산업의 생산과 고용의 진폭은 크고 상대적으로 가격변화 작음
④ GDP와 가계 및 정부의 소비지출에 비해 기업 투자와 국제교역이 변동성이 큼
⑤ 내구재 소비와 주거용 건설투자는 GDP보다 변동성이 크고 경기변동에 선행하는 경향
⑥ 생산성의 변동성은 GDP 변동성과 비슷하며 경기변동에 선행하는 경향
⑦ 실업률의 변동성은 GDP 변동성보다 작고 경기역행적이며 경기변동에 후행
⑧ 경기변동의 진폭이 점차 축소

제3장 FP 기본법규

① 기본직무

1. 민법

1) 민법의 기본원리
사유재산권 존중의 원칙, 사적자치의 원칙, 과실책임의 원칙, 사회적 조정의 원칙

2) 물권
① 특정의 독립된 물건 자체를 객체로 하여 권리를 실현하는 재산권
② 물권의 효력: 먼저 성립한 저당권이 우선, 병존 시 소유권보다 제한물권이 우선, 물권이 채권보다 우선

③ 물권의 소멸 : 목적물의 멸실, 소멸시효, 포기, 혼동, 공용징수 등
④ 물권의 종류
  ▶ 기본물권 : 점유권, 소유권
  ▶ 제한물권 : 용익물권(지상권, 지역권, 전세권), 담보물권(유치권, 질권, 저당권, 근저당권 등)

3) 채권
① 채권은 특정인(채권자)이 다른 특정인(채무자)에 대하여 일정한 행위(급부 : 이행·지급·행위·급여 등)를 요구할 수 있는 권리
② 채권양도, 채무인수, 계약인수 등
③ 채권의 소멸 : 변제, 대물변제, 공탁, 상계, 경개, 면제, 혼동

2. 상법 : 상법상의 회사

1) 합명회사
회사 채무에 대해 무한·직접·연대책임, 업무집행권과 대표권을 가지는 무한책임사원만으로 구성, 기본적 사항 결정시 총사원의 동의 필요, 다른 사원의 동의 없이 지분 양도 불가

2) 합자회사
무한책임사원과 유한책임사원(회사채권자에게 출자액을 한도로 직접·연대책임)으로 구성, 무한책임사원은 업무집행권과 대표권, 유한책임사원은 업무집행에는 참가하지 못하고 감시권 가짐, 특별한 규정이 없는 한 합명회사에 관한 규정을 준용

3) 유한책임회사
출자금액을 한도로 유한책임을 지는 사원만으로 구성, 사원이 모두 유한책임을 누린다는 점에서 주식회사, 유한회사와 동일, 내부조직이나 업무집행에 있어서는 합명회사, 합자회사와 유사한 형태

4) 유한회사
회사채권자에 대하여는 직접 책임 없고, 회사에 일정한 범위의 출자의무만 부담하는 사원으로 구성, 이사는 업무집행권 및 대표권 있음, 사원은 회사의 업무집행 및 대표에 참여 불가, 사원 지위의 양도는 원칙적으로 자유로움

5) 주식회사
주주의 지위가 균등한 비율적 단위로 세분화된 형식(주식)을 가지고, 사원은 주식의 인수가액을 한도로 회사에 대하여 출자의무를 부담할 뿐, 회사채무자에 대하여 아무런 책임을 지지 않는 회사
① 설립 : 정관작성과 발기인이 1주 이상의 주식 인수, 발기설립과 모집설립, 설립등기, 주주, 주식의 예탁결제제도
② 주식회사의 기관 : 의사결정기관으로서 주주총회(보통결의, 특별결의), 집행기관으로서 이사회·대표이사, 감독기관으로서 감사·감사위원회·준법지원인
③ 특별결의사항 : 정관의 변경, 자본의 감소, 회사의 해산·합병·분할·양도·회사에 중대한 영향을 미치는 다른 회사의 양수, 이사·감사의 해임
④ 자본금 : 신주발행(이사회의 권한, 정관변경 없음)과 사채발행으로 자본금 증가, 자본금 감소 시 채권자 보호절차
⑤ 이익배당 : 주주의 고유권 이익배당청구권
⑥ 회사의 정리 : 법정청산, 존립기간의 만료, 기타 정관으로 정한 사유의 발생, 합병·파산, 법원의 해산명령 또는 판결 시 해산

3. 은행거래 기본법률
1) 수신업무
① 예금계약 : 현금, 어음·수표, 전자자금이체
② 예금주의 변경 : 상속, 양도
③ 예금채권의 소멸 : 변제, 상계, 공탁 등

2) 여신업무
① 은행여신거래기본약관 : 대출(증서대출, 어음대출, 어음할인, 당좌대출) 등 여신에 관한 모든 행위
② 대출계약의 성립 : 여신거래기본약관, 여신거래약정서 등으로 약정
③ 대출금채권의 회수 : 변제, 상계 등

4. 약관의 규제에 관한 법률

1) 약관의 계약편입
① 약관내용 명시 및 사본교부의무 : 위반 시 당해 약관을 계약의 내용으로 주장 불가
② 중요내용 설명의무 : 중요내용 설명의무 위반 시 계약의 내용으로 주장 불가, 개개 조항의 설명의무 위반 시 당해 조항의 효력만 문제됨

2) 약관의 해석원칙
개별약정우선의 원칙, 신의성실의 원칙, 객관적해석의 원칙, 작성자 불이익의 원칙, 엄격해석의 원칙

3) 약관의 행정적 규제
금융거래약관을 제정 또는 변경 시 사전에 금융감독원장에게 약관 및 서류 제출·심사

5. 신탁법의 이해

1) 신탁관계인
① 위탁자 : 수탁자 선임, 신탁목적의 재산권을 수탁자에게 이전
② 수탁자 : 신탁목적에 따라 수취한 재산권을 수익자를 위해 관리 처분
  금전의 운용방법, 신탁재산 분별관리 의무, 물적 유한책임의 원칙, 수탁자의 충실의무
③ 수익자 : 수익권은 수익자가 가지는 신탁재산 및 수탁자에 대한 각종 권리

2) 신탁재산
신탁재산의 분별관리, 신탁재산이 독립성, 실적배당의 원칙, 신탁 공시로 제3자 대항

3) 불법신탁의 설정 금지
탈법행위를 목적으로 하는 신탁, 소송을 목적으로 하는 신탁, 채권자 사해신탁

4) 신탁의 종류
계약신탁과 유언신탁, 사익신탁과 공익신탁, 자익신탁과 타익신탁, 영업신탁과 비영업신탁, 개별신탁과 집단신탁, 집합투자와 신탁

5) 신탁상품의 종류 : 신탁재산의 종류에 따라 구분

단독운용신탁과 합동운용신탁, 특정금전신탁과 불특정금전신탁, 일임형 신탁과 비일임형 신탁

6) 신탁상품의 활용목적

금전신탁, 증권신탁, 금전채권신탁, 동산신탁, 부동산신탁, 부동산 관련 권리의 신탁, 무체재산권의 신탁, 종합재산신탁

7) 부동산 신탁

① 신탁업의 내용 : 부동산관리신탁, 부동산처분신탁, 부동산담보신탁, 토지신탁
② 신탁에 의한 부동산의 증권화 : 부동산투자신탁, 프로젝트 파이낸싱, 자산유동화-자산담보부채권의 발행, 소액투자형 토지신탁제도

6. 금융소비자 보호에 대한 이해

1) 금융소비자보호 주요제도

① 불공정약관 규제
② 불완전판매 예방 : 핵심설명서 제도 등 설명의무, 금융소비자에게 적합한 상품 권유(적합성 원칙), 과도한 위험을 가진 상품 등의 판매 제한(적정성 원칙), 부당권유 금지
③ 허위·과장 광고로 인한 소비자 피해 예방

2) 금융소비자 보호 기본법 제정안 주요내용

① 기능별 규제체계 도입
  금융상품 분류 : 예금성, 투자성, 보장성, 대출성
  금융상품 판매행위에 따른 분류 : 직접판매업자, 판매대리·중개업자, 중개업자 및 자문업자
② 판매행위 규제 : 적합성 원칙, 적정성 원칙, 설명의무, 불공정영업행위금지, 부당권유금지, 광고규제
③ 징벌적 과징금 도입
④ 금융회사의 사용자 책임

⑤ 대출계약철회권 도입 및 중도상환수수료 부과 제한
⑥ 분쟁조정제도 개선
⑦ 금융회사별 소비자보호실태평가제도의 법적 근거 마련, 금융소비자보호 모범규준 기준 마련

② 투자설계 관련 법규

1. 은행법
① 은행의 건전성 감독기구 : 기획재정부, 금융위원회, 증권선물위원회, 금융감독원, 한국은행
② 예금자 보호법 : 은행 파산 시 각 예금자에게 5천만 원의 한도에서 예금 보호
③ 신용질서 유지 : 한국신용정보원의 개인신용정보는 대출에 관한 정보열람 가능
④ 이해상충규제 : 내부통제기준에 반영할 의무
⑤ 금융소비자 보호 강화 : 불공정영업행위 금지, 불건전영업행위 금지, 은행상품 광고 내용 규제

2. 자본시장 및 금융투자업에 관한 법률
1) 자본시장법의 특징
① 기능별 규율체제의 도입 : 동일한 기능을 수행하는 금융투자업자에 대해서는 취급 금융기관을 불문하고 동일한 규제 적용
② 모든 금융투자업 상호간 겸영 허용
③ 금융투자업자 내 이해상충방지제도 : 내부통제시스템, 정보교류차단장치, 준법감시인 등
④ 투자자 보호 : 투자권유에 있어서 적합성의 원칙, 적정성의 원칙, 설명의무, 기타 부당권유행위의 금지

2) 금융투자상품
① 증권 : 채무증권, 지분증권, 수익증권, 투자계약증권, 파생결합증권, 예탁증권으로 분류

② 파생상품 : 장내파생상품과 장외파생상품
3) **투자자** : 일반투자자와 전문투자자
4) **금융투자업** : 투자매매업, 투자중개업, 집합투자업, 투자자문업, 투자일임업, 신탁업
5) **영업행위 규제**
   ① 신의성실의 의무
   ② 이해상충 방지 : 이해상충의 관리, 정보교류 차단, 이해상충 방지의무 위반에 대한 제재
   ③ 투자권유의 규제 : 적합성의 원칙, 적정성의 원칙, 설명의무
   ④ 손실보전·이익보장의 금지
6) **투자광고의 규제** : 투자광고의 표시사항, 이익보장 등의 표시금지, 투자광고의 방법 및 절차 규제
7) **기타 규제 사항** : 직무 관련 정보의 이용금지, 약관규제, 계약 서류의 교부 및 계약의 해제

3. 여신전문금융업법
1) **여신전문금융기관** : 신용카드사, 할부금융사, 리스사, 신기술사업금융회사
2) **규제 및 건전성 감독** : 금융위원회
3) **소비자 보호-신용카드사** : 고객정보 누출금지, 불법채권추심금지, 도난카드 이용에 관한 책임귀속 등

③ FP직무 관련 컴플라이언스

1. 자금세탁방지제도
1) **자금세탁방지제도**
   ① 의심거래보고제도(STR) : 금융회사 종사자의 주관적 판단에 의존
   ② 고액현금거래보고제도(CTR) : 1거래일 동안 2천만 원 이상의 현금 입출금시 자동 보고

③ 고객확인제도 : 계좌신규개설, 2천만 원 이상의 일회성 금융거래, 실제 거래당
사자 여부가 의심되는 등 자금세탁 등의 우려가 있는 경우, 실제 소유자 확인
④ 강화된 고객확인제도 : 위험중심 접근법, 고객별·상품별 위험도에 따라 차등
화 된 고객확인

2) 공중협박자금조달금지법
① 공중 등 협박목적을 위한 자금
② 거래제한대상자 지정고시 및 거래허가제도 : 금융위원회
③ 공중협박자금 조달행위의 범죄화 : 10년 이하의 징역 또는 1억 원 이하의 벌금
④ 금융회사 등 종사자의 의무 : 허가 없이 금융거래를 해서는 안 되고, 금융거래가
공중협박자금과 관련된 거래라는 사실을 알게 될 경우 지체 없이 신고하여야 함
⑤ 외국환거래법의 보완 : 공중협박자금조달금지법은 모든 금융거래를 포괄

3) 금융회사의 자금세탁방지, 테러자금조달금지 시스템 구축
자금세탁방지를 위한 내부통제 구축, 의심거래보고와 관련한 비밀보장 및 면책
규정

2. 투자권유 프로세스
1) 자본시장법상 투자권유 관련 절차
① 고객정보 파악 : 투자권유 전에 면담, 질문 등을 통하여 고객의 투자목적, 재산
상황 및 투자경험 등의 정보 파악
② 고객의 투자성향 파악 : 안정형, 안정추구형, 위험중립형, 적극투자형, 공격투
자형 : 표준투자권유준칙
③ 금융투자상품의 투자위험도 분류 : 초저위험, 저위험, 중위험, 고위험, 초고위
험 : 표준투자권유준칙
④ 고객에게 적합한 금융투자상품 권유(적합성 원칙)
금융투자업자는 고객의 투자성향(②)과 투자위험도(③)를 고려
⑤ 파생상품 등에 대한 투자자 보호 강화(적정성 원칙)
파생상품 등의 경우 투자권유가 없더라도 면담, 질문 등을 통하여 고객정보를

반드시 파악해야 함, 금융투자업자는 고객정보에 비추어 해당 파생상품 등이 고객에게 적정하지 않다고 판단되는 경우에는 그 사실을 고객에게 알리고, 서명, 우편 등으로 확인받아야 함

2) 투자권유를 희망하지 않는 투자자에 대한 판매
투자자정보파악 및 적합성원칙에 따른 의무를 금융기관이 부담하지 아니하여도 무방하다는 의사를 투자자로부터 서면 또는 전자통신 등의 방법으로 확인받고 후속 판매절차 진행, 투자에 수반되는 주의사항 공지

3) 투자권유희망자에 대한 판매
① 투자권유 시 유의사항 : 투자자로부터 투자권유요청을 받지 아니하고 실시간 대화의 방법을 이용하는 행위, 투자권유를 받은 투자자가 거부의사를 표시하였음에도 불구하고 투자권유를 계속하는 행위 등
② 설명의무

3. 금융분야 개인정보 보호

1) 개인정보 보호
① 개인정보 : 성명, 주민등록번호, 영상 등 개인을 알아볼 수 있는 정보
② 개인신용정보 : 신용정보 중 개인의 신용도와 신용거래능력 등을 판단할 때 필요한 정보

2) 개인정보 보호 일반원칙
수집제한의 원칙, 정보 정확성의 원칙, 목적 명확화 원칙, 이용 제한의 원칙, 안전 보호의 원칙, 공개의 원칙, 개인참여의 원칙, 책임의 원칙

3) 개인(신용) 정보 처리단계별 원칙
① 개인(신용) 정보의 수집
원칙적으로 동의 필요 : 정보주체에게 수집·이용의 목적, 수집항목, 보유 및 이용기간, 동의거부권, 거부시 불이익이 있다면 그 내용을 모두 알림
동의 불필요 : 정보주체와의 계약 체결 및 이행에 불가피한 정보와 거래상대방의 신용도와 거래능력 등을 판단할 때 필요한 정보

② 개인(신용) 정보의 이용 : 당초 수집 목적 범위 내에서만 이용가능, 이외로 이용하는 경우 정보주체의 별도 동의 필요
③ 개인(신용) 정보의 제공 : 원칙적으로 동의 필요
동의 불필요 : 법률의 특별한 규정, 공공기관이 법령 등에서 정하는 소관업무 수행을 위해 불가피한 경우 등
④ 고유식별정보의 처리 : 개인의 동의 필요
개인정보보호법에 따른 고유식별정보 : 주민등록번호, 여권번호, 운전면허번호 등
신용정보법에 따른 개인식별정보 : 성명, 주소, 주민등록번호, 여권번호, 성별 등
⑤ 민감정보의 처리 : 정보주체의 별도 동의를 얻거나 법령에서 민감정보의 처리를 요구하거나 허용하는 경우만 가능
⑥ 개인(신용) 정보의 파기 : 개인정보 처리목적 달성 등 불필요하게 되었을 때 지체없이 파기, 관계법령상 규정, 정보주체의 동의 의사, 처리목적 달성 여부 등을 고려
⑦ 정보주체의 권리보장 : 개인신용정보 열람·정정 청구권, 개인신용정보 제공·이용 동의 철회권, 개인신용정보 처리정지권
⑧ 그 밖의 개인정보에 대한 정보주체의 권리 보장 : 개인정보 열람, 개인정보 정정·삭제, 개인정보 처리정지
⑨ 개인(신용) 정보 유출 시 조치방법 : 5일 이내 정보주체에게 유출된 개인정보항목, 유출 시점, 경위 등에 대해 서면, 전화 등의 방법으로 통지해야 함

제2편 세무설계

제1장 소득세

1 소득세 총설

소득세는 개인의 소득에 대하여 부과되는 세금으로, 소득을 과세표준으로 하여 부과한다는 점에서는 법인세와 같으나, 납세의무자가 개인이라는 점에서 법인세와 다르다.

소득이란 일정기간 동안 재화 또는 용역을 제공하여 얻은 수입에서 이에 대응하는 필요경비를 차감한 금액을 말한다. 소득세는 개인에게 부과되는 세금이므로 개인에게 귀속되는 모든 소득은 합산하여 종합과세하는 것이 특징이다.

따라서 우리나라 소득세법은 종합과세를 원칙으로 하되, 일부 소득에 대하여는 소득의 원천에 따라 구분하여 과세하는 분류과세 및 분리과세를 동시에 채택하고 있다.

2 소득의 구분

우리나라 소득세법은 종합소득, 퇴직소득, 양도소득의 3가지로 구분하여 과세한다.

1. 종합소득

종합소득은 다음과 같이 6가지로 구분된다. 종합소득이 있는 거주자는 다음의 종합소득을 모두 합산하여 익년도 5월 말까지 신고납부하여야 한다.

1) 이자소득
2) 배당소득

3) 사업소득(부동산임대소득 포함)
4) 근로소득
5) 연금소득
6) 기타소득

2. 퇴직소득

거주자의 퇴직으로 인하여 받는 소득을 말한다. 퇴직소득세율은 종합소득세율과 같다.

3. 양도소득

토지, 건물, 부동산에 관한 권리, 주식 및 출자지분 등 과세대상 자산의 양도로 발생하는 소득을 말한다. 양도소득세율은 자산의 종류, 보유기간 등에 따라 기본세율(종합소득세율)이 적용되기도 하고 단일세율이 적용되기도 한다.

3 종합소득공제

종합소득공제는 크게 인적공제, 연금보험료공제, 특별공제, 기타소득공제의 4가지로 나눌 수 있다. 이 가운데 특별공제는 원칙적으로 근로소득자에게만 해당되고, 근로소득자가 아닌 경우에는 표준공제만 적용받을 수 있다.

4 세액공제

1) 근로소득세액공제
2) 자녀세액공제
3) 연금계좌세액공제
4) **특별세액공제**
   ① 보험료세액공제
   ② 의료비세액공제
   ③ 교육비세액공제

④ 기부금세액공제
⑤ 표준세액공제

근로소득자(성실사업자 포함)	성실신고확인대상사업자
연 13만 원(12만 원)	연 7만 원

5 신고납부기한

해당 과세기간의 종합소득금액이 있는 거주자는 종합소득 과세표준과 세액을 과세기간의 다음 연도 5월 1일부터 5월 31일까지 납세지 관할 세무서장에게 신고하고 납부하여야 한다.

6 과세표준 확정신고의 면제

① 근로소득만 있는 자
② 퇴직소득만 있는 자
③ 공적연금소득만 있는 자
④ 연말정산이 되는 사업소득만 있는 자 등

7 신연금소득의 종류

1) 공적연금소득

① 국민연금법에 따라 받는 각종 연금
② 공무원연금법, 군인연금법, 사립학교교직원연금법, 별정우체국법 또는 국민연금과 직역연금의 연계에 관한 법률에 따라 받는 각종 연금
③ 국민연금과 직역연금의 연계에 관한 법률에 따라 받는 연계노령연금·연계퇴직금

2) 사적연금소득

소득의 성격에도 불구하고 연금계좌(연금저축계좌 또는 퇴직연금계좌)에서 연금형태로 인출하는 경우의 연금을 말한다.
① 퇴직소득 과세이연분
② 연금계좌 자기납입분으로서 세액공제를 받는 금액
③ 연금계좌 발생 운용수익
④ 연금계좌에 이체 또는 입금된 금액 중 과세이연된 금액
⑤ 기타 연금형태로 받는 위와 유사한 소득

8 퇴직소득의 종류

① 공적연금 관련법에 따라 받는 일시금
② 사용자 부담금을 기초로 하여 현실적인 퇴직을 원인으로 지급받는 소득
③ 위와 유사한 다음의 소득
   가. 위 ①의 소득을 지급하는 자가 퇴직소득의 일부 또는 전부를 지연하여 지급하면서 지연지급에 대한 이자와 함께 지급하는 경우 해당 이자
   나. 과학기술인공제회법에 따라 지급받는 과학기술발전장려금
   다. 건설근로자의 고용개선 등에 관한 법률에 따라 지급받는 퇴직공제금

제2장 금융소득 종합과세

1 금융소득종합과세의 의의

금융소득종합과세란 금융소득의 합계액이 2천만 원을 초과하는 경우에 그 초과 금액을 다른 종합소득과 합산하여 누진세율을 적용하여 과세하는 제도를 말하는 것으로, 여기서 금융소득이란 이자소득과 배당소득을 말한다.

금융소득종합과세대상 여부를 판정하는 금액을 기준금액이라 하는데, 현재 기준금액

은 2천만 원이다. 따라서 2천만 원까지는 14%의 원천징수세율로 분리과세되고, 2천만 원 초과분에 대하여만 종합과세하는 것이다.

② 소득세법상 이자소득의 종류

① 국가 또는 지방자치단체가 발행한 채권 또는 증권의 이자와 할인액
② 내국법인이 발행한 채권 또는 증권의 이자와 할인액
③ 국내에서 받는 예금(적금·부금·예탁금과 우편대체)의 이자와 할인액
④ 상호저축은행법에 의한 신용계 또는 신용부금으로 인한 이익
⑤ 외국법인의 국내지점 또는 국내영업소에서 발행한 채권이나 증권의 이자와 할인액
⑥ 외국법인이 발행한 채권 또는 증권의 이자와 할인액
⑦ 국외에서 받는 예금의 이자
⑧ 채권 또는 증권의 환매조건부 매매차익
⑨ 저축성보험의 보험차익
⑩ 직장공제회 초과반환금
⑪ 비영업대금의 이익
⑫ 위와 유사한 소득으로서 금전의 사용에 따른 대가의 성격이 있는 것
⑬ 위의 어느 하나에 해당하는 소득을 발생시키는 거래 또는 행위와 자본시장법에 관한 법률에 의한 파생상품이 일정한 요건으로 결합된 경우 해당 파생상품의 거래 또는 행위로부터의 이익

③ 배당소득의 종류

① 내국법인으로부터 받는 이익이나 잉여금의 배당 또는 분배금과 상법의 규정에 의한 건설 이자의 배당
② 법인으로 보는 단체로부터 받는 배당 또는 분배금
③ 의제배당

④ 법인세법에 의하여 배당으로 처분된 금액
⑤ 국내 또는 국외에서 받는 집합투자기구로부터의 이익
⑥ 외국법인으로부터 받는 이익이나 잉여금의 배당 또는 분배금과 당해 외국의 법률에 의한 건설 이자의 배당 및 이와 유사한 성질의 배당
⑦ 국제조세조정에 관한 법률의 규정에 따라 배당받은 것으로 간주된 금액
⑧ 출자공동사업자에 대한 손익분배비율에 상당하는 금액
⑨ 위의 제①호부터 제⑦호까지의 소득과 유사한 소득으로서 수익분배의 성격이 있는 것
⑩ 위의 제①호부터 제⑨호까지의 규정 중 어느 하나에 해당하는 소득을 발생시키는 거래 또는 행위와 자본시장과 금융투자업에 관한 법률에 의한 파생상품이 일정한 요건으로 결합된 경우 해당 파생상품의 거래 또는 행위로부터의 이익
⑪ 동업기업과세특례에 따른 동업자의 배당소득

4 비교과세제도

1) 비교과세제도의 의의
금융소득이 2천만 원을 초과하는 종합과세의 경우 세액계산방법은 일반적인 세액계산방식과 다소 다른 비교과세방식을 택하고 있다.

즉, 금융소득에 대해서는 종합과세가 되더라도 최소한 14%의 원천징수세율만큼은 부담하도록 하기 위한 방법으로 비교과세방식에 의한 산식이 만들어진 것이다.

2) 산출세액 : 다음 A, B 중 큰 금액을 산출세액으로 한다.
A : [(기준금액초과 금융소득 + 기타의 종합소득 – 소득공제) × 기본세율] + (기준 금액) × (9%, 14%)

B : (기타의 종합소득 – 소득공제) × 기본세율 + (모든 금융소득) × (9%, 14%, 25%)

제3장 양도소득세

① 과세대상

1. 토지

2. 건물

3. 부동산에 관한 권리
: 부동산을 취득할 수 있는 권리, 부동산을 이용할 수 있는 권리

4. 주식 또는 출자지분
1) 상장법인의 주식으로서 대주주가 양도하는 것과 증권시장 밖에서 양도하는 것
2) 비상장법인의 주식

5. 기타자산
1) 사업용 고정자산과 함께 양도하는 영업권
2) 특정시설물 이용권·회원권
3) 특정법인의 주식 등
   ① 부동산 등 소유비율이 50% 이상인 법인의 주식일 것
   ② 주식 등의 소유비율이 50% 이상일 것
   ③ 3년간 주식 등 양도비율이 50% 이상일 것
4) 부동산 과다보유법인의 주식 등
   ① 부동산 등 자산의 비율이 80% 이상인 법인인 것
   ② 골프장 등의 업종을 영위하는 법인일 것

6. 파생상품 등의 거래 또는 행위로 발생하는 소득(2016년부터 시행)

② 양도소득세 계산

1. 양도차익의 계산

양도차익 = 양도가액 − 취득가액 − 기타의 필요경비

2. 양도소득금액의 계산

양도소득금액 = 양도차익 − 장기보유특별공제액

3. 과세표준금액과 산출세액의 계산

산출세액 = 과세표준금액 × 양도소득세율
= (양도소득금액 − 양도소득 기본공제) × 양도소득세율

③ 이월과세와 부당행위계산의 비교

구분	이월과세	부당행위계산의 부인
납세의무자	수증자	증여자
조세부담의 부당감소 여부	조세부담의 부당감소가 없어도 적용	조세부담이 부당히 감소된 경우에만 적용
증여자와 수증자와의 관계	배우자, 직계존비속	특수관계인
대상자산	토지, 건물, 특정시설물 이용권	양도소득세 과세대상 자산
적용기간	수증일로부터 5년 이내 양도	수증일로부터 5년 이내 양도
증여세의 처리	필요경비로 공제	부과하지 않음(환급)
연대납세의무	없음	있음

④ 1세대 1주택의 양도

1세대 1주택이라 함은 거주자 및 그 배우자가 그들과 동일한 주소 또는 거소에서 생계

를 같이하는 가족과 함께 구성하는 1세대가 양도일 현재 국내에 1주택을 보유하고 있는 경우로서 당해 주택의 보유기간이 2년 이상인 것을 말한다. 다만, 소득세법상 고가주택에 해당하는 경우에는 1세대 1주택에 해당한다 하더라도 양도소득세 전부를 비과세하는 것이 아니고 일정부분에 대해서는 양도소득세를 과세한다.

1) 1세대 2주택의 비과세특례
① 대체취득을 위한 일시적인 2주택 비과세 특례
② 상속으로 인한 1세대 2주택 비과세 특례
③ 합가로 인한 일시적인 1세대 2주택 비과세 특례

2) 보유기간의 제한을 받지 않는 경우
① 건설임대주택을 분양받아 양도하는 경우
② 공공사업용으로 양도·수용되는 경우
③ 해외이주로 세대전원이 출국함으로써 비거주자가 된 상태에서 양도하는 경우
④ 취학 등의 사유로 세대전원이 다른 시·군으로 주거 이전함에 따라 양도하는 경우

제4장 상속·증여세

1 상속세 계산시 인적공제

1) 기초공제
거주자 또는 비거주자의 사망으로 상속이 개시되는 경우에는 상속세과세가액에서 2억 원을 공제한다.

2) 배우자상속공제
배우자상속공제액 : MIN[①, ②, ③]
① 배우자가 실제 상속받은 금액
② [상속재산가액 × 배우자의 법정상속지분비율 × 상속재산에 가산한 증여재산 중 배우자에게 증여한 재산에 대한 과세표준]

③ 30억 원

배우자상속공제액은 배우자가 실제 상속받은 재산이 없거나 상속받은 가액이 5억 원 미만인 경우에는 5억 원을 공제한다.

3) 기타 인적공제
① 자녀공제 : 1명당 5천만 원
② 미성년자공제 : 20세가 될 때까지의 연수 × 1,000만 원
③ 연로자공제(60세 이상) : 1명 당 5천만 원
④ 장애인공제 : 기대여명의 연수 × 1,000만 원

4) 일괄공제
기초공제와 기타인적공제의 합계액이 5억 원에 미달하는 경우에는 일괄공제 5억 원을 선택할 수 있다. 다만 피상속인의 배우자가 단독으로 상속받는 경우에는 일괄공제 5억 원을 선택할 수 없으며, 기초공제와 기타인적공제를 각각 적용받아야 한다.

❷ 증여세 계산시 증여재산공제액

1) 배우자 : 6억 원
2) 직계존속 : 5천만 원 (단, 미성년자 : 2천만 원)
3) 직계비속 : 5천만 원
4) 기타 친족공제(6촌 이내의 혈족, 4촌 이내의 인척) : 1,000만 원

❸ 과세최저한

상속세의 과세최저한과 마찬가지로 증여세의 과세표준이 50만 원 미만인 경우에는 증여세를 부과하지 아니한다.

제5장 취득세 · 재산세 · 종합부동산세

1 취득세 과세대상

취득세는 토지, 건축물, 차량, 기계장비, 입목, 항공기, 선박, 광업권, 어업권, 골프회원권, 콘도미니엄 회원권, 승마 회원권, 요트 회원권 및 종합체육시설 이용회원권의 취득에 대하여 당해 취득물건 소재지의 도에서 그 취득자에게 과세한다.

2 취득세 납세의무자

취득세 납세의무자는 취득세 과세대상 재산의 취득자인데, 이는 사실상의 취득자와 간주취득자로 나눌 수 있다.

1. **사실상 취득자** : 사실상 취득자는 부동산, 차량, 기계장비 등을 취득한 자로서 각종 법률에서 정하는 등기 또는 등록을 이행하지 않더라도 사실상 취득한 경우 이에 포함된다.
2. **간주취득자** : 간주취득에는 주체 구조부 간주취득, 토지 지목변경 등의 간주취득, 주식 과점주주의 간주취득 및 조합주택용 부동산의 간주취득 등이 있다.

3 투재산세 과세대상 및 납세의무자

재산세 과세기준일(매년 6월 1일) 현재 토지, 건축물, 선박 및 항공기를 사실상 보유하고 있는 자는 재산세를 납부할 의무가 있다. 주택의 건물부분과 토지부분의 소유자가 각각 다른 경우에는 당해 주택에 대한 재산세 산출세액을 건축물과 부속토지의 시가표준액 비율로 안분한 부분에 대하여 각각 그 소유자를 납세의무자로 본다. 재산세의 납세지는 과세대상 부동산의 소재지를 관할하는 시 · 군 · 구이다.

④ 투종합부동산세 과세대상 및 납세의무자

종합부동산세는 지방세법상 재산세 과세대상 재산 중 주택과 토지를 과세대상으로 한다. 따라서 매년 6월 1일(과세기준일) 현재 주택과 토지를 보유하고 있는 개인 또는 법인으로서 종합부동산세 과세 기준금액을 초과하여 보유하는 자가 종합부동산세를 납부할 의무가 있다.

=세액공제=

항목	구 분			공제한도	공제요건
세액공제	근로소득세액공제			총 급여액에 따라	산출세액 130만 원 이하 분 55%, 130만 원 초과분 30% 공제 ※공제한도 : 총 급여액 3,300만 원 이하(74만 원), 7천만 원 이하(66만 원), 그 외(50만 원)
	자녀	7세 이상(단, 7세 미만 취학아동은 포함)		전액	기본공제대상 자녀 중 7세 이상 자녀가 2명 이상인 경우 1명을 초과하는 1명당 15만 원
		출산·입양		전액	출산 입양한 자녀의 순서에 따라 첫째 30만 원, 둘째 50만 원, 셋째 이상 70만 원
	연금계좌			연 105만 원	연금계좌납입액(연 700만 원 한도, 연금저축은 총 급여 1억2천만 원 또는 종합소득금액 1억 원 이하 400만 원, 초과자 300만 원 한도)의 12%(총 급여액 55백만 원 이하는 15%)를 세액공제
	특별세액공제	보험료	보장성	연 12만 원	기본공제대상자 피보험자: 보장성보험 납입액의 12%를 세액공제
			장애인전용 보장성	연 15만 원	기본공제대상자 장애인 피보험자 또는 수익자(장애인 전용 보장성보험) 납입액의 15%를 세액공제
		의료비	본인 등 (난임시술비 포함)	전액	의료비 지출액이 총 급여액 3%를 초과하는경우 그 초과 금액의 15%(난임시술비는 20%)를 세액공제 부양가족의 나이·소득 제한없음
			부양가족	연 105만 원	공제대상금액 | 총급여액3% | 총급여액3% | ①-(총 급여액 3%-②) | ①+(②-총 급여액 3%) ※공제대상금액 한도: 부양가족(연 700만 원), 본인 등(전액)

세액공제	특별세액공제	교육비	취학 전 아동	1명당 45만 원	교육비 지출액의 15%를 세액공제 ※나이 제한 없음(직계존속 제외)	보육비용, 유치원비, 학원·체육시설 수강료, 방과 후 수업료(교재대 포함, 재료비 제외), 급식비 : 1명당 300만 원 한도
			초·중·고생			교육비, 학교급식비, 교과서대, 방과 후 학교 수강료(교재대 포함, 재료비 제외), 국외 교육비, 교복구입비(중·고생 50만 원 이내), 체험학습비(초·중·고생 30만 원 이내) : 1명당 300만 원 한도
			대학생	1명당 135만 원		교육비(사이버 대학 및 학위취득과정 포함), 국외 교육비 : 1명당 900만 원
			근로자 본인	전액× 15%		대학·대학원 1학기 이상의 교육과정 교육비, 직업능력개발훈련 수강료, 학자금 대출 상환액
			장애인 특수교육비	전액× 15%		기본공제대상자인 장애인의 재활교육을 위해 지급하는 비용 *소득금액 제한 없으며, 직계존속도 공제 가능
		기부금	① 정치자금공제 10만 원 이하		[공제대상한도] 소득금액 * 100%	10만 원 이하분 100/110 세액공제
			① 정치자금공제 10만 원 초과			10만 원초과 15% (3천만 원 초과분 25%)
			② 법정	한도 내 전액	(근로소득금액-①) * 100%	기부금별 한도 내 공제대상금액 (min①,②) ① 1천만 원 이하분 15% + 1천만 원 초과분 30% ② 한도 : 종합소득 산출세액 - 필요경비 산입 기부금 있는 경우 사업소득산출세액
			③ 우리사주		(기준소득금액-①②) * 30%	
			④ 지정(종교 외)		(기준소득금액-①②③) * 30%	
			⑤ 지정(종교)		[(기준소득금액-①②③) * 10%+(기준소득금액-①②③) * 20%]와 종교단체 외에 지급한 금액 중 적은 금액	
		표준세액공제		연 13만 원	특별소득공제, 특별세액공제 및 월세액 세액공제를 신청하지 아니한 경우 ※특별소득공제 등 공제세액이 연 13만 원 보다 작은 경우에 적용	

세액공제	납세조합	전액	납세조합에 의해 원천징수된 종합소득산출세액의 5%를 세액공제
	외국납부세액	한도 내 전액	※공제한도 = 근로소득산출세액×(국외근로소득금액/근로소득금액)
	월세액세액공제	연 75만 원	총급여액 7천만 원 이하의 무주택 세대의 세대주인 근로자(기본공제 대상자가 계약한 경우 포함)가 국민주택규모 주택(오피스텔, 고시원 포함)을 임차하기 위해 지급하는 월세액(연 750만 원 한도)의 10%(종합소득금액 4,000만 원 이하 근로자 12%)를 세액공제

=세액공제=

항목	구 분	공제 한도	공 제 요 건
인적공제	기본공제	1명당 150만 원	본인, 배우자 및 생계를 같이하는 부양가족으로 연간소득금액 100만 원(근로소득만 있는 자는 총급여액 500만 원)이하인 경우 | 부양가족	직계존속	직계비속	형제·자매	위탁아동	수급자
---	---	---	---	---	---
나이 요건	60세 이상	20세 이하	60세 이상 20세 이하	18세 미만	없음	 *장애인의 경우 나이 요건 제한 없음
	추가공제	대상별 차이		공제대상	경로우대 (70세 이상)	장애인	부녀자 (부양/기혼)	한부모
---	---	---	---	---
공제금액	100만 원	200만 원	50만 원	100만 원	 *한부모 공제는 부녀자공제와 중복적용 배제 (중복 시 한 부모 공제 적용)
연금보험료	공적연금보험료	전액	본인이 부담한 국민연금 또는 공무원연금 등 보험료
특별소득공제	건강고용보험료	전액	본인이 부담한 건강보험료(노인장기요양보험료포함) 및 고용보험료
	주택자금 - 주택임차 차입금	연 300만 원 한도	무주택세대주(세대원)의 주택 임차차입금 원리금 상환액의 40% 공제 ※주택마련저축 공제와 합하여 연 300만 원 한도
	주택자금 - 장기주택 저당 차입금	연300만 원 ~1,800만 원 한도	무주택 또는 1주택 보유 세대주(세대원)의 상환기간 15(10)년 이상인 장기주택 저당차입금의 이자 상환액을 100% 공제
소득공제 종합한도		연 2,500 만 원	소득세법상 특별공제단, 국민건강보험법, 고용보험법, 노인장기요양보험법에 따라 근로자가 부담하는 보험료 제외)와 조특법상의 공제금액 합계액이 소득공제 종합한도 대상

제3편 보험 및 은퇴설계

제1장 보험설계

1 위험관리방법

	위험통제기법			
		위험보유		
	손해통제기법		위험재무기법	

위험회피 : 고빈도·고강도위험	손해빈도통제	손해강도통제	자체조달
			• 위험기금
			• 경상비:
			  고빈도·저강도위험
			  저빈도·저강도위험
				외부조달
				• 차입
				• 보험 : 고빈도·고강도 위험

2 보험의 이해

1. 보험의 기본원칙
수지상등의 원칙, 급부반대급부 균등의 원칙, 대수의 법칙, 실손보상의 원칙

2. 보험료의 구성 원리
① 보험료 계산의 기초 : 예정위험률, 예정이율, 예정사업비율
예정위험률↓→ 사망보험료↓·생존보험료↑, 예정이율↓→ 보험료↑, 예정사업비율↓→ 보험료↓, 보험기간이 길수록 납입기간이 짧을수록 보험료 변동폭이 큼,

순수보장형보다 만기환급형 보험료의 변동폭이 큼

② 보험료의 구성
▶ 순보험료 : 예정위험률과 예정이율을 기초로 산출, 위험보험료와 저축보험료
▶ 부가보험료 : 예정사업비율을 기초로 산출, 신계약비, 유지비, 수금비

3. 보험계약의 체결
① 주요 특성 : 불요식 낙성계약, 유상 쌍무계약, 사행계약, 부합계약
② 보험약관의 해석원칙 : 신의성실의 원칙, 계약당사자 의사우선의 원칙, 작성자 불이익의 원칙
③ 보험약관의 교부·설명 의무, 고지의무와 통지의무

4. 보험료의 납입
계약자의 보험료 지급 의무, 제1회 보험료를 받은 때로부터 책임, 책임개시일 = 보험계약일

5. 보험금의 지급
① 보험회사의 주된 의무 : 만기보험금 및 중도보험금, 사망보험금, 장해보험금
② 보험금을 지급하지 않는 보험사고 : 피보험자가 고의로 자신을 해친 경우, 보험수익자가 고의로 피보험자를 해친 경우, 계약자가 고의로 피보험자를 해친 경우
③ 소멸시효 : 보험금 청구권, 보험료 또는 환급금 반환청구권은 3년

③ 보험상품의 이해

구 분	생명보험	제3보험	손해보험
보험사고	사람의 생존·사망	신체의 상해·질병·간병	재산상의 손해
피보험이익	없음	원칙적으로 없으나 일부 인정	존재

중복보험(보험가액초과)	없음	실손보상부에는 존재	존재
보상방법	정액보상	정액보상, 실손보상	실손보상
피보험자(보상대상자)	보험사고의 대상	생명보험과 동일	손해 보상을 받을 권리가 있는 자
보험기간	장기	장기	단기

① 생명보험 : 연금보험, 교육보험, 어린이보험, 종신보험, CI보험, 유니버셜보험(보험료 추가납입, 보험금 중도인출 가능), 변액보험(투자실적에 따라 보험금과 해약환급금 변동, 기본보험계약과 변동보험계약)

일반보험과 변액보험의 비교

구 분	일반보험상품	변액보험상품
보험금	보험가입금액 (보험금 확정 또는 공시이율 연동)	투자실적에 따라 변동 (최저사망보험금·최저연금적립금 보증)
예금자 보호	예금자보호법 적용대상	최저보증만 적용
투자위험부담	보험회사	보험계약자
자산운용	일반계정	특별계정
적용이율	공시이율(예정이율)	실적배당률

② 제3보험 : 상해보험, 질병보험(질병보험, 단독의료실비보험, 암보험), 간병보험
③ 손해보험 : 화재보험(주택화재보험, 화재보험, 특수건물 화재보험), 특종보험(배상책임보험, 도난보험, 여행보험), 장기손해보험, 자동차보험

④ 공적보장제도

① 국민건강보험 : 강제성, 보험료 차등부과, 보험급여의 균등한 수혜, 보험료 납부의 강제성
② 노인장기요양보험 : 재가급여, 시설급여, 특별현금급여
③ 산업재해보상보험 : 무과실책임, 재해보상 책임면제, 사업주 전액부담, 정액·정률 보상

5 보험관련 세무

① 금융소득종합과세 : 개인별 연간금융소득이 2천만 원을 초과하는 경우 금융소득을 다른 소득과 합산하여 종합소득세율로 누진과세 하는 제도
② 보험차익에 대한 과세 : 만기 10년 이상인 저축성 보험은 이자소득세 비과세
③ 상속증여세제 : 보험금 수령인과 보험료 납부자가 다른 경우 보험금 상당액을 보험금 수령인의 증여재산가액으로 함

6 보험상담 프로세스

① 가망고객 발굴 : 접근이 가능한 사람, 보험에 니즈가 있는 사람, 보험료 납입 능력이 있는 사람, 가입자격을 갖춘 사람
② 고객접근 : 고객 유형별 핵심 니즈(needs), 고객성향확인 질문, 다음단계 유도질문
③ 정보수집 및 분석 : 개방형 질문, 대화의 일시적 멈춤, 현상파악 질문, 투시화법, 요점화법
④ 프리젠테이션과 계약체결 : 계약체결 기법(승낙 추정법, 양자택일법, 행동 유도법)
⑤ 증권전달 및 소개확보 : 축하인사, 가입목적 재확인, 보험증권 및 약관설명, 소개요청
특정시장 발굴 : 비슷한 성향을 가진 고객 집단의 특징, 접근요령, 상담요령, 고객관리 요령

제2장 은퇴설계

1 은퇴설계 기본이해

① 은퇴설계 : 근로소득이 없는 은퇴 이후의 삶을 행복하게 영위하기 위해 재무적인 요소와 비재무적인 요소를 균형 있게 설계하는 것

② 은퇴환경 변화 : 기대수명 증가, 고령화 전망
③ 고령화에 따른 문제점 : 노후준비 부족, 노후빈곤 문제, 의료비 증가, 장기 간병 문제
④ 노후에 대한 인식 전환 : 성인발달학의 관점, 액티브 에이징, 제3기 인생, 앙코르 커리어, 종활
⑤ 은퇴생활 위험요소 : 장수리스크, 인플레이션 리스크, 노후 건강 리스크
⑥ 은퇴자금 설계 주요 포인트 : 은퇴 크레바스 극복 전략, 목적별 계좌로 자금 관리 및 인출 전략, 부동산 리스크를 인식하여 자산구조 재조정, 부부 중심의 은퇴설계, 노후 필수 자금 확보(노후 생활비, 의료비, 장기 간병비용)
⑦ 은퇴설계의 비재무적 요소 : 은퇴 이후 변화 인식, 가족 관계망 개선, 고령자 주거, 사회활동과 시간활용, 웰 다잉
⑧ 연령대별 은퇴설계

❷ 은퇴 관련 제도의 이해

1. 우리나라 노후소득보장 체계

사적연금제도	3층	개인연금제도(1994년)		
	2층	퇴직연금제도(2005년)	개인형 퇴직연금 가입 가능 (2017년 7월부터)	
공적연금제도	1층	국민연금제도(1988년)		특수직역연금제도
대상		근로자	자영업자	공무원 등

공적부조	국민기초생활보장제도 (저소득층 대상, 2000년)	기초연금제도 (65세 이상 고령자 대상, 2000년)

① 국민연금제도 : 만 18세~60세 미만 국민, 최소 가입기간 10년을 채우면 연금 수급권 발생, 수급개시연령 만 60~65세부터 노령연금 수령

② 특수직역연금제도 : 공무원연금(퇴직급여, 유족급여, 재해보상급여, 퇴직수당, 재해보상급여, 부조급여 등, 퇴직연금은 10년 이상 재직하고 퇴직한 공무원, 지급개시 연령은 60~65세), 사학연금, 군인연금(복무기간 20년 이상 퇴역 후 바로 퇴역연금 지급)

③ 퇴직연금제도

구 분	확정급여형(DB)	확정기여형(DC)	개인퇴직계좌(IRA)
개 요	-퇴직 시 지급할 급여수준·내용을 노사가 사전에 약정 -사용자가 적립금 운용방법을 결정 -근로자가 퇴직 시 사용자는 사전에 약정된 퇴직급여를 지급	-기업이 부담할 기여금 수준을 노사가 사전에 확정 -근로자가 적립금 운용방법을 결정 -근로자가 일정연령에 도달하면 운용 결과에 따라 퇴직급여를 지급	-근로자 직장이전시 퇴직연금 유지를 위한 연금통산장치 또는 10인 미만 사업체적용 -근로자가 적립금 운용방법을 결정
기업부담	-적립금 운용결과에 따라 기업 부담 변동	-매년 기업의 부담금은 근로자 임금의 일정 비율로 확정 (가입자의 연간 임금총액의 12분의 1에 해당하는 금액 이상)	-없음. 다만, 10인 미만 사업체는 DC와 동일
퇴직급여	-근로기간과 퇴직 시 임금수준에 따라 결정(계속근로기간 1년에 대하여 30일분의 평균임금에 상당하는 금액 이상)	-자산운용실적에 따라 퇴직급여 수준이 변동	-좌동
제도간 이전	-복잡	-직장이동 시 이전 용이	-연금이전 용이
적합한 기업·근로자	-도산 위험이 없고, 정년 보장 등 고용이 안정된 기업	-연봉제 도입기업 -체불위험이 있는 기업 -직장이동이 빈번한 근로자	-퇴직일시금 수령자 및 소규모 기업 근로자

④ 개인연금제도

구 분	연금저축계좌(세액공제)			연금보험	
	신탁	펀드	보험	변액연금	일반연금
취급	은행	증권사	생·손보사	생보사	

근거법	소득세법			보험업법	
	실적배당형		금리연동형		
	2017년까지 가입: 원금보장 2018년부터 가입: 원금비보장	원금비보장	최저이율 보증	실적배당형	금리연동형
예금자보호	5천만 원	×	5천만 원	×	5천만 원
수수료 부담	가입자(= 계약주체)				

③ 은퇴설계 프로세스

① 1단계 : 고객과의 관계 정립 및 정보 수집
   면담, 질문지를 이용한 정보수집, 목표의 구체화(명확화, 수치화), 라이프 이벤트 표 작성
② 2단계 : 고객 현황 분석 및 은퇴설계 제안
   현금흐름표, 대차대조표 분석, 보장분석, 금융자산 포트폴리오 분석, 세금 분석
③ 3단계 : 실행 지원 및 사후관리

제4편 금융자산 투자설계

제1장 금융상품의 이해

1 주택청약 관련 금융상품

1) 주택청약예금
주택청약예금은 민영주택 또는 전용면적 60초과 ~ 85이하의 민간건설 중형국민주택의 청약순위가 주어지는 입주자저축으로 가입 후 1년 단위로 자동 재 예치되는 정기예금 형태의 청약상품을 말한다.

2) 주택청약부금
주택청약부금은 전용면적 85이하의 민영주택 또는 60초과 ~ 85이하의 민간건설 중형국민주택 청약순위를 부여받는 입주자저축으로 계약기간이 있는 정기적금 형태의 적립식 청약상품이다. 매월 일정한 금액을 정하여 납입하는 정액적립식과 자유롭게 납입하는 자유적립식 형태가 있다.

3) 주택청약저축
주택청약저축은 국민주택이나 전용면적 60초과 ~ 85이하의 민간건설 중형국민주택을 분양 또는 임대받을 수 있는 청약순위가 부여되는 자유적립식 정기적금 형태의 입주자저축으로 저축금액의 단위는 5천 원이며 매월 2만 원 이상 10만 원 범위 내에서 자유롭게 납입할 수 있다. 청약저축은 가입 신청 시에 가입자로부터 주민등록표등본을 제출 받아 무주택세대의 구성원임을 확인하여야 하며 별도의 만기가 없고 계약기간은 가입한 날로부터 입주자로 선정된 날까지로 한다.

4) 주택청약종합저축

주택청약종합저축은 2009년 5월 출시된 새로운 형태의 입주자저축으로 공공 및 민영주택에 모두 청약할 수 있는 적립식 형태의 입주자저축이다. 주택청약종합저축은 연령인 세대주 여부와 관계없이 실명의 개인이면 누구든지 가입이 가능하며 주택청야부금과 주택청약저축의 특징을 함께 가지고 있다.

② 집합투자의 특징

① 공동투자 및 전문가에 의한 대행투자(간접투자)
② 실적배당의 원칙
③ 분산투자와 운용의 독립성
④ 자산보관 및 관리의 안전성

③ 투자자보호제도 및 영업실무

「자본시장법」은 투자실무와 관련하여 투자자보호제도를 선진화하고 강화하였다. 이를 위반하여 투자자에게 손해가 발생한 경우에는 금융회사에 불완전 판매로 인한 손해배상 의무를 부과하고 있으므로 영업실무에 있어 불완전판매가 발생하지 않도록 유의해야 한다.

1) 투자설명서의 교부 및 설명의무(Product Guidance)
2) 적정성의 원칙
3) 적합성의 원칙
4) 부당권유 행위의 금지

④ 구조화 상품의 정의

구조화 상품(Structured Products)이란 수익구조나 원금보장 범위 등을 일정한 형태로 구조화(Structuring)하여 만든 금융상품으로 증권사에서 발행하는 ELS(Equity

Linked Securities), 은행에서 특정금전신탁 형태로 판매하는 ELT(Equity Linked Trust) 그리고 자산운용회사에서 펀드 형태로 만들어 판매하는 ELF(Equity Linked Fund) 등을 말한다.

제2장 주식투자의 이해

1 투자의 3요소

① 수익성 : 투자의 목적은 현재의 경제적 희생을 감수해 미래에 보다 큰 수익을 얻는 것이다. 따라서 투자 기간 내 가장 높은 수익을 줄 투자 대상을 찾게 된다.
② 안정성(위험) : 미래 수익에 대한 불확실성 정도를 나타내며 투자자마다 안정성(위험) 수용 수준이 투자 대상 선택의 중요한 요인이 된다.
③ 유동성 : 투자 자산의 현금화 가능성 정도를 가늠할 수 있는 척도로서 일반적으로 부동산보다 금융자산에 대한 투자가 유동성이 높다.

2 주식투자 접근방법

1) 기본적 분석

기본적 분석은 해당 기업의 주가가 장기적으로 기업의 내재가치를 반영한다고 전제하고 그 기업의 내재가치를 분석하는 방법이다.
내재가치를 결정짓는 요인으로는 앞서 살펴본 기업의 수익가치, 자산가치, 성장성, 배당 성향, 재무제표에 관한 사항, 경영진의 경영능력이나 기술 수준 등 해당 기업의 내용뿐만 아니라 산업의 경쟁 구도, 경제 상황 등 제반 사항들이 있다.

2) 기술적 분석

기술적 분석은 과거의 증권가격 및 거래량의 추세와 변동 패턴에 관한 역사적 정보를 이용하여 미래 증권가격의 움직임을 예측하는 분석 기법이다.
이를 위해 기술적 분석은 기업의 수익성과 자산 등 내재가치보다는 과거의 주가, 거래량과 같은 시장자료(market data)를 나타내는 차트(chart)에 의존한다. 기술적 분석에서 오랜 기간의 각종 차트를 통해 얻고자 하는 것은 패턴과 추세로, 이를 분석함으로써 매매 시점을 포착하는 것을 목적으로 한다.

③ 투자위험을 고려한 성과평가

1) 샤프지수
▶ 샤프지수 = (포트폴리오 수익률 − CD금리) ÷ 포트폴리오 수익률의 표준편차
샤프지수는 값이 클수록 유망한 것으로 평가된다. 샤프지수가 높은 포트폴리오는 투자위험(표준편차)을 감수하면서도 그만큼 높은 초과수익률이 발생하기 때문에 포트폴리오 성과 또한 높게 나타날 가능성이 커진다.

2) 트레이너지수
통상적으로 트레이너 지수가 높을수록 펀드 성과가 좋은 것으로 평가한다.
▶ 트레이너지수 = (포트폴리오 수익률 − CD금리) ÷ 포트폴리오 수익률의 베타 계수

3) 젠센지수
젠센지수 값이 높을수록 펀드의 성과가 우수함을 나타내고, 마이너스를 나타내면 시장 수익률보다 못함을, 0을 나타내면 특정 펀드에 대한 정확한 분석이 이루어졌음을 뜻한다.
▶ 젠센지수 = (펀드의 실현 수익률 − 무위험 이자율) − 포트폴리오 p의 베타 × (시장 수익률 − 무위험 이자율)

4) 정보비율
일반적으로 높은 정보비율은 펀드매니저의 투자기법이 탁월하다는 것을 의미하는 것으로 해석하지만 과연 어느 정도의 값이 높은 수준인가에 대해서는 이론적인 근거가 없다.
▶ 정보비율 = 초과수익률/비체계적 위험이 측정된 잔차표준편차

제3장 채권투자의 이해

1. 채권의 가격과 채권금리의 관계 (말킬의 채권가격정리)

① 채권가격은 수익률(이자율) 변동에 반비례한다.
② 채권의 잔존기간이 길수록 동일한 수익률 변동에 대한 가격 변동폭은 커진다.
③ 이자율 변동에 따른 채권가격 변동폭은 만기가 길수록 증가하나 그 증감률은 체감한다.
④ 만기가 일정할 때 이자율 하락으로 인한 채권가격 상승폭이 같은 폭의 이자율 상승으로 인한 가격하락 폭보다 크다.
⑤ 표면이자율이 낮은 채권이 높은 채권보다 일정한 수익률 변동에 따른 가격변동률이 크다.

2. 채권수익률의 위험구조와 기간구조

① 위험구조
 가. 만기가 동일한 경우 표면이자율이 낮을수록 이자율 변동에 대한 채권가격의 변동이 크다.
 나. 다른 조건이 동일할 때 만기가 갈수록 이자율 변동에 대한 채권가격 변동폭이 크다.
 다. 채권불이행위험이 높을수록 채권자들이 요구하는 수익률은 높아진다.
 라. 수의상환채권이란 발행자 입장에서 원하는 시점에서 상환이 가능한 채권으로 투자자에게 불리하므로 수익률은 수의상환 조항이 없는 일반채권의 수익률보다 높다. 특정 시점에서 채권 간의 수익률 차이를 수익률 스프레드라고 한다.
 바. 수익률 스프레드는 불경기일 때보다 호경기일 때 높은 수준을 나타낸다.
 사. 위험프리미엄에는 채무불이행위험, 유동성위험, 중도상환위험 등이 있다.

② 기간구조
  가. 기대이론에 의하면 투자자가 수익률 상승을 예상하면 수익률 곡선은 만기가 길어짐에 따라 상승세를 보인다.
  나. 유동성프리미엄 이론에 의하면 채권수익률은 예상 이자율에 유동성프리미엄을 가산한 개념이므로 기대이론에 입각한 수익률곡선보다 언제나 높다.
  다. 시장분할이론에 의하면 수익률곡선이 연속적이지 않다.

③ 채권의 투자운용전략

적극적 전략	소극적 전략
- 수익률 예측전략 - 채권교체전략 - 수익률곡선타기 전략 - 스프레드 운용전략	- 만기보유전략 - 사다리형만기전략 - 바벨형만기전략 - 인덱스펀드전략 - 채권면역전략 - 현금흐름 일치 전략

제4장 파생상품투자의 이해

① 파생상품의 활용

1. 선물
1) **의의** : 미래의 특정 시점에 정해진 가격으로 특정 자산을 사고팔기로 현재 시점에서 약정한 계약
2) **매입헷지(long hedge)** : 현물시장에서 매도포지션에 있는 투자자가 선물시장에서 매입포지션을 취하여 헷지하는 것임
3) **매도헷지(short hedge)** : 현물시장에서 매입포지션에 있는 투자자가 선물시장에서 매도포지션을 취하여 헷지하는 것임

2. 옵션

1) **의의**: 미리 정해진 기간 동안에 정해진 가격으로 특정 자산을 사거나(콜옵션) 팔 수 있는(풋옵션) 권리가 부여된 증권 또는 계약

2) **방비 콜(covered call)**: 콜옵션을 1개 매도함과 동시에 기초주식을 1주 매입하는 전략으로, 주가가 상승할 경우에 발생하는 콜옵션 매도의 손실을 주식매입의 이익으로 상쇄시켜서 일정한 이익을 얻을 수 있다.

3) **보호 풋(protective put)**: 주식을 1주 매입하고 그 주식을 기초자산으로 하는 풋옵션을 1개 매입하는 전략으로, 주가가 하락할 경우에 발생하는 주식매입의 손실을 풋옵션 매입의 이익으로 상쇄시켜서 손실을 한정시킬 수 있다.

4) **풋-콜 패리티(Put-Call Parity)**
   ① 동일한 기초주식과 만기 및 행사가격을 가지고 있는 콜옵션과 풋옵션의 가격은 균형 하에서 일정한 관계를 갖는 것을 말한다.
   ② 하나의 주식을 매입하고 이 주식에 대한 풋옵션 하나를 매입함과 동시에 동일한 행사가격을 갖는 콜옵션 하나를 발행한 경우 만기일에서의 포트폴리오의 가치는 주식가격의 변동에 관계없이 항상 행사가격이 된다.
   ③ 주식과 옵션을 적절히 결합함으로써 위험이 전혀 없는 무위험 헤지 포트폴리오를 구성할 수 있으며 이러한 포트폴리오의 수익률은 시장이 균형상태에 있을 때 무위험수익률과 같게 된다.

5) **옵션의 민감도 분석**
   ① 델타(Delta)는 기초자산의 가격변화에 대한 옵션의 가격변화를 나타내는 지표이다.
   ② 감마(Gamma)는 기초자산의 가격이 변함에 따라 옵션의 델타가 어떻게 변하는가를 나타내는 지표이다.
   ③ 쎄타(Theta)는 옵션 만기까지의 잔존기간이 줄어듦에 따른 옵션가격의 변화율을 나타내는 지표이다.
   ④ 베가(Vega)는 옵션의 가격이 기초자산의 변동성에 대해서 얼마나 민감한가를 나타내는 지표이다.
   ⑤ 로(Rho)는 이자율의 변화에 따른 옵션값의 변화를 나타내는 지표이다.

3. 스왑
1) **의의** : 두 거래당사자가 미래의 현금흐름을 일정 기간 동안 교환하기로 약정한 계약
2) **금리스왑** : 동일 통화로 표시된 채무를 부담하고 있는 두 당사자가 일정 기간 동안 이자를 교환하기로 약정하는 계약
3) **통화스왑** : 서로 다른 통화로 표시된 채무를 부담하고 있는 두 당사자가 이자뿐만 아니라 원금까지 교환하기로 약정하는 계약

2 투자설계 프로세스 6단계의 개요

① 고객 기본정보 파악, 재무목표, 투자우선순위, 투자기간 설정
② 고객 재무상황 파악, 경제 및 금융환경 분석
③ 자산 배분 전략을 포함한 투자정책서 작성
④ 투자 포트폴리오 수립 및 개별상품 선정
⑤ 투자실행
⑥ 투자성과 평가 및 수정

제5편 비금융자산 투자설계

제1장 부동산상담 사전 준비

1 부동산과 동산의 차이점

구분	부동산	동산
공시방법	등기	점유
권리변동	등기	인도(점유의 이전)
공신력	부인	인정(선의취득)
무주물 귀속	국유	선점자
제한물권의 범위	담보물권 중 저당권, 유치권 가능 용익물권 모두 가능	담보물권 중 유치권, 질권 가능 용익물건 모두 불가능
취득시효	• 미등기상태로 20년 점유 • 등기상태로 10년 점유	• 소유 의사로 10년 점유 • 선의 · 무과실로 5년 점유

2 「국토의 계획 및 이용에 관한 법률」상 분류 시 용도지역 · 용도지구 · 용도구역의 구분

구분	용도지역	용도지구	용도구역
개념	토지의 이용 및 건축물의 용도, 건폐율, 용적률, 높이 등을 제한함으로써 토지를 경제적 · 효율적으로 이용하고 공공 복리의 증진을 도모하기 위하여 서로 중복되지 아니하게 도시 · 군 관리 계획으로 결정하는 지역	토지의 이용 및 건축물의 용도 · 건폐율 · 용적률 · 높이 등에 대한 용도지역의 제한을 강화하거나 완화하여 적용함으로써 용도지역의 기능을 증진시키고 미관 · 경관 · 안전 등을 도모하기 위하여 도시 · 군 관리 계획으로 결정하는 지역	토지의 이용 및 건축물의 용도 · 건폐율 · 용적률 · 높이 등에 대한 용도지역 및 용도지구의 제한을 강화하거나 완화하여 따로 정함으로써 시가지의 무질서한 확산방지, 계획적이고 단계적인 토지이용의 도모, 토지이용의 종합적 조정 · 관리 등을 위하여 도시 · 군 관리 계획으로 결정하는 지역

지정 원칙	모든 토지에 지정(중복 불가)	필요한 토지에 지정(중복지정 가능)	필요한 토지에 지정(구역의 중복지정 불가. 단, 구역과 지역·지구의 중복지정은 가능)
지정 범위	전국 모든 토지 대상	용도지역 내 일부 토지 대상	용도지역·지구와 별도의 규모로 지정 가능

③ 단독주택과 공동주택의 주요 특징 비교

구분	주택 명	층수	세대수	연면적	기타
단독 주택	다중주택	3층 이하		330 이하	독립된 주거의 형태를 갖추지 아니함
	다가구주택	주택 부분이 3개 층 이하	19세대 이하	660 이하	3개 층 이하의 주택(분양 불가)
공동 주택	아파트	주택 부분이 5개 층 이상	무관	무관	20세대 이상일 경우 사업승인 대상임
	연립주택	4개 층 이하	무관	각 동의 바닥면적 이 660 초과	연립주택과 다세대 주택은 대부분 조 건이 동일하나 연면적 차이에 따라 구 분됨
	다세대주택	4개 층 이하	무관	각 동의 바닥면적 이 660 이하	

④ 주택임대차보호법

「주택임대차보호법」은 주거용 건물의 임대차에 관하여 「민법」에 대한 특례를 규정함으로써 국민 주거 생활의 안정을 보장함을 목적으로 주거용 건물의 전부 또는 일부의 임대차에 관하여 이를 적용한다. 임차주택의 일부가 주거 외의 목적으로 사용되고 있는 경우에도 이 법을 적용한다.

1) 「주택임대차보호법」의 판단기준

① 공부상의 표시만을 기준으로 하는 것이 아니라 실지용도에 따라 판단
② 주된 용도가 주거용 또는 비주거용인지 여부
③ 겸용주택의 경우 일정 면적 이상 주거용으로 사용할 것
④ 유일한 주거 수단인지 여부

⑤ 주거용인지 여부는 임대차계약 체결 시점 기준으로 판단
단, 계약체결 후 임대인의 동의를 얻어 주택으로 개조한 경우에는 주거용으로 인정

2) 「주택임대차보호법」의 적용대상
① 등기, 미등기, 무허가건물, 불법건축물 여부 불문
② 가건물(비닐하우스 제외)
③ 상가, 공장 등을 주거용으로 용도 변경한 건물

⑤ 상가건물 임대차보호법

1) 「상가건물 임대차보호법」의 의의
상가건물임대차의 공정한 거래질서를 확립하고 영세 상인들이 안정적으로 생업에 종사할 수 있도록 임대료의 과도한 인상을 방지하고 세입자의 권리를 보장하기 위해 제정된 법률이다.

2) 「상가건물 임대차보호법」상 보호 대상 임차인
① 상가건물로서 사업자등록이 대상이 되는 영업용 건물의 임대차에 적용된다.
단, 동창회 사무실이나 종교단체·자선단체·친목 모임 사무실 등 비영리 단체의 건물에는 적용되지 않는다.
② 환산보증금 이내인 임차인 : 상가건물 임차계약에 환산보증금[=임차보증금+(월차임×100)] 금액이 지역별 한도 이내인 임대차 계약일 때 적용된다.

지 역	환산보증금 범위
서울	9억 원 이하
과밀억제권, 부산	6.9억 원 이하
광역시(부산, 인천 제외) 안산, 용인, 김포, 광주, 세종, 파주, 화성	5.4억 원 이하
그 밖의 지역	3.7억 원 이하

③ 계약갱신요구권 : 상가건물 임대차보호법 제10조 (계약갱신 요구 등)

2. 임대인은 임차인이 임대차 기간이 만료되기 6개월 전부터 1개월 전까지 사이에 계약 갱신을 요구할 경우 정당한 사유 없이 거절하지 못한다.

2. 임차인의 계약갱신요구권은 최초의 임대차 기간을 포함한 전체 임대차 기간이 10년을 초과하지 아니하는 범위에서만 행사할 수 있다. [2018년 10월 16일 개정]

제2장 부동산시장 및 정책 분석

1 부동산 경기순환의 특징

① 부동산경기 순환은 일반경기 순환과 상관관계가 있기는 하지만 경기순환 국면이 뚜렷하거나 일정하지는 않다.
② 부동산 경기는 타성 현상을 전제로 일반경기와 병행, 역행, 후행, 선행할 수 있다.
③ 부동산 경기는 경기변동요인에 민감하게 작용하지 못하기 때문에 진폭이 커서 높은 정점과 깊은 저점이 나타난다.
④ 일반경기 순환 주기는 일반적으로 9~10년을 주기로 하지만, 부동산 경기 순환 주기는 2배 정도 긴 17~18년을 주기로 한다.
⑤ 부동산 경기는 통상적으로 개별적·지역적 현상을 나타낸다.
⑥ 부동산 경기는 타성 현상으로 인하여 후퇴 기간은 짧고 회복 기간은 길다.

2 부동산시장의 기능

① 동일한 부동산이라 하더라도 거래 시마다 가격이 새로 창조된다.
② 기존의 부동산 공간을 수요자에게 분배하고 개량물에 대한 여타 자원의 분배를 촉진한다.
③ 중개업자, 투자가, 건축가, 개발업자, 과세평가원, 임대업자 등은 부동산 시장에서 정보를 이용하고 또 수집한다.

④ 부동산과 현금, 부동산과 부동산, 소유와 임대 등의 교환이 이루어진다.
⑤ 부동산의 소유자·관리자 등은 부동산의 유용성이 최대가 되도록 노력하는 과정에서 부동산의 성격이 변하고 양과 질이 조정된다.

③ 민간투자 사업방식

방식	의미
BTO	사회간접자본 시설의 준공과 함께 시설의 소유권이 정부 등에 귀속되지만 사업시행자가 정해진 기간 동안 시설에 대한 운영권을 가지고 수익을 내는 방식
BTL	민간이 개발한 시설의 소유권을 준공과 동시에 공공에 귀속시키고 민간은 시설관리 운영권을 가지며 공공은 그 시설을 임차하여 사용하는 방식
BOT	민간사업자가 스스로 자금을 조달하여 시설을 건설하고 일정기간 소유·운영한 후 사업이 종료될 때 국가 또는 지방자치단체 등에 시설의 소유권을 이전하는 방식
BLT	사업시행자가 사회간접자본 시설을 준공한 후 일정기간 동안 운영권을 정부에 임대하여 투자비를 회수하며 약정 임대 기간 종료 후 시설물을 정부 또는 지방자치단체에 이전하는 방식
BOO	시설의 준공과 함께 사업시행자가 소유권과 운영권을 갖는 방식

제3장 부동산 투자전략

① 부동산 투자수익률

① 기대수익률(내부수익률) : 부동산투자에서 기대할 수 있는 예상 수익률
② 요구수익률(필수적 수익률, 외부적 수익률)
 - 투자에 대한 위험과 기회비용을 반영하였을 때 투자자가 부동산에 자금을 투자하기 위해 충족되어야 할 최소한의 수익률
 - 시간에 대한 비용(무위험률)과 위험에 대한 비용(위험증가율 : 위험증가율과 인플레이션율)이 포함

③ 실현수익률(실제수익률, 사후수익률)
- 기대수익률 = 요구수익률 → 투자 채택
- 기대수익률 〉요구수익률 → 투자 채택
- 기대수익률 〈 요구수익률 → 투자 기각

② 부동산평가의 3방식 6방법

3방식	6방법	시산가격과 임료	비고
① 원가방식 (비용성)	원가법(복성식평가법)	적산가격(복성가격)	협의의 가격을 구함
	적산법	적산임료	임료를 구함
② 비교방식 (시장성)	거래사례비교법 (매매사례비교법)	비준가격(유추가격)	협의의 가격을 구함
	임대사례비교법	비준임료(유추임료)	임료를 구함
③ 수익방식 (수익성)	수익환원법	수익가격	협의의 가격을 구함
	수익분석법	수익임료	임료를 구함

③ 경제성 분석기법

투자경제성 분석기법에는 화폐의 시간가치가 고려되지 않은 회수기간법(PP), 회계적이익률법(ARR)과 화폐의 시간가치를 고려한 순현가법(Net Present Value Method : NPV)과 내부수익률법(Internal Rate of Return Method : IRR) 등이 있다. 또한 투자에 대한 위험을 평가하기 위하여 현금수지를 여러 비율로 분석한 비율분석법이 있다.

④ 부동산 포트폴리오 전략

① 포트폴리오 개념 : 분산 투자하여 안정된 결합이익을 얻고자 하는 자산관리방법
② 포트폴리오위험
- 체계적 위험 : 경기변동, 인플레 심화, 이자율변동 등 시장위험으로 피할 수 없는 위험
  예 이자율위험, 재투자위험, 환율위험, 시장위험 등

- 비체계적 위험 : 개별투자안으로부터 야기되는 위험으로 포트폴리오로 피할 수 있는 위험
  - **예** 사업위험, 유동성위험, 국가위험 등
③ 총 위험 = '체계적 위험 + 비체계적 위험'으로 투자자산수가 많으면 비체계적 위험은 감소

⑤ 청약가점제

민영주택에 적용하며 무주택기간(32점), 부양가족수(35점), 청약통장 가입기간(17점)으로 산정

제4장 보유부동산 자산관리 전략

① 부동산 자산관리시장 변화

구분	과거 시장	현재 시장
부동산 시장 변화	• 부동산 PF시장 침체 • 부동산금융의 고정화 • 부동산 직접투자 경향 • 양도차익 목적 • 부동산 공급자 중심시장 • 소유투자 목적	• 부동산 리츠 시장 확대 • 부동산금융의 유동화 • 부동산 간접투자 경향 • 이용운영수익 목적 • 부동산 수요자 중심시장 • 거주이용 목적
부동산 관리 시장으로 변화	• 관리제도 미비 개별적 관리 • 부동산 유지보존관리 • 시설관리 • 자가관리 • 인적건물관리회사(FMC)	• 관리제도 강화 공공성·사회성 강조 • 부동산 수익운영관리 • 자산관리 • 전문위탁관리 • 전문자산관리회사(PMC)

부동산 관리 대상 의 복잡화	• 관리건축물의 단순화 · 저층화 • 개별적 로컬 설비시스템 • 비수익형 대형 부동산관리	• 관리건축물의 다양화 · 고층화 • 패키지 빌트인 시스템 • 인터넷 통합관리시스템 • 수익형 소형 부동산관리

② 지역분석과 개별분석의 비교

① 지역분석이란 그 지역 내의 부동산에 대한 가격수준을 판정하는 것으로, 대상 부동산이 속해있는 지역과 그 지역 특성이 무엇이며, 전반적으로 그 특성이 지역내 부동산의 가격형성에 어떤 영향을 미치는가의 정도에 대한 분석과 판단을 행하는 작업을 말한다.

② 개별분석이란 대상 부동산의 최유효이용을 판정하는 작업으로, 최유효이용은 객관적으로 보아 양식과 통상의 사용능력을 가진 사람의 합리적이고 합법적인 최고·최선의 사용 방법을 말한다.

③ 부동산개발금융(PF)

프로젝트 금융(PF : Project Financing) 이란 개별 사업 주체와 법적으로 독립된 개발 프로젝트에서 발생하는 미래현금흐름을 상환 재원으로 하여 자금을 조달하는 금융기법을 말한다. 차주의 신용이나 일반재산이 아닌 프로젝트의 사업성 자체가 대출 채무의 담보가 되는 자금조달 방식이 바로 부동산개발금융이다. 채무의 상환 여부가 사업의 수익 여하에 달려 있는 기존의 대출금융방식에 비하여 PF 방식은 프로젝트의 수행에서 금융기관의 관여가 상대적으로 강화되며, 반면 시행사의 결정 권한은 약화되는 모습을 보인다. 일종의 대출형 부동산펀드라고 할 수 있다.

MEMO

MEMO

MEMO

50 다음 2019년 종합과세 되는 금융소득의 Gross-up금액은 얼마인가?

○ 외국법인이 A씨에게 지급한 현금배당 20,000,000원
○ 대여금에 대한 지연이자 4,000,000원

① 330,000원　　　　② 300,000원　　　　③ 180,000원
④ 100,000원　　　　⑤ 0원

> **해설**　금융소득은 24,000,000원이고, 20,000,000원을 초과하는 금액이 4,000,00원이 있으나, 외국법인으로부터 받은 현금배당은 Gross-up금액에 포함하지 않으므로 귀속법인세금액은 '0원'이다.

51 다음 중 원천징수세율이 올바르게 연결되지 않은 것은?

① 직장공제회 초과반환금 ; 14%
② 분리과세를 신청한 3년 이상 보유한 장기채권의 이자 : 30%
③ 비영업대금의 이익 : 25%
④ 금융회사가 지급하는 비실명금융소득 : 90%
⑤ 법인 아닌 단체의 금융수익 : 14%

> **해설**　기본세율

52 다음 중 취득세가 부가되지 않는 경우는 어느 것인가?

① 상속으로 인하여 상속인이 부동산을 취득하는 경우
② 보유토지의 지목이 임야에서 대지로 변경되어 토지의 평가액이 증가한 경우
③ 회사에서 사용할 기계장비를 관련 부품을 구입하여 자체 제작하여 취득하는 경우
④ 차량을 사실상 취득하였지만 등록을 하지 아니한 경우
⑤ 리스회사가 고객에게 금융리스방식으로 대여하기 위하여 기계장비를 취득하는 경우

> **해설**　기계장비는 승계취득에 대하여 과세하므로 원시취득에는 취득세를 부과하지 아니한다.

정답 47 ④　48 ④　49 ①　50 ⑤　51 ①　52 ③

53 다음 취득세의 중과세율이 가장 높은 것은?

① 과밀억제권역에서 본점의 사업용 부동산 취득
② 대도시내에서 설립된 법인이 설립 후 5년 이내에 고급주택을 10억 원에 취득
③ 대도시에서 법인을 설립하면서 본점용 부동산 취득
④ 고급선박을 취득
⑤ 대도시 내 지점인 고급오락장용 부동산 취득

해설 ① 8% ② 15% ③ 12% ④ 12% ⑤ 16%

54 재산세의 납기일을 바르게 나타낸 것은?

① • 건축물 : 7월 16일~ 7월31일까지   • 토지 : 9월 16일~9월 30일까지
② • 건축물 : 7월 1일~ 7월31일까지   • 토지 : 9월 1일~9월 30일까지
③ • 건축물 : 7월 1일~ 7월15일까지   • 토지 : 9월 1일~9월 15일까지
④ • 건축물 : 7월 16일~ 8월15일까지   • 토지 : 9월 16일~10월 15일까지
⑤ • 건축물 · 토지 : 8월 1일~ 8월31일까지

해설 재산세는 과세기준일(매년 6월1일) 현재 소유자를 대상으로 매년 건축물 : 7월 16일~ 7월31일까지 , 토지 : 9월 16일~9월 30일까지, 부과 되는데 7월에는 주택(50%), 건축물, 선박이 납부 대상이고, 9월에는 나머지 주택(50%)과 토지가 납부 대상이다.

55 다음 중 종합부동산세에 관한 설명 틀린 것은?

① 부부합산과세이다.
② 과세기준일은 6월1일이다
③ 부부공동명의로 하면 절세에 도움이 된다.
④ 과세기준일 현재 종합합산 과세대상 주택의 공시가격을 합산한 금액이 '6억'을 초과하는 자가 납세의무자이다.
⑤ 토지와 주택에 대해서만 과세한다.

해설 인별 과세이다.

56 다음 중 소득세법의 소득구분 중 양도소득인 것으로 옳은 것은?

① 공익사업과 관련 있는 지상권의 대여소득
② 건설업자의 주택 판매소득
③ 미등기 점포임차권의 양도소득
④ 기계장치와 함께 양도한 영업권의 양도소득
⑤ 미등기 전세권의 양도소득

> **해설** ① 기타소득 ② 사업소득 ③ 기타소득 ④ 기타소득

57 다음 중 장기보유특별공제에 대한 설명으로 옳지 않은 것은?

① 주식 등은 장기보유특별공제를 받지 못한다.
② 보유기간계산은 해당자산의 취득일로부터 양도일까지로 한다.
③ 1세대 1주택이지만 고가주택 등 1세대 1주택 비과세요건을 갖추지 못한 주택의 경우에도 장기보유특별공제를 적용한다.
④ 미등기 자산에 대해서는 70%의 공제율을 적용한다.
⑤ 3년 이상 보유한 토지와 건물에 대하여 적용된다.

> **해설** 미등기 자산에 대하여는 장기보유특별공제가 적용되지 아니한다.

58 다음 중 1세대 1주택 비과세 요건에 대한 설명으로 옳지 않은 것은?

① 양도일 바로 전날 1세대 1주택 자가 되었어도 비과세에 해당된다.
② 1세대 1주택이나 실거래가가 9억 원인 주택을 소유하고 있다.
③ 주택부수 토지면적의 경우 도시지역 밖에서는 건물 정착면적의 10배를 넘지 않을 것
④ 미등기 주택을 3년 이상 보유 함
⑤ 직장의 변경이나 전근 근무상의 형편으로 1년 이상 거주한 주택을 세대전원이 다른 시군으로 주거를 이전함에 따라 양도하는 경우에는 보유기간의 제한을 받지 않는다.

> **해설** 미등기 주택은 1주택이라도 비과세대상이 아니다. 양도일 현제 보유기간은 2년 이상 이어야 한다.

정답 53 ⑤ 54 ① 55 ① 56 ⑤ 57 ④ 58 ④

59 다음 중 양도차익 계산상 기타 필요경비에 대한 설명으로 옳지 않은 것은?

① 미등기 토지·건물은 필요경비개산공제를 적용할 수 없다.
② 매매사례가액을 적용한 경우에는 필요경비개산공제만 한다.
③ 환산취득가액과 필요경비개산공제액의 합계액이 실제 자본적 지출과 양도비용의 합계액보다 적은 경우에는 실제 자본적 지출과 양도비용의 합계액을 필요경비로 할 수 있다.
④ 등기 된 토지·건물은 취득당시 개별공시지가 × 3%를 필요경비개산공제 해준다.
⑤ 실지취득가액을 적용한 경우에는 실제 자본적 지출과 양도비용을 공제한다.

> **해설** 미등기 토지·건물은 필요경비개산공제
> = 취득당시 개별공시지가 × 0.3%적용 함

60 A씨는 2019년도 중 1세대 1주택인 지정지역에 소재하고 있는 고가주택인 아파트(주택전용면적은 107㎡)를 양도하였다. 다음 자료에 의하여 양도소득과세표준을 계산하면?

구 분	일 자	실지거래가액	국세청장고시가액
양 도	2019.10.01.	1,200,000,000원	800,000,000원
취 득	2006.05.01.	600,000,000원	500,000,000원

(고가주택의 양도에 따른 필요경비는 5,000,000원 이라고 가정한다.

① 27,750,000
② 27,250,000
③ 119,000,000
④ 59,000,000
⑤ 50,000,000

> **해설** 양도차익 - *장기보유특별공제)
> = 양도소득금액 - 기본공제(250만 원)
> = 과세표준
> *10년 이상 1세대 1주택에 대해서 장기보유특별공제 80%이다.
> 1,200,000,000 - 600,000,000 - 5,000000
> = 595,000,000×300,000,000/1,200,000,000
> = 148,750,000 - (148,750,000×80%)
> = 29,750,000 - 2,500,000
> = 27,250,000

61 거주자 A씨는 보유기간이 15년 된 건물(미등기)을 양도하였다 양도소득금액은 얼마인가?
(건물의 취득 당시 실지거래가액은 확인할 수 없으며, 동 건물의 취득당시 매매사례가액이나 감정가액도 알 수 없다.)

구 분	양도가액	취득가액	자본적 지출액	양도비용
건 물	₩300,000,000	–	–	1,500,000

* 건물양도당시 기준시가는 ₩150,000,000, 취득당시 기준시가는 ₩100,000,000이다.

① 1억
② 2억
③ 9백만 원
④ 9천9백7십만 원
⑤ 9천7백만 원

> **해설** 취득가액을 환산취득가액으로 구하고, 필요경비개산공제를 한다.
> 양도가액 – 필요경비(취득가액+필요경비개산공제) = 양도차익–장기보유특별공제 = 양도소득금액
> 300,000,000–[300,000,000×100,000,000/150,000,000+(100,000,000×0.3%)] = 9,700,000 – 0*
> = 99,700,000 *미등기이므로 기본공제는 없다.

62 다음 양도소득 예정신고 · 납부기한에 대한 내용 중 틀린 것은?

① 토지 · 건물, 부동산에 관한 권리, 기타자산 등 양도일이 속하는 달의 말일로부터 2개월 이내이다.
② 양도차익이 없거나 양도차손이 발생한 경우에는 신고의무가 없다
③ 파생상품은 예정신고대상이 아니다.
④ 부담부증여의 경우 양도일이 속하는 달의 말일부터 3개월 이내이다.
⑤ 예정신고를 한 자는 해당 소득에 대한 확정 신고를 하지 아니 할 수 있다.

> **해설** 양도소득과세표준 예정신고는 양도차익이 없거나 양도차손이 발생한 경우에도 하여야 한다.

63 다음 중 미등기양도자산에 적용하는 불이익이 아닌 것은?

① 토지 · 건물의 필요경비개산공제의 계산에 있어서 등기된 양도자산에게 적용되는 적용율의 1/10인 0.3%을 적용한다.
② 장기보유특별공제를 적용하지 아니한다.
③ 산출세액 계산 시 70%의 세율을 적용한다.
④ 양도소득기본공제는 200만 원까지만 적용한다.
⑤ 비과세와 감면규정을 적용하지 아니한다.

> **해설** 미등기 양도자산의 경우 양도소득기본공제를 적용하지 아니한다.

정답 59 ① 60 ② 61 ④ 62 ② 63 ④

64 다음 중 개별자산과 기준시가의 연결이 잘못 된 것은?

① 토지 ; 일반지역-개벽공시지가, 지정지역-개별공시지가×배율
② 건물 : 국세청장 고시가격
③ 주택 : 고시된 개별주택가격 또는 공동주택가격
④ 상장주식 : 양도일 또는 취득일 이전 1개월간의 종가평균액
⑤ 지정지역 내 오피스텔과 상업용 건물 : 개별 공시지가

> **해설** 지정지역 내 오피스텔과 상업용 건물 : 국세청장 고시가격

65 다음 중 민법상의 상속에 대한 설명으로 옳지 않은 것은?

① 우리나라 상속세는 각 상속인이 취득한 상속재산을 과세단위로 하여 상속세를 계산하는 '취득과세형'을 취하고 있다.
② 피상속이 유언으로 상속분을 지정하지 않은 경우 「민법」규정에 의한 상속분을 따른다.
③ 법정상속에 있어서 같은 순위의 상속인이 여러 명인 때에는 그 상속분을 균분한다.
④ 배우자 상속분은 직계비속·직계존속 등 다른 공동상속인의 상속분에 5할을 가산한다.
⑤ 상속세란 사망(실종선고 포함)을 원인으로 한 재산의 무상이전에 대하여 부과하는 조세이다.

> **해설** 우리나라는 유산세 체계를 따르고 있다.

66 다음 단기재상속세액 공제에 관한 설명이다. 옳지 않은 것은?

① 상속개시 후 10년 이내에 상속인 또는 수유자의 사망으로 다시 상속이 개시되는 경우 재 상속분에 대한 전의 상속세 상당액을 상속세 산출세액에서 공제한다.
② 단기재상속의 경우에는 상속세 상당액의 일부 만을 상속세산출세액에서 공제한다.
③ 1세대 1회 과세원칙의 완화라고 볼 수 있다.
④ 상속개시 후 1년 내에 재상속이 될 경우에는 전부를 공제한다.
⑤ 상속 후 10년이 될 때까지는 매년 10%를 감축한 금액을 공제한다.

> **해설** 단기 재상속의 경우에는 상속세 상당액의 전부 또는 일부를 상속세산출세액에서 공제한다.

67 상속세 과세가액 계산에 관한 설명으로 옳지 않은 것은?

① 상속세 과세가액 계산 시 상속재산의 가액에서 빼는 장례비용은 1,500만 원을 초과할 수 없다.
② 상속재산의 가액에 가산하는 증여재산가액은 상속개시 당시가 아닌 증여일 현재의 시가에 따른다.

③ 상속개시일 전 10년 내에 상속인이 수증한 재산은 상속일 현재의 시가로 상속세과세가액에 포함하여 과세한다.
④ 상속개시일전 10년 이내에 피상속인이 상속인에게 진 증여채무는 상속재산의 가액에서 빼지 아니한다.
⑤ 상속재산 중 상속인이 과세표준 신고기한 이내 국가·지방자치단체 또는 공공단체에 증여한 재산에 대하여는 상속세를 과세하지 아니한다.

> **해설** 상속개시일 전 10년 내에 상속인이 수증한 재산은 증여일 현재의 시가로 상속세과세가액에 포함하여 과세한다.

68 담보로 제공된 상속재산은 상속개시 당시의 상속재산의 시가와 다음 금액 중 큰 금액에 의하여 평가한다. 타당치 않은 것은?

① 질권이 설정된 재산의 가액은 상속재산이 담보하는 채권액
② 사실상 임대차계약이 체결된 재산의 가액은 1년간의 임대료를 기획재정부령이 정하는 비율로 나눈 금액과 임대보증금의 합계액
③ 전세권이 등기된 재산의 가액은 등기된 전세금
④ 근저당이 설정된 재산의 가액은 평가기준일 현재 재산이 담보하는 채권의 최고액
⑤ 공동저당권이 설정된 재산가액은 재산이 담보하는 채권액을 공동 저당된 재산의 상속개시 당시 가액으로 안분하여 계산한 금액

> **해설** 근저당권이 설정된 재산의 가액은 평가기준일 현재 재산이 담보하는 채권액과 상속재산의 시가 중 큰 금액으로 평가하므로 ④는 옳지 않다.

69 다음 중 유류분의 권리를 인정하지 않은 대상으로 옳은 것은?

① 상속인 중 피상속인의 4촌 이내의 방계혈족
② 상속인 중 피상속인의 직계비속
③ 상속인 중 피상속인의 배우자
④ 상속인 중 피상속인의 형제자매
⑤ 상속인 중 피상속인의 직계비속

> **해설** 상속인 중 피상속인의 4촌 이내의 방계혈족은 유류분제도를 적용하는 대상이 될 수 없다.

정답 64 ⑤ 65 ① 66 ② 67 ③ 68 ④ 69 ①

70 다음 중 합산대상 증여재산으로 옳은 것은?

① 비과세 증여재산
② 공익신탁재산
③ 장애인이 증여받은 재산의 과세가액 불 산입액 등
④ 피상속인이 상속개시일로부터 역산하여 10년 이내에 증여한 재산
⑤ 공동근로 복지기금이 증여받은 재산

> **해설** 피상속인이 상속개시일로부터 역산하여 10년 이내에 증여한 재산은 합산대상 증여 자산으로 본다.
> ①, ②, ③, ⑤는 증여세 면제/비과세이다.

71 다음의 증여재산공제액에 대하여 옳은 것은 무엇인가?

> 아버지가 자녀 3명으로부터 각각 5,000만 원씩 1억 5천만 원을 증여받았다.

① 직계비속으로부터 증여를 받은 경우는 증여세 과세가액에서 공제하지 않는다.
② 5천만 원을 안분하여 공제하고, 1억 원에 대해서는 증여세를 과세한다.
③ 3명의 증여자가 동시에 있는 경우에는 한 명만(5,000만 원)을 먼저 공제한다.
④ 아버지는 자녀(증여자) 1명당 5천만 원을 한도로 공제받을 수 있다.
⑤ 공제 한도는 자녀(증여자)를 기준으로 적용한다.

> **해설** ① 직계비속-5,000만 원 공제
> ③ 3명의 증여가 동시에 있는 경우에는 각각의 증여세과세가액에 대하여 안분하여 공제한다.
> ④ 아버지는 자녀(증여자)들로부터 1명당 5천만 원을 한도로 공제받을 수 있다.
> ⑤ 공제한도는 아버지(수증자) 기준으로 적용한다.

72 다음 중 상속세와 증여세에 모두 적용되는 규정이 아닌 것은?

① 분할납부　　② 세율　　③ 물납
④ 연부연납　　⑤ 박물관자료에 대한 징수유예

> **해설** 상속세의 경우만 물납이 허용된다.

73 다음 중 상속세와 증여세를 비교한 것으로 옳지 않은 것은?

① 상속세와 증여세는 세율 구조가 같다.
② 상속세는 유산세방식이고, 증여세는 유산취득세 과세방식을 취하고 있다.
③ 피상속인이 비거주자인 경우에 국내외 재산에 대해서 과세되다
④ 상속세는 피상속인, 증여세는 수증자를 기준으로 거주자 여부를 판단한다.
⑤ 해당 재산의 매매 등의 가액과 매매사례가액이 모두 있는 경우 매매 등의 가액을 우선 적용한다.

> **해설** 피상속인이 비거주자인 경우에 국내 재산에 대해서만 과세되다

74 민법 규정에 의한 상속에 대산 설명으로 옳지 않은 것은?

① 상속의 1순위는 직계비속과 배우자이고, 상속비율은 1:1이다.
② 같은 순위의 상속인이 여러명인 때에는 피상속인과 촌수가 가장 가까운 상속인을 우선순위로 하며, 촌수가 같을 상속인이 여러명인 때에는 공동상속인으로 한다.
③ 태아는 상속순위를 결정할 때는 이미 출생한 것으로 본다.
④ 법률상의 배우자는 물론 사실혼 관계에 있는 배우자도 상속인이 될 수 있다.
⑤ 배우자의 경우 직계비속이 없는 경우에는 제2순위인 직계존속과 공동 상속인이 된다.

> **해설** 상속대상 배우자란 법률상의 배우자만을 의미한다.

75 다음 중 취득세가 중과되는 경우가 아닌 것은?

① 골프장을 신설한 경우
② 고급선박을 취득한 경우
③ 과밀억제권역 내에서 공장을 신설·증설하는 경우
④ 법인이 비업무용 토지를 취득한 경우
⑤ 과밀억제권역에서 본점의 사업용 부동산 취득한 경우

> **해설** 법인의 비업무용 토지에 대한 취득세 중과규정은 없다.

정답 70 ④ 71 ② 72 ③ 73 ③ 74 ④ 75 ④

76 다음 중 상속세와 증여세에 공통으로 적용되는 내용이 아닌 것은?

① 세대생략증여에 대한 할증세율　　② 증여세액공제
③ 박물관·미술관 자료에 대한 징수유예　　④ 신고세액제도
⑤ 외국납부세액공제

> 해설　증여세액공제 : 상속세만 적용

77 다음 중 양도소득의 과세대상 자산에 대한 설명 중 틀린 것은?

① 등기된 점포임차권은 양도소득이다.
② 상장주식 중 대주주의 장내 거래는 양도소득으로 과세한다.
③ 기계장치 등의 사업용 자산과 함께 양도하는 영업권은 양도소득이다.
④ 아파트당첨권의 양도도 이에 해당 한다.
⑤ 콘도회원권, 헬스클럽이용권 등의 양도는 양도소득세 과세한다.

> 해설　기계장치 등의 사업용 자산과 함께 양도하는 영업권은 사업소득이다.
> 단, 사업용 고정자산과 함께 양도하는 영업권은 양도소득이다.

78 다음 중 양도소득세의 과세대상이 아닌 것은?

① 이혼 위자료로 부동산을 배우자에게 양도한 경우
② 한국토지공사가 발행하는 토지상환채권을 양도하는 경우
③ 아파트 당첨권을 양도한 경우
④ 지상권의 대여로 인한 소득
⑤ 주권상장법인의 주식 중 대주주가 양도하는 것

> 해설　지상권과 전세권 및 등기된 부동산임차권을 양도소득세 과세대상이 되나, 지상권의 대여로 인한 소득은 기타소득으로 과세한다.

79 다음 중 법적상속인이 될 수 없는 자는?

① 직계비속　　② 직계존속
③ 8촌 이내의 방계혈족　　④ 형제자매
⑤ 배우자

> 해설　8촌 이내 방계혈족 (×) → 4촌 이내의 방계혈족까지이다.(○)

80 다음 상속공제 중 물적 공제에 해당하지 않은 것은?

① 가업·영농상속공제
② 금융재산상속공제
③ 일괄공제
④ 재해손실공제
⑤ 동거주택상속공제

> **해설** 일괄공제는 기초공제와 그 밖의 인적공제를 합친 금액과 일괄공제 중 큰 금액을 선택하여 공제 받을 수 있다. 상속세 과세표준 무신고의 경우에는 일괄공제만을 적용한다. 피상속인의 배우자가 단독으로 상속받는 경우 일괄공제 적용할 수 없고 기초공제와 그 밖의 인적공제액을 합친 금액으로만 한다.

3편 보험 및 은퇴설계 모의고사

81 위험에 따른 위험관리기법의 선택이 가장 부적절한 것은?

① 고빈도 · 고강도 위험 : 위험 그 자체를 회피하는 위험회피기법 선택
② 고빈도 · 저강도 위험 : 손해복구자금을 위해 자체조달 선택
③ 저빈도 · 고강도 위험 : 필요한 위험기금이 대규모이므로 별도의 위험기금 적립 선택
④ 고빈도 · 저강도 위험 : 사고발생이 비교적 예측가능하므로 손해빈도통제 선택
⑤ 저빈도 · 저강도 위험 : 위험통제기법이나 손해통제기법 선택 안함

> **해설** 저빈도 · 고강도 위험 : 필요한 위험기금이 대규모이고, 외부조달이 효과적이므로 보험이 가장 바람직하다.

82 보험계약법의 내용을 바르게 설명한 것은?

① 상해보험은 보험계약법상 제3보험에 포함된다.
② 보험계약자에게 불리하게 약관을 변경하면 계약은 무효가 된다.
③ 불이익변경금지의 원칙은 가계보험, 재보험, 해상보험에 적용가능 하다.
④ 보험계약자에게 이익이 되게 보험약관을 변경할 수 있다.
⑤ 보험계약자와 보험회사 사이의 계약관계를 규율하는 법으로서 독립된 법으로 존재한다.

> **해설** 보험계약자에게 이익이 되게 보험약관을 변경할 수 있다.
> ① 상해보험은 보험계약법상 인보험, 보험업법상 제3보험에 포함된다.
> ② 보험계약자에게 불리하게 변경한 약관은 약관조항이 무효가 될 뿐 계약 자체가 무효가 되는 것은 아니다.
> ③ 불이익변경금지의 원칙은 가계보험에 적용되고, 기업보험(재보험과 해상보험 등)에는 적용되지 않는다.
> ⑤ 독립된 법으로 존재하는 것이 아니라 상법의 일부를 이루고 있다.

83 보험계약이 효력을 상실하고 부활을 하기 위한 요건이 아닌 것은?

① 보험계약자는 보험계약이 해지된 후 3년 이내에 연체보험료와 약정이자 모두 보험자에게 지급하여야 한다.

② 보험계약이 계속보험료 부지급이나 위험 변경 통지의무 위반으로 해지되어야 한다.
③ 해지환급금이 보험계약자에게 지급되지 않아야 한다.
④ 부활청구 시 보험계약자는 고지의무를 새로 해야 한다.
⑤ 보험자의 승낙이 있어야 한다.

> **해설** 계속보험료 부지급으로 해지된 보험계약이어야 한다.

84 계약자 K씨는 1년 전 배우자 L씨를 피보험자로, 본인을 보험수익자로 하는 보험계약을 체결하였다. 부부 싸움 도중 배우자 L씨가 우발적으로 스스로 자해하여 자살하였다면 K씨가 보험금을 청구하였을 경우 지급하는 보험금은?

① 해약환급금
② 사망보험금
③ B씨가 당시 정신질환 상태임이 입증된 경우 책임준비금
④ 이미 납입한 보험료
⑤ 보험금 지급하지 않음

> **해설** 계약자에게 이미 납입한 보험료를 반환한다. 피보험자가 정신질환 상태에서 자신을 해친 경우와 책임개시일로부터 2년이 경과된 후에 자살한 경우에는 수익자에게 해당 보험금을 지급한다.

85 유니버설보험에 대한 서술만 바르게 고른 것은?

A. 보험료 추가납입, 보험금 중도인출 및 부분 해지가 가능하다.
B. 사망을 담보할 수 없으며, 피보험자가 15세가 되기 전에 사망할 경우 납입한 보험료 전액과 책임준비금 중에서 큰 금액을 지급하고 소멸한다.
C. 보장기간이 평생인 사망보험으로 피보험자가 언제, 어떤 경우로 사망하더라도 약정된 보험금을 지급한다.
D. 암 등 중대한 질병이 발생하면 사망보험금의 일부 또는 전부를 미리 지급해 준다.
E. 공시이율에 따라 일반계정에서 운용되고, 운용리스크는 보험회사에서 부담한다.

① A
② A, C, D, E
③ B, C, E
④ C, D
⑤ A, E

> **해설** A, E – 유니버설보험, B – 어린이보험, C – 종신보험, D – CI보험

86 생명보험, 제3보험, 손해보험의 비교설명이 잘못된 것은?

① 우리나라에서는 생명보험회사와 손해보험회사 모두 제3보험 상품을 공급한다.
② 보험업법은 보험업을 생명보험업, 손해보험업, 제3보험업으로 구분한다.
③ 손해보험과 제3보험 모두 피보험자는 보험사고의 대상이 된다.
④ 피보험이익은 생명보험에서는 필수적이나, 손해보험에서는 존재하지 않는다.
⑤ 제3보험은 사람의 생명 또는 신체에 관한 사고가 발생하였을 때 보험회사의 보험책임이 발생한다.

해설 피보험이익은 손해보험에서는 필수적 요소이나, 생명보험에서는 존재하지 않는다.

87 주택화재보험에 대한 설명으로 잘못된 것은?

① 보험가입금액이 보험가액의 80% 해당액보다 작으면 지급보험금은 손해액×[보험가입금액/(보험가액×80%)]로 계산한다.
② 피아노 교습소로 사용 중인 주택병용 물건은 가입대상 물건에 해당한다.
③ 전부보험 또는 초과보험일 경우 모두 지급보험금은 손해액이 된다.
④ 유가증권, 귀금속, 그림, 실외에 쌓아 둔 동산 등 명기물건은 보험증권에 기재하여야 보험의 목적이 된다.
⑤ 손해방지비용, 대위권보전비용, 잔존물제거비용의 합계액이 보험가입금액을 초과하더라도 지급한다.

해설 재산손해보험금과 잔존물제거비용의 합계액은 보험가입금액을 한도로 하고, 손해방지비용, 대위권보전비용, 잔존물 보전비용은 합계액이 보험가입금액을 초과하더라도 지급한다

88 자동차보험에 대한 설명으로 바른 것은?

① 자동차보험의 담보 중 대인배상 I과 대물보상 3,000만 원은 의무가입 해야 한다.
② 자배법상 배상책임주체의 확대를 통해 운행자의 면책사유를 두고 운행자가 그 면책요건을 입증하지 못하면 과실이 없어도 책임을 지도록 하고 있다.
③ 신호위반, 보도침범, 중상해사고, 30km를 초과한 속도위반, 뺑소니 등에 대하여는 반의사불벌과 보험가입의 특례가 적용되지 않는다.
④ 피보험자가 고의로 사고를 일으킨 경우 대인배상 I의 면책사유에 해당하므로 피해자는 보험회사에 책임보험금을 직접 청구할 수 없다.
⑤ 자동차보험의 담보 중 무보험자동차에 의한 상해는 대인배상 I, 대인배상 II, 대물배상 및 자기신체사고가 모두 체결된 경우에만 특약에 가입할 수 있다.

해설 ▶ 무보험자동차에 의한 상해는 대인배상 I, 대인배상 II, 대물배상 및 자기신체사고가 모두 체결된 경우에만 특약에 가입할 수 있다.
① 자동차보험의 담보 중 대인배상 I과 대물보상 2,000만 원은 의무가입 해야 한다.
② 자배법은 조건부 무과실책임주의를 채택하여 운행자의 면책사유를 두고 운행자가 그 면책요건을 입증하지 못하면 과실이 없어도 책임을 지도록 하고 있다.
③ 신호위반, 보도침범, 중상해사고, 20km를 초과한 속도위반, 뺑소니 등에 대하여는 반의사불벌과 보험가입의 특례가 적용되지 않는다.
④ 자배법에서는 피보험자가 고의로 사고를 일으킨 경우에도 피해자의 직접청구권 및 가불금청구권을 인정한다.

89 가입일은 2019년 9월일 때 과세 제외되는 장기 저축성보험은? (이외 가입한 보험은 없다)

① 매월 100만 원씩 10년 납입 후 바로 만기 환급받는 저축보험
② 매년 1200만 원씩 10년 납입 후 15년 만기에 일시금으로 지급받는 저축보험
③ 5억 원을 일시납 계약하고, 10년 후 53세부터 사망 시까지 매월 연금으로 받는 종신형 연금보험
④ 매월 200만 원씩 5년 납입 후 10년 만기에 일시금으로 지급받는 저축보험
⑤ 1억 원을 일시납 계약하고, 7년 후 일시금으로 지급받는 저축보험

해설 ▶ 비과세되는 장기 저축성보험의 요건은 월 납입식 계약의 경우 납입기간이 5년 이상, 월보험료가 150만 원 이하, 계약기간이 10년 이상이다.

90 보험상담 프로세스에서 프리젠테이션과 클로징 단계에 대한 설명으로 부적절 한 것은?

① 고객이 계약에 대한 부담을 갖지 않도록 프리젠테이션이 끝난 후에 청약서를 꺼낸다.
② 계약체결을 위해 "우편물 수령처는 자택이 좋으시겠지요?"와 같이 승낙추정법을 사용하면 고객에게 결심을 구할 필요가 없다.
③ 프리젠테이션 시 상품이 필요한 논리적, 감정적인 모든 이유를 생각하고 제시해야 한다.
④ 고객이 계약체결을 거절한 이유에 대해 지나치게 공감할 필요는 없다.
⑤ 프리젠테이션이 끝날 때 잠시 침묵하여 고객으로 하여금 말을 시작하도록 한다.

해설 ▶ 될 수 있는 한 상담을 시작할 때 보이는 곳에 청약서를 놓아야 한다.

정답 86 ④ 87 ⑤ 88 ⑤ 89 ① 90 ①

91 은퇴설계를 둘러싼 우리나라의 환경 변화를 바르게 서술한 것은?

① 건강에 대한 노후준비도가 가장 높고, 소득과 자산 노후준비도가 가장 취약하다.
② 기대수명은 현재 특정 연령에 있는 사람이 향후 얼마나 더 생존할 것인가 기대되는 연수로서 꾸준히 높아지고 있는 추세이다.
③ 우리나라의 고령화 속도는 세계 1위 수준으로 2026년에는 고령인구가 20%를 넘는 고령사회로 진입이 확실시 되고 있다.
④ 남녀 기대수명의 차이는 점차 커지고 있다.
⑤ 노인빈곤율은 소득이 중위소득의 30% 미만에 해당하는 노인가구의 비율로서 높은 노인 빈곤율은 고령층의 높은 자살률로 이어지고 있다.

> **해설** 건강에 대한 노후준비도가 가장 높고, 소득과 자산 노후준비도가 가장 취약하다.
> ② 기대여명은 현재 특정 연령에 있는 사람이 향후 얼마나 더 생존할 것인가 기대되는 연수이다.
> ③ 2026년에는 고령인구가 20%를 넘는 초고령사회로 진입이 확실시 되고 있다.
> ④ 남녀 기대수명의 차이는 점차 축소되고 있다.
> ⑤ 노인빈곤율은 소득이 중위소득의 50% 미만에 해당하는 노인가구의 비율이다.

92 노후자금의 적립과 인출 단계에 대한 서술이 잘못된 것은?

① 여유자산이 전혀 없을 때에는 자산관리보다 지출관리가 더 중요하다.
② 소비용 계좌, 투자용·노후자금 준비용 계좌, 예비용 계좌로 목적별로 계좌를 나누어 따로 관리한다.
③ 어느 정도 예측이 가능한 삶의 큰 이벤트 순서대로 재무 목표를 정해 순서대로 하나씩 해결하고, 노후자금 준비를 한다.
④ 수입 등 자산증가 변동률 및 지출의 변동요인은 보수적으로 산정한다.
⑤ 최대한 인출 시기를 늦추는 전략을 세운다.

> **해설** 노후자금 준비와 함께 재무 목표별로 투자 및 저축을 동시에 해야 한다.

93 은퇴설계를 할 때의 주요 사항을 잘못 서술한 것은?

① 노후의 의료비 등 큰 지출에 대비해 정기소득보다 목돈을 확보한다.
② 기대 수명의 증가에 따라 100세 시대에 맞도록 인생을 디자인한다.
③ 은퇴 이후의 시간활용을 위해 다양한 활동을 준비한다.
④ 부부 중심의 은퇴설계를 한다.
⑤ 재무적 요소와 비재무적 요소를 균형있게 설계한다.

> **해설** 목돈보다 연금과 같이 매월 지급되는 평생 소득을 확보해야 한다.

94 기초연금제도에 대한 설명이 틀린 것은?

① 만 60세 이상이면서 한국 국적을 가지고 국내 거주하는 고령자 중 가구의 월소득 인정액이 선정기준액 이하인 자이다.
② 기초연금액은 매년 물가상승분을 반영하여 조정된다.
③ 공무원연금, 사립학교교직원연금, 군인연금, 별정우체국연금 수급권자 및 배우자는 원칙적으로 기초연금 수급대상에서 제외된다.
④ 월 소득평가액과 재산의 월 소득 환산액을 합하여 소득인정액을 계산한다.
⑤ 보험료를 납부하지 않기 때문에 중앙정부와 지방자치단체가 각각 재원을 분담한다.

> **해설** 만 65세 이상이면서 한국 국적을 가지고 국내 거주하는 고령자 중 가구의 월소득 인정액이 선정기준액 이하인 자이다.

95 공무원연금제도에 대한 설명이 틀린 것은?

① 2020년 이후에는 공무원이 매월 기준소득월액의 9%를 기여금으로 납부하고, 국가 또는 지방자치단체가 보수예산의 9%를 부담금으로 납부한다.
② 2016년부터 재직기간이 10년 이상이면 퇴직연금 또는 퇴직연금일시금을 수령할 수 있고, 10년 미만일 때는 퇴직일시금만 수령할 수 있다.
③ 공무원연금은 연금제도 본래의 기능인 퇴직연금 이외에도 근로기준법에 의한 퇴직금 성격의 급여인 퇴직수당과 민간근로자의 산업재해보험에 해당하는 공무상 재해보상급여, 기타 상호부조 성격의 급여인 부조급여를 실시하는 등 종합적인 사회보장제도이다.
④ 단기급여로는 퇴직수당, 공무상요양비, 재해부조금, 사망조위금 등이 있다.
⑤ 퇴직연금 지급 개시연령은 2016년부터 임용시기 상관없이 60세부터 연금지급 시기를 단계적으로 상향해 2033년에는 65세부터 지급할 예정이다.

> **해설** 퇴직수당은 장기급여에 해당된다.

96 퇴직연금제도 중 확정급여형제도(DB형)와 확정기여형제도(DC형)에 대한 비교설명이 잘못된 것은?

① 장기근속 가능성이 높고 임금인상률이 높으면 DB형이 유리하고, 연봉제 도입 기업이나 직장이동이 빈번하면 DC형이 유리하다.
② DB형에서 근로자는 퇴직급여의 대략적인 크기를 예측할 수 있어 퇴직 이후 자금설계를 하는 데에 용이하다.
③ DB형은 55세 이상이면서 가입기간이 10년 이상, DC형은 가입 기간에 대한 조건 없이 55세 이상이면 연금으로 수령 가능하고, 연금수령 기간은 둘 다 5년 이상이다.
④ DC형에서 기업의 부담금은 연간 임금 총액의 1/12에 해당하는 금액 이상의 일정금액을 넣으면 기업의 책임은 모두 끝나며, 지급된 적립금은 근로자가 운용한다.
⑤ DB형은 퇴직연금의 중도인출이 불가능하지만 DC형은 법에 정한 사유를 충족할 경우 가능하다.

해설 DB형과 DC형 모두 55세 이상이면서 가입기간이 10년 이상이면 연금으로 수령 가능하며, 연금수령 기간은 5년 이상이다.

97 세제 비적격 연금보험에 대한 설명으로 맞지 않는 것은?

① 세제혜택을 받을 수 있는 세액공제 대상 납입 한도는 연금저축과 합산해 연간 700만 원 이내이다.
② 수령기간에 따라 종신형·확정기간형·상속형·혼합형으로 연금수령 방법을 선택할 수 있다.
③ 2017년 4월부터 연금보험 비과세 한도는 일시납은 1억 원, 월납은 150만 원 한도이다.
④ 공시이율로 운용하는 일반 연금보험과 투자실적에 따라 연금적립금이 변동되는 변액연금보험이 있어 가입자의 위험수용성향에 따라 선택적으로 활용이 가능하다.
⑤ 연간 납입한도가 없으므로 연금저축의 납입한도를 초과하는 추가적인 저축수단으로 활용할 수 있다.

해설 세액공제 혜택은 없고, 보험료 납입기간이 5년 이상이고 계약을 10년 이상 유지하면 보험차익이 비과세된다.

98 노인장기요양보험제도에 대한 설명이 잘못된 것은?

① 고령, 노인성 질병 등으로 혼자서 일상생활을 수행하기 어려운 노인 등에게 신체활동 또는 가사활동 지원 등의 장기요양급여를 제공하는 사회보험제도이다.
② 보험자 및 관리운영기관은 국민건강보험공단이나 건강보험제도와 별개로 운영된다.
③ 국민건강보험의 가입자는 노인장기요양보험에 가입해야 한다.
④ 수급대상자는 재가급여는 비용의 15%, 시설급여는 비용의 20%의 본인 부담금을 납부한다.
⑤ 장기요양인정 신청자격은 65세 이상의 노인으로서 치매, 뇌혈관성 질환 등 노인성 질병을 가진 자이다.

해설 65세 이상의 노인 또는 65세 미만이나 치매, 뇌혈관성 질환 등 노인성 질병을 가진 자이다.

99 라이프 이벤트 표에 대한 설명이 잘못된 것은?

① 필요한 금액은 이벤트 발생시점의 미래가치로 계산한 가처분소득을 기입한다.
② 항목별 내용이 다 들어가면 고객 상황에 맞게 표의 형태를 조정할 수 있다.
③ 3~5년 이내는 상세하게, 먼 미래는 예상 가능한 범위 내에서 기록한다.
④ 보험 만기금, 퇴직금, 증여 등 일시적인 수입도 기입한다.
⑤ 고객이 이벤트에 필요한 비용을 파악하지 않은 경우 통계 데이터를 제시해준다.

해설 라이프 이벤트별로 필요한 금액은 현재가치로 기입한다.

100 제안서 작성 시 노후자금 준비에서 예상되는 문제점을 해결하기 방법을 모색할 때 순서는?

A. 은퇴 이후 재취업을 하거나 전업주부인 배우자도 일을 해서 새로운 수입을 창출하는 방안도 검토한다.
B. 노후준비자금을 늘리기 위해 현재 지출항목의 우선순위를 검토한다.
C. 비용이 크게 발생하는 라이프 이벤트는 고객이 희망하는 우선순위에 따라 라이프 플랜의 변경을 검토한다.
D. 가계수지 전체를 재검토하고, 보유자산 중 현금화할 수 있는 자산의 매각도 검토한다.
E. 자녀 교육비, 결혼자금 지원 등 목돈 지출 항목에 대해 전반적으로 검토한다.

① C - A - D - E - B
② C - D - A - E - B
③ B - E - D - A - C
④ B - D - A - E - C
⑤ D - E - B - C - A

해설 B - E - D - A - C

4편 금융자산 투자설계 모의고사

Financial Planner

01 금융상품에 관한 다음 설명 중 옳지 않은 것은?

① 주식은 국채에 비해 투자 위험이 크다.
② 주식은 기업의 입장에서는 장기 자금 조달의 역할을 담당한다.
③ 기업이 발행한 회사채의 이자율이 정부가 발행한 국채의 이자율보다 높다.
④ 다양한 종류의 금융 상품에 분산 투자함으로써 투자 위험을 줄일 수 있다.
⑤ 채권은 정해진 만기가 있으므로 중간에 매각하는 경우에는 손실을 감수해야 한다.

> **해설** 채권은 만기가 도래하기 전에도 거래되며, 채권 가격은 채권시장의 수요와 공급에 의해 결정된다. 이때 결정되는 가격은 만기에 받을 수 있는 금액을 현재 가치로 환산한 금액이므로 채권을 보유하든지 매각하든지 차이가 없다. 채권의 가격은 이자율이 상승할 경우 하락한다. 이때 채권을 매각하는 사람이나 보유하는 사람이나 같은 크기의 손실을 보게 된다.

02 다음 중 입출금이 자유로운 금융상품에 해당하지 않는 것은?

① 보통예금　　　　　② 저축예금　　　　　③ 당좌예금
④ 양도성정기예금　　⑤ 별단예금

> **해설** 입출금이 자유로운 수시입출금 예금은 보통예금, 당좌예금, 가계당좌예금, 저축예금, 별단예금 등이 있다.
> * 별단예금이란 금융기관이 업무수행과정에서 발생하는 미결제·미정리된 일시적 보관금이나 예수금 등을 처리하기 위해 설치한 일시적·편의적 계정이다.

03 다음 중 예금보호 대상 금융상품으로만 올바르게 묶인 것은?

① 수익증권, 종금사 CMA, 외화예금
② 개인연금, MMF, 표지어음
③ 종금사 CMA, 발행어음, MMDA
④ 종금사 CMA, 표지어음, 발행어음
⑤ MMF, 환매조건부채권(RP), 기업어음

해설 종금사 CMA, 표지어음, 발행어음 등이 예금보호 대상 금융상품이다.

04 다음 중 CMA에 대한 설명으로 옳지 않은 것은?

① 투자자로부터 예탁금을 받아 어음 및 국공채 등 단기금융상품에 직접 투자하는 단기 실적배당형 상품이다.
② 증권사의 CMA는 예금자보호법에 의한 보호를 받는 것이 가능하지만, 종금사 CMA는 그렇지 않다.
③ 은행의 보통예금과 같이 수시입출금이 자유로운 상품이다.
④ 통장식 거래가 이루어지며 확정금리형과 변동금리형이 있다.
⑤ 은행의 연계계좌를 이용하여 신용카드 대금 및 공과금 자동이체가 가능하다.

해설 종금사 CMA는 예금자보호대상이지만, 증권사CMA는 예금자비보호대상이다.

05 다음 중 주택청약통장별 가입대상 및 대상주택에 따른 설명으로 옳지 않은 것은?

① 청약저축 : 무주택세대주만을 대상으로 한다.
② 청약저축 : 85㎡ 이하 국민주택 및 민간건설 중형국민주택을 대상으로 한다.
③ 청약부금 : 85㎡ 이하 민영주택 및 민간건설 중형국민주택을 대상으로 한다.
④ 청약예금 : 성년인 자(외국인 거주자 포함)로 주택을 소유한 자도 가입이 가능하다.
⑤ 주택청약종합저축 : 무주택자에 한하여 누구나 가입이 가능하고, 모든 주택을 대상으로 한다.

해설 주택청약종합저축은 무주택자는 물론 유주택자와 세대주가 아닌 사람, 미성년자 등 1인 1통장으로 누구나 가입할 수 있고 공공과 민영 아파트를 면적에 관계없이 청약할 수 있어 '만능청약통장'이라고도 한다.

06 다음 중 우리나라 기업의 주가를 하락시키는 요인이 아닌 것은?

① 이자율 상승
② 경제성장률 감소
③ 물가의 급격한 상승
④ 국제 원자재 가격 하락
⑤ 장기적인 통화량의 증가

해설 국제 원자재 가격과 주가는 역의 관계에 있다. 따라서 주가는 상승하게 된다.

정답 01 ⑤ 02 ④ 03 ④ 04 ② 05 ⑤ 06 ④

07 다음 중 토빈의 q에 대한 설명 중 옳지 않은 것은?

① 토빈의 q란 기업의 시장가치를 기업의 실물자본 대체비용으로 나눈 비율이다.
② q값이 1보다 작은 기업은 M&A의 대상이 될 가능성이 높다.
③ 토빈의 q가 1보다 크면 자본운영을 잘하여 기업가치를 증가시킨 것이다.
④ q가 상승하는 것은 기업들이 상대적으로 저렴한 비용으로 투자할 수 있음을 의미한다.
⑤ 통화정책의 파급경로 중 신용경로를 설명할 수 있다.

> **해설** 토빈의 q이론을 통해 통화정책의 파급경로 중 '자산가격경로'를 설명할 수 있다.

08 甲은행의 정기예금 명목이자율은 5%이고 물가상승률은 3%일 때, 1년간 甲은행 정기예금에 투자할 경우 실질이자율은?

① 1.63%   ② 1.75%   ③ 1.84%
④ 1.94%   ⑤ 2.03%

> **해설** 실질이자율 = {(1+명목이자율)÷(1+물가상승률)} − 1 = {(1.05/1.03)} − 1 ≒ 1.94%

09 다음 중 신용카드에 대한 설명으로 옳지 않은 것은?

① 신용카드의 기능으로는 지급결제 수단, 신용 공여 및 신용 창조, 거래투명화 및 세원확보, 신분증명 등이 있다.
② 신용카드의 초과한도란 특별한 사유로 인하여 일정 기간 일정 금액을 예외적으로 사용할 수 있도록 인정하는 한도를 말한다.
③ 재발급은 카드의 도난, 분실 및 훼손 등의 사유로 다시 발급하는 것을 말한다.
④ 카드의 관리 소홀, 대여 및 양도에 의한 부정사용은 보상받을 수 없다.
⑤ 위조변조 및 명의도용인 경우 회원의 고의 및 중과실로 비밀번호가 유출되었음을 카드사가 입증한 경우를 제외하고는 카드사의 책임으로 한다.

> **해설** 특별한 사유로 인하여 일정 기간 일정 금액을 예외적으로 사용할 수 있도록 인정하는 한도는 특별한도에 해당한다. 신용카드의 초과한도란 일시적으로 잔여한도를 초과하여 물품을 구매하는 경우 1회에 한하여 승인하는 한도를 의미한다.

10 외환수표 점검사항 중 수표 제시기간에 대한 설명으로 옳지 않은 것은?

① 개인수표 : 발행일로부터 3개월
② 은행수표 : 발행일로부터 6개월
③ 국고수표 : 발행일로부터 12개월
④ 여행자수표 : 발행일로부터 12개월
⑤ 선일자수표 : 발행일자 도래시까지 기다린 후 취급

> **해설** 여행자수표의 경우 정해진 유효기간이 없는 무기한이다.
> 선일자수표 : 장래에 예금할 예정으로 장래의 어느 일자를 그 발행일로 하여 발행하는 수표로 수표에 기재되어 있는 발행일 이전에 발행되어 있는 수표를 가리킨다. 선일자수표는 은행에 지급할 이자를 줄인다거나 수표의 지급제시 기간을 늦추기 위한 목적으로 사용된다.

11 경기의 전망과 예측에는 많은 지수와 지표들이 포함되는데 일반적으로 종합주가지수는 경제 상황과 어떤 관계를 갖고 있는가?

① 동행지수　　② 병행지수　　③ 선행지수
④ 후행지수　　⑤ 평행지수

> **해설** 경기종합지수는 기준순환일(경기전환점)에 대한 시차 정도에 따라 선행, 동행 및 후행종합지수의 3개 군으로 구분된다. 선행종합지수는 비교적 가까운 장래의 경기동향을 예측하는 지표로서 종합주가지수과 같이 미래의 경제활동 수준에 영향을 크게 미치는 지표나 건축허가면적, 설비투자추계지수 등과 같이 앞으로 일어날 경제현상을 예시하는 지표들로 구성한다.

12 다음은 재무비율분석에 대한 내용이다. 올바르게 연결된 것은?

A. 유동성 비율	B. 활동성 비율	C. 수익성비율	D. 레버리지비율
㉮ 유동비율	㉯ 매출액순이익율	㉰ 총자산회전율	㉱ 이자보상배율

① A - ㉮, B - ㉯, C - ㉰, D - ㉱
② A - ㉮, B - ㉯, C - ㉱, D - ㉰
③ A - ㉮, B - ㉰, C - ㉯, D - ㉱
④ A - ㉱, B - ㉯, C - ㉰, D - ㉮
⑤ A - ㉱, B - ㉰, C - ㉯, D - ㉮

> **해설** A 유동성 비율 : 유동비율, 당좌비율, 현금비율 등, B 활동성비율 : 매출채권비율, 재고자산회전율, 총자산회전율 등, C 수익성비율 : 총자산순이익률, 자기자본이익률, 매출액순이익률 등, D 레버리지비율 : 부채비율, 이자보상배율, 고정비율 등, E 성장성 비율 : 매출액증가율, 영업이익증가율 등, F 시장가치비율 : PER, PBR, PSR 등이 있다.

정답 07 ⑤　08 ④　09 ②　10 ④　11 ③　12 ③

13 다음 제시된 제품수명주기(PLC)에서 ㉮단계에 대한 설명으로 옳은 것은?

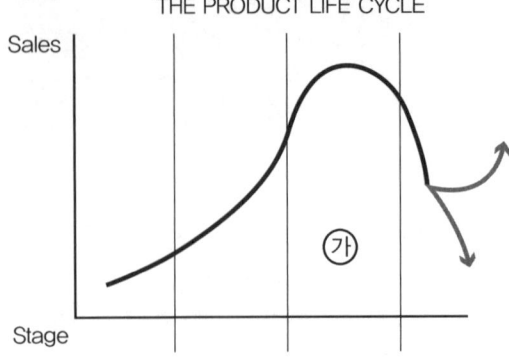

① 마케팅의 주된 목표는 시장점유율을 확대하는 것이다.
② 경쟁제품과 차별화를 통한 이윤극대화 전략을 취한다.
③ 시장과 제품에 대한 수요가 감소하여 이익이 줄어든다.
④ 일반적으로 판매량은 적은데 원가는 높아 적자 상태이다.
⑤ 시장규모의 확대로 판매량이 점차 증가하나 경쟁자도 늘어난다.

> **해설** ㉮ 단계는 PLC이론 중 성숙기(Maturity)로, 매출액 성장률이 지속적으로 둔화하고 판매량이 절대적 크기는 증가하지만 증가율은 감소하며, 이익은 정체되거나 하락하는 단계이다.
> 제품수명주기론(Product Life-Cycle theory)은 우리가 생산해서 쓰는 상품들도 생물처럼 수명이 있다는 이론으로, 상품은 도입, 성장, 성숙, 그리고 쇠퇴기의 과정을 겪는다는 것이다.
> 마이클 포터는 산업환경에 영향을 미치는 요소로 대체재의 위협, 잠재적 진입자의 위협, 기존 경쟁자 간의 경쟁 정도, 공급자들의 교섭력, 구매자들의 교섭력 등 다섯 가지를 제시하고, 이를 통해 산업 내 경쟁 강도와 산업의 수익률이 결정된다고 하였다.

14 다음 내용을 읽고 마이클 포터의 산업구조분석 모형(5 Forces model)에 대한 설명으로 올바르지 않은 것은?

> 마이클 포터는 산업환경에 영향을 미치는 요소로 대체재의 위협, 잠재적 진입자의 위협, 기존 경쟁자 간의 경쟁 정도, 공급자들의 교섭력, 구매자들의 교섭력 등 다섯 가지를 제시하고, 이를 통해 산업 내 경쟁 강도와 산업의 수익률이 결정된다고 하였다.

① 기업의 제품보다 기술이 향상된 제품이 등장할 경우 대체재의 위협이 커진다.
② 다섯 가지 경쟁 요인들의 힘이 약해질수록 초과이윤을 얻을 가능성이 증가한다.
③ 잠재적 진입자의 위협은 규모의 경제, 절대적 비용 우위 등으로 만들어진 진입장벽을 높임으로써 피할 수 있다.

④ 공급자들의 교섭력은 높을수록, 구매자들의 교섭력은 낮을수록 기업이 얻는 수익이 증가한다.
⑤ 기존 경쟁자 간의 경쟁 정도는 초과설비, 퇴거장벽, 비용구조에서의 고정비 비중이 높을수록 심해진다.

> **해설** 공급자의 교섭력이 높으면 기업은 공급자의 요구를 받아들일 수밖에 없기 때문에 수익성이 낮아지게 되므로 옳지 않은 설명이다. 산업구조분석(5 forces model)은 1979년 미국 하버드대 경영대학 교수 마이클 포터(Michael Porter)가 제시한 산업구조분석 기법이다.

15 공인인증서에 대한 내용으로 옳지 않은 것은?

① 공인인증서는 신규발급일로부터 1년이 유효기간이다.
② 개인인증서는 은행·보험용 거래 시 수수료는 없다.
③ 공인인증기관으로는 금융결재원, (주)코스콤, 한국전산원 등이 있다.
④ 공인인증서를 사용하더라도 인감을 날인한 것과 같은 효력은 발생하지 않는다.
⑤ 공인인증기관이 발행하는 인증서로 전자서명법에 의한 효력과 증거력을 갖추고 있다.

> **해설** 공인인증서를 사용하면 인감을 날인한 것과 같은 효력이 발생한다.

16 자본시장법상 금융투자업의 인가조건으로 옳지 않은 것은?

① 최저자본금 조건
② 임원의 적합성 조건
③ 이해상충방지체계구축 요건
④ 인적과 전산설비·물적 설비 요건
⑤ 사업계획 타당성 요건

> **해설** 최소 자기 자본 요건(인가업무 단위별로 5억 원 이상으로서 대통령령으로 정하는 금액 이상의 자기자본을 갖출 것)이 있으나, 자본금 요건은 적용하지 않는다.

17 자본시장법상 금융투자상품과 비금융투자상품을 구분하는 기준으로 가장 올바른 것은?

① 만기의 유무
② 세제혜택 유무
③ 취급 금융기관
④ 원금손실 가능성
⑤ 원금초과손실 가능성

> **해설** 원금의 손실가능성이 정답이다. 원금초과손실 가능성은 금융투자상품 테두리 내에서 다시 증권과 파생상품의 구분 기준이 된다.

정답 13 ② 14 ④ 15 ④ 16 ① 17 ④

18 총자본이익률(ROI)는 10%, 총자본회전율 3회, 당기순이익이 10억일 경우 매출액은 얼마인가?

① 50억 원　　　　　② 100억 원　　　　　③ 150억 원
④ 200억 원　　　　　⑤ 300억 원

> **해설** 총자본이익률(ROI) = 매출액순이익률×총자본회전율 = (당기순이익/매출액)×총자본회전율
> 10% = (10억 원/매출액)×3회 따라서 ∴매출액 = 300억 원

19 매출액 순이익률이 높은 기업부터 순서대로 올바르게 나열한 것은?[단위 : 만 원]

구 분	A사	B사	C사	D사
매 출 액	27,000	30,000	35,000	42,000
자기 자본	162	270	175	1,260
당기순이익	810	1,800	1,750	4,200

① A사 - B사 - C사 - D사　　② B사 - A사 - C사 - D사
③ B사 - C사 - D사 - A사　　④ D사 - B사 - C사 - A사
⑤ D사 - C사 - B사 - A사

> **해설** 매출액 순수익률 = (당기순이익÷매출액)×100으로 계산한다. 이 식에 대입하여 계산해 보면 A사는 3%, B사는 6%, C사는 5%, D사는 10%이다. 따라서 D-B-C-A순이다.

20 우리나라 증권시장에 대한 설명으로 가장 거리가 먼 것은?

① 한국거래소는 유가증권시장, 코스닥시장, 파생상품시장을 개설하여 운영하고 있다.
② 코스닥시장은 벤처기업 등의 자금조달을 돕기 위해 개설되었다.
③ 코스닥시장은 비하여 유가증권시장의 시가총액이 더 크다.
④ 프리보드시장은 경쟁매매 방식으로 운영되고 있다.
⑤ 유가증권시장에 상장된 주권을 발행한 법인은 주권상장법인에 해당한다.

> **해설** 한국금융투자협회가 운영하는 장외시장인 프리보드시장은 상대매매 방식(매도호가와 매수호가가 일치하는 경우에만 체결되는 방식)으로 운영되고 있다.

21 다음 중 우리나라의 주가지수에 대한 설명으로 옳지 않은 것은?

① 우리나라 대부분의 주가지수는 시가총액식으로 산출한다.
② KOSPI200은 거래소에 상장된 종목 중 거래가 활발하며, 시가총액이 일정 규모 이상인 200개의 종목으로 구성된 지수이다.
③ KOSPI200은 주가지수선물의 대상지수로 기준 시점은 1990년 1월 3일이다.
④ KRX100은 유가증권시장의 대표종목 100개로 구성된 주가지수이다.
⑤ KOSTAR지수의 대표성이 떨어지고 코스닥 시장의 변동성을 보여주기에 한계가 있어 한 단계 발전시켜 만든 것이 코스닥프리미어지수이다.

> 해설: KRX100의 100개 종목은 유가증권 시장의 87개 종목, 코스닥 시장의 13개 종목으로 구성되며, 구성 종목은 매년 정기적으로 조정되는 지수이다.

22 다음 중 상장지수펀드(EFT)에 관한 일반적인 성격과 거리가 먼 것은?

① KOSEF, KODEX200은 EFT에 속한다.
② 시장위험에 노출되어 있어 홈트레이딩으로 거래가 불가하다.
③ 투자자는 증권사에 관계없이 증권사 계좌만 있으면 개별주식처럼 거래할 수 있다.
④ 인덱스펀드는 익일매수하나 EFT는 시장에서 매수가 가능하기 때문에 적시성이 있다.
⑤ 운용자능력이 타 펀드에 비하여 중시되지 않으며, 주식형 인덱스펀드에 비해 보수가 낮다.

> 해설: ETF는 인덱스펀드로 장내에 상장되어 일반 주식처럼 매매가 가능하므로 홈트레이딩으로 거래가 가능하다.

23 다음 설명 중 옳지 않은 것은?

① ELF는 중도환매가 가능한 금융상품이다.
② ELF는 상품 성격이 수익증권이고, 상품형태는 펀드이다.
③ ELD는 은행의 상품으로 만기까지 보유하면 원금이 보장되는 금융상품이다.
④ ELS는 대부분 원금 보장형으로 원금 손실에 대한 위험이 낮다.
⑤ ELS는 투자 자산의 대부분을 채권 등에 투자하고 일부는 파생상품에 투자하여 주가 지수 등 기초자산의 변동에 따른 수익을 추가적으로 추구하는 상품이다.

> 해설: ELS는 대부분 원금보존 추구형으로 원금 손실이 가능하다. 상품에 따라 원금보장이 가능한 상품도 있다.

정답 18 ⑤ 19 ④ 20 ④ 21 ④ 22 ② 23 ④

24 다음은 주식의 특성에 따른 분류방법이다. 가장 적절하게 연결된 것은?

> A. 주식의 내재가치보다 현재의 주가수준이 상당히 낮게 형성되어 있는 주식을 말한다.
> B. 경기변화에 덜 민감한 주식으로, 경기 침체기에도 안정적인 주가흐름을 나타내는 주식을 말한다.
> C. 의결권이 없는 대신 보통주보다 먼저 배당을 받을 수 있는 권리가 부여된 주식을 말한다.

① A – 성장주, B – 경기방어주, C – 배당주
② A – 성장주, B – 경기민감주, C – 우선주
③ A – 성장주, B – 경기순환주, C – 우선주
④ A – 가치주, B – 경기방어주, C – 우선주
⑤ A – 가치주, B – 경기순환주, C – 배당주

> 해설 A – 가치주, B – 경기방어주, C – 우선주

25 유가증권시장에서 공모 상장절차로 가장 올바른 것은?

> A. 상장예비심사   B. 신규상장신고서 제출
> C. 공모(유가증권신고서 제출)   D. 신규상장 승인통지
> E. 상장예비심사 청구서 제출

① C – E – A – B – D   ② B – E – C – A – D
③ E – A – C – B – D   ④ C – E – B – A – D
⑤ E – A – B – D – E

> 해설 상장 절차도 : 상장예비 심사(거래소) ⇒ 증권신고서 제출(금융위) ⇒ 효력기간 발생 ⇒ 청약·배정 ⇒ 납입 ⇒ 상장

26 PER에 대한 일반적인 설명으로 틀린 것은?

① 고성장산업은 저성장산업에 대해 PER이 높은 경향이 있다.
② PER를 이용하여 해당 주식의 과대 또는 과소평가 여부를 분석할 수 있다.
③ PER은 각 기업의 성장성, 위험 등의 차이에 따른 질적 측면이 표현된 것으로 각 기업이 지니는 수익력의 질을 나타내 준다.
④ 일반적으로 같은 업종에서 PER이 높은 주식은 PER이 낮은 주식에 비해 시장가격이 낮게 평가되어 있다.
⑤ PER은 주식의 시장가격을 주당 순이익으로 나눈 값이다.

> **해설** 일반적으로 같은 업종에서 PER이 높은 주식이 PER이 낮은 주식에 비해 시장가격이 높게 평가되어 있다.

27 다음은 주식시장 분석에 사용되는 지표에 대한 설명이다. 올바른 설명으로만 모두 묶은 것은?

> A. PER은 현재 주가를 주당 순이익으로 나눈 값이다.
> B. PBR은 현재 주가를 주당 순자산으로 나눈 값이다.
> C. ROE가 10%이면 자기자본 2만 원을 투자해 2백 원의 수익을 냈다는 의미이다.
> D. 현재 선진국 증시의 PER이 11배, 한국 증시의 PER이 8배라고 한다면 한국 증시가 선진국 증시보다 고평가 되었다고 본다.

① A, B ② B, C ③ A, C
④ C, D ⑤ B, D

> **해설** C. ROE는 투자된 자본을 사용해 어느 정도 이익을 올렸는지를 나타내는 지표이다. 산출 방식은 당기순이익을 자기자본으로 나눈 뒤 100을 곱하면 된다. 따라서 (2천 원÷2만 원)×100 = 10%이다. 수익은 2백 원이 아니라 2천 원이다.
> D. PER은 저평가와 고평가를 나타내는 지표로 수치가 낮을수록 저평가, 수치가 높을수록 고평가되었다고 본다.

28 다음 중 주식시장에서 분산투자를 통하여 줄일 수 있는 위험만으로 묶인 것은?

> A. 이자율위험   B. 시장위험   C. 사업위험
> D. 국가위험   E. 유동성위험

① A – B – E
② B – C – D
③ A – D – E
④ C – D – E
⑤ B – D – E

> **해설** 포트폴리오 위험에는 체계적위험과 비체계적위험이 있다. 체계적위험이란 이자율, 환율, 인플레이션 등 거시경제변수에 기인하여 모든 위험자산에 영향을 미치는 위험으로 총 위험 중 분산이 불가능한 부분이다. 이자율위험, 재투자위험, 환율위험, 시장위험 등이 해당된다. 비체계적위험이란 개별자산에 발생하는 위험으로 시장의 전반적인 사건과는 관계가 없다. 총 위험 중 분산 가능한 부분으로 포트폴리오를 구성하는 자산 수를 늘림으로서 통계적으로 제거 가능하다. 사업위험, 유동성위험, 국가위험 등이 해당된다.

정답 24 ④ 25 ③ 26 ④ 27 ① 28 ④

29 유가증권시장에 상장된 ABC산업의 전거래 종가는 15,000원이었다. 그 다음 거래일인 당일 하한가 가격은 얼마인가?

① 10,000원　　② 10,500원　　③ 11,000원
④ 11,500원　　⑤ 12,000원

> **해설** 유가증권시장의 하한가는 전일 종가 대비 −30% 이내이다. 즉, 15,000원×0.3 = 4,500원
> 따라서 ABC산업의 하한가는 15,000원−4,500원 = 10,500원이다.

30 시장가격이 상승추세를 나타내고 있을 때에는 매일 매일의 종가가격이 최근의 시장가격이 최고점에 형성되는 경향이 높고 반대로 하락추세를 나타낼 때는 종가가격은 최근의 시장가격의 변동점 중 최저점에서 형성되는 경향이 높다는 과거경험에서 비롯된 차트는?

① 볼린저 밴드(Bollinger band)
② 스톡캐스틱(Stochastic) 기법
③ 스윙(Swing)차트
④ 코포크 지표(Coppock Index)
⑤ 엔벨로프(Envelope) 지표

> **해설** 스톡캐스틱(Stochastic)기법은 매일의 종가가 최근 일정기간의 고가에서 저가 범위내의 어느 곳에 위치하는가를 관찰함으로써 시장의 강약을 파악하려고 하는 지표이다.

31 코스닥시장의 매매제도에 관한 설명으로 옳지 않은 것은?

① 코스닥상장주권의 주문수량 단위는 가격에 관계없이 10주이다.
② 투자경고종목, 관리종목으로 지정된 경우는 신용거래가 금지된다.
③ 매 연도 말 1일간(공휴일 및 토요일 제외)은 휴무일로 지정된다.
④ 기준가격이 1,000원 이상 5,000원 미만인 경우 주문단위가격은 5원이다.
⑤ 매매에 대한 결제는 매매체결일을 포함하여 3일째 되는 날 이루어지는 것이 원칙이다.

> **해설** 코스닥상장주권의 주문수량 단위는 가격에 관계없이 1주이다.

32 코스닥시장에서 투자유의종목 지정요건이 아닌 것은?

① 거래실적 부진으로 월거래량 충족 못한 경우
② 주된 영업활동의 정지, 양도결정시
③ 관계상호신용금고의 자기자본비율 하락
④ 주식분산기준에 미달하는 경우
⑤ 기한내 분기보고서 제출 못한 경우

> **해설** 코스닥 투자유의종목제도는 코스닥 협회 등록법인 중 환금성이 결여되었거나 경영부실 등의 사유가 발생한 경우 이들 법인을 별도로 관리 공시함으로써 투자자의 투자 판단에 주의를 환기시키기 위한 제도이다. 투자유의종목에 지정되는 경우는 다음과 같다. A 주식거래실적이 부진한 경우, B 사외이사·감사위원회 미구성, C 불성실공시 또는 신고의무위반, D 주식분산기준에 미달하는 경우, E 사업보고서·반기보고서 또는 분기보고서의 미제출, ⓗ 정기주주총회 미개최 및 정기주주총회에서 재무제표 미승인시, Ⓐ 관계상호신용금고의 자기자본비율 하락

33 불성실공시에 대한 설명으로 가장 거리가 먼 것은?

① 불성실공시 유형에는 공시불이행, 공시번복, 공시변경이 있다.
② 이미 공시한 내용을 전면 취소 또는 부인하는 경우는 공시번복에 해당된다.
③ 한국거래소는 공익 또는 투자자 보호를 위해 필요하다고 인정되는 경우 불성실공시로 적용하지 않을 수 있다.
④ 공시 시한 내에 공시하지 않은 경우는 공시불이행에 해당한다.
⑤ 금융감독원은 상장법인이 공시 의무를 위반하는 경우 불성실공시 법인으로 지정하여 매매거래 정지, 관리종목 지정 또는 주권상장폐지 등의 제재 조치를 취하고 있다.

> **해설** 한국거래소의 역할 중 하나이다.

34 수익증권의 구조에 대한 설명으로 거리가 먼 것은?

① 위탁회사는 조성된 펀드를 운영하는 자이다.
② 집합투자업자는 조성된 펀드를 운용하는 자이다.
③ 수익자는 위탁회사와 수탁회사간의 체결된 신탁계약에 의해 균등하게 분할 된 수익증권을 보유하는 자이다.
④ 판매회사는 위탁회사와의 계약에 의하여 수익증권을 판매하는 자이다.
⑤ 신탁회사는 판매회사의 지시에 따라 유가증권의 보관관리를 담당하는 자이다.

> **해설** 신탁회사는 자산운용사의 지시에 따라 대금 및 증권 결재, 유가증권 보관 관리를 담당하는 자이다.

35 고객이 펀드판매 창구에서 주식이 50% 미만 편입된 펀드를 월요일 오후 3시에 환매 청구한 경우 기준가 적용일은?

① 월요일(T일)　　② 화요일(T+1일)　　③ 수요일(T+2일)
④ 목요일(T+3일)　　⑤ 금요일(T+3일)

> **해설** 주식형 50% 미만 편입 혼합형펀드, 채권형펀드는 월요일 오후 5시 이전에 환매 청구한 경우 기준가 적용일 수요일(T+2일)이다.

정답 29 ② 30 ② 31 ① 32 ② 33 ⑤ 34 ⑤ 35 ③

36 ELW(Equity Linked Warrant)에 대한 설명 중 가장 거리가 먼 것은?

① 상장주식과 마찬가지로 가격제한폭이 있다. ② 주식과 달리 만기일이 정해져 있다.
③ 주식전환비율은 종목별로 다르다. ④ 장중 대량매매 및 바스켓 매매를 할 수 없다.
⑤ 주식시장의 매매거래 중단시 ELW 거래도 중단된다.

> 해설 ELW(주식워런트증권)는 가격제한폭이 없다.

37 다음 중 역외펀드에 대한 설명으로 옳지 않은 것은?

① 운용회사는 해외자산운용사이다.
② 펀드의 기준통화는 외화이다.
③ 국내펀드에 비하여 비용이 높은 편이다.
④ 국내 투자자를 대상으로 전 세계에 투자하는 금융상품이다.
⑤ 해외투자 역외펀드는 외국법에 의해 외국에서 설립·설정된 펀드이다.

> 해설 해외투자펀드(역내펀드)에 대한 설명이다.

38 다음 중 증권회사에서 종합자산관리계좌(Wrap Account)에 업무의 일반적 순서는?

A. 설문지 작성 B. 포트폴리오 추천
C. 성과 평가 D. 투자 조정
E. 투자성향 분석

① A - B - C - D - E ② A - D - E - B - C
③ A - E - B - C - D ④ E - B - A - C - D
⑤ E - B - C - D - A

> 해설 설문지 작성 → 투자성향분석 → 포트폴리오 추천 → 성과 평가 → 투자조정 순이다.

39 주식이나 채권 등을 간접발행할 경우, 시장중개기관의 입장에서 발행에 따른 위험이 큰 방식에서 작은 방식으로 순서대로 가장 적절하게 나열한 것은?

① 잔액인수 > 총액인수 > 모집매출주선 ② 잔액인수 > 모집매출주선 > 총액인수
③ 모집매출주선 > 잔액인수 > 총액인수 ④ 총액인수 > 모집매출주선 > 잔액인수
⑤ 총액인수 > 잔액인수 > 모집매출주선

> **해설** 간접발행방식은 발행위험의 부담정도에 따라 모집매출주선, 잔액인수, 총액인수로 구분된다. 시장중개기관의 입장에서 발행에 따른 위험의 크기를 순서대로 나열하면 총액인수 〉 잔액인수 〉 모집매출주선 순이다. 발행주체의 입장에서 발행에 따른 위험의 크기를 순서대로 나열하면 모집매출주선 〉 잔액인수 〉 총액인수 순이다.

40 KOSPI200선물을 250에 2계약 매수하였는데 선물가격이 251로 상승하였다면 투자자의 계좌에는 어떤 변화가 나타나는가? (단, KOSPI200선물의 거래승수는 25만 원임)

① 일일정산 후 50만 원 출금
② 일일정산 후 50만 원 입금
③ 만기일에 50만 원 출금
④ 만기일에 50만 원 입금
⑤ 변동 없음

> **해설** KOSPI200 선물 매수 후 251로 상승하였으므로 이익이 발생한다. 일일정산을 통해 50만 원(1포인트×25만 원×2계약)이 선물계좌에 입금된다.

41 채권투자 시 직접적으로 고려해야 하는 요인으로 가장 거리가 먼 것은?

① 표면이율
② 잔존기간
③ 신용등급
④ 배당성향
⑤ 만기수익률

> **해설** 배당성향은 주식투자의 직접적인 고려 요인이다.

42 다음 중 채권의 만기수익률에 대한 설명으로 거리가 먼 것은?

① 채권시장에서 거래호가 및 가격계산을 위해 사용하는 가장 일반적인 수익률이다.
② 만기일시상환채권은 채권투자 후 만기까지 보유하면 실효수익률이 만기수익률과 일치한다.
③ 만기수익률은 이 수익률로 채권을 매입하여 만기까지 보유하면 반드시 실현되는 수익률이다.
④ 이표채의 경우 표면이자 등 만기 전까지 발생하는 현금흐름을 최초 투자 시의 수익률로 재투자하고 만기까지 보유한 수익률이다.
⑤ 채권 만기까지의 단위기간별로 발생하는 이자의 액면금액에 의해 이루어지는 현금흐름의 현재가치의 합을 채권의 가격과 일치시키는 할인율이다.

> **해설** 만기수익률은 이 수익률로 채권을 매입하여 만기까지 보유하면 반드시 실현되는 수익률을 의미하지는 않는다.

정답 36 ① 37 ④ 38 ③ 39 ⑤ 40 ② 41 ④ 42 ③

43 채권의 듀레이션의 특징에 대한 설명 중 옳지 않은 것은?

① 만기 시 일시상환채권의 듀레이션은 이 채권의 잔존기간보다 작다.
② 이표채의 표면이율이 낮을수록 듀레이션은 증가한다.
③ 일반적으로 잔존기간이 길수록 듀레이션이 증가한다.
④ 이표채의 만기수익률이 높을수록 듀레이션이 감소한다.
⑤ 듀레이션의 관계는 채권가격의 변동성과 양의 관계이다.

> **해설** 만기 시 일시상환채권의 듀레이션은 이 채권의 잔존과 동일하다.

44 다음 중 듀레이션이 작은 것부터 큰 순서대로 나열한 것은?

	표면이율	잔존기간	채권수익률
A	6%	7년	8%
B	8%	5년	8%
C	8%	7년	8%
D	8%	5년	10%

① B < D < C < A
② B < D < A < C
③ A < C < D < B
④ D < B < C < A
⑤ D < B < A < C

> **해설** 듀레이션은 표면이율 낮을수록, 잔존기간은 많을수록, 채권수익률은 낮을수록 크다.

45 채권발행에 방식에 관한 설명 중 거리가 먼 것은?

① Dutch 방식은 직접공모 방식이다.
② 위탁모집은 발행자가 위험부담을 진다.
③ Conventional방식은 모든 낙찰자에게는 낙찰된 수익률 중 가장 높은 수익률이 일률적으로 통일 적용됨으로써 단일가격으로 발행이 이루어진다.
④ 총액인수 방식은 채권발행 업무 일체를 발행기관이 모두 인수한 후 발행기관이 책임하에 모집 또는 매출하는 방식이다.
⑤ 차등가격 경매 방식은 응찰 수익률을 일정 간격으로 그룹화하여 각 그룹별로 최고 낙찰수익률을 적용하는 방식이다.

해설 Conventional방식은 응찰자가 제시한 낮은 수익률이나 높은 가격으로 발행하며, 복수의 발행조건이 생기는 방식이다.

46 다음 채권의 볼록성에 대한 설명 중 옳지 않은 것은?

① 볼록성은 만기수익률에 대한 채권가격 함수의 2차 도함수를 채권가격으로 나누어 준 것이다.
② 채권가격과 채권수익률 간의 관계는 선형이 아닌 원점에 대하여 볼록한 형태를 지닌다.
③ 다른 조건이 일정한 경우, 잔존기간이 길어질수록 볼록성은 커진다.
④ 다른 조건이 일정한 경우, 표면이율이 낮을수록 볼록성은 커진다.
⑤ 다른 조건이 일정한 경우, 만기수익률 수준이 높을수록 볼록성은 커진다.

해설 다른 조건이 일정한 경우, 만기수익률 수준이 높을수록 볼록성은 작아진다.

47 다음 중 회사채 발행을 결의하는 주식회사의 기관은?

① 이사회
② 주주총회
③ 임시총회
④ 경영위원회
⑤ 감사위원회

해설 회사채 발행 결의는 이사회에서 이루어진다.

48 A국의 채권시장에서는 중앙정부가 발행한 국채와 지방정부가 발행한 지방채만 거래되고 있으며, 채권 보유에 따른 수익에 대해 세금이 부과된다. 정부의 정책변경에 따라 국채 보유에 따른 수익에 이전과 같은 세금을 부과하는 반면, 지방채 보유에 따른 수익에는 세금을 면제할 계획이다. 이때 두 채권의 이자율은 어떻게 변화할 것인가?

① 국채 이자율과 지방채 이자율 모두 상승할 것이다.
② 국채 이자율은 상승하고 지방채 이자율은 하락할 것이다.
③ 국채 이자율은 하락하고 지방채 이자율은 상승할 것이다.
④ 국채 이자율은 변화가 없으나 지방채 이자율은 상승할 것이다.
⑤ 국채 이자율은 변화가 없으나 지방채 이자율은 하락할 것이다.

해설 국채 보유에 대해서는 세금이 계속 부과되는 반면 지방채 보유에 대한 세금은 면제되었으므로, 지방채에 대한 수요는 증가하고 대체재인 국채에 대한 수요는 감소하게 된다. 따라서 다른 조건에 변화가 없다면 국채의 가격은 하락하고 지방채에 대한 가격은 상승한다. 이자율은 가격과 역의 관계가 있으므로 국채 이자율은 상승하고 지방채 이자율은 하락하게 된다.

정답 43 ① 44 ④ 45 ③ 46 ⑤ 47 ① 48 ②

49 다음 중 채권투자전략의 소극적 투자전략에 해당하는 것을 모두 고르면?

> A. 면역전략   B. 수익률곡선타기전략   C. 만기보유전략
> D. 인덱스 전략   E. 금리예측전략

① A, B, C   ② A, B, D   ③ A, B, E
④ A, C, D   ⑤ A, C, E

> **해설** 채권투자전략 중 소극적 투자전략은 면역전략, 인덱스전략, 만기보유전략, 사다리형 만기전략, 바벨형(아령형) 만기전략이 있다.

50 다음 신종채권에 관한 설명 중 가장 적절하지 않은 것은?

① 전환사채(CB)는 권리행사시 별도의 주금납입이 필요하지 않다.
② 전환사채(CB)의 전환권 행사시 사채는 소멸하므로 부채감소와 자본의 증가를 가져온다.
③ 교환사채(EB)의 권리행사시 사채권은 존속하므로 발행회사의 신주발행은 필요하지 않다.
④ 신주인수부사채(BW)의 신주인사권 행사 후에도 사채는 존속하므로 별도의 주금납입이 필요하다.
⑤ 전환사채(CB)의 발행회사 측면에서 주식전환으로 인한 자본잉여금의 증가로 재무구조 개선의 효과가 크다는 장점이 있다.

> **해설** 교환사채는 투자자에게 소정의 기간 내에 사전에 합의된 조건으로 발행회사가 보유하고 있는 성장유가증권으로 사채를 교환 청구할 수 있는 권리(교환권)가 부여된 채권으로 권리행사 후 사채권은 소멸한다.

51 말킬의 채권가격정리에 관한 설명이다. 거리가 먼 것은?

> A. 표면이자율이 낮을수록 가격변동률이 커진다.
> B. 채권의 잔존기간이 증가함에 따라 가격변동률은 체증한다.
> C. 잔존기간이 길어질수록 수익률 변동에 따른 가격변동률이 커진다.
> D. 동일한 크기의 수익률 변동시 수익률하락에 따른 가격상승폭은 수익률 상승에 따른 가격하락폭과 동일하다.

① A, B   ② B, C   ③ B, D
④ C, D   ⑤ A, B, C

> **해설** 경제학자 말킬(B. G. Malkeil)이 채권 가격을 결정하는 요소인 시장수익률, 표면이자율, 잔존 기간 등을 기초로 제시한 다음 다섯 가지의 채권 수익률과 채권 가격의 관계를 말한다.
> ① 채권 가격과 수익률은 역의 관계이다. ② 잔존 기간(만기)이 긴 채권이 잔존 기간(만기)이 짧은 채권보다 가격 변동폭이 크다. ③ 채권 수익률 변동에 따른 채권 가격의 변동폭은 만기가 길어질수록 증가하나 그 증가율은 체감한다. ④ 잔존 기간(만기)이 일정할 때 채권 수익률 하락으로 인한 가격 상승폭이 같은 폭의 수익률 상승으로 인한 채권 가격 하락폭보다 크다.
> ⑤ 표면이자율이 높을수록 채권 가격 변동폭이 작다.

52 채권가격과 수익률의 변동에 대해 잘못된 것은?

① 채권가격은 채권수익률과 동일한 방향으로 움직인다.
② 채권가격은 현금흐름, 잔존기간 및 만기수익률에 의해 영향을 받는다.
③ 채권의 잔존기간이 길수록 동일한 수익률 변동에 대한 가격변동률은 커진다.
④ 표면이율이 높을수록 동일한 크기의 수익률변동에 대한 가격변동률은 작아진다.
⑤ 채권의 만기는 가까울수록 수익률 수준과 관계없이 복리채는 만기가격에 채권가격은 수렴한다.

> **해설** 채권가격이란 매기마다 발생하는 현금흐름을 수익률로 할인하여 구한 현재가치의 합을 말하므로 채권수익률이 상승하면 채권가격은 하락하고, 채권수익률이 하락하면 채권가격은 상승한다. 이처럼 채권가격은 채권수익률과 반대방향으로 움직이므로, 역의 관계에 있다.

53 채권투자와 관련된 위험에 관한 다음 설명 중 틀린 것은?

① 재정증권과 같은 국채도 이자율위험, 재투자율위험, 구매력위험 등은 존재한다.
② 이자율위험은 체계적 위험으로 채권을 만기까지 보유할지라도 회피할 수 없다.
③ 인플레이션 위험은 채권의 만기가 길수록 커지는 경향이 있으며 이 위험을 피하기 위해 금리연동부채권에 투자하는 것이 좋다
④ 수의상환위험은 원금이 만기이전에 투자자의 의도와 무관하게 상환될 수 있는 위험이며, 수의상환권은 발행시의 이자율보다 높다.
⑤ 채무불이행위험은 모든 금융거래에 수반되는 본질적인 위험이며, 채권발행자의 신용수준과 관련이 있다.

> **해설** 이자율위험은 시장이자율의 상승으로 인한 채권가격의 하락으로 야기되는 위험을 말한다. 이자율위험은 체계적 위험으로 채권을 만기까지 보유할 경우 회피할 수 있다.

54 다음 중 자산유동화 증권(ABS)에 관한 설명으로 가장 거리가 먼 것은?

① Pass-Through 방식은 기초자산 자체를 매각하는 방식이다.
② Pay-Through 방식은 기초자산에서 발생하는 현금흐름을 기초로 하는 방식이다.
③ 유동화대상자산은 유동성이 높고 현금흐름의 예측 및 자산의 양도가 가능해야 한다.
④ 신규로 발행된 회사채를 기초자산으로 하는 ABS를 Primary CBO라 한다.
⑤ 금융기관의 경우 자기자본관리를 강화하는 방안으로 자산유동화를 추진하기도 한다.

> **해설** 유동화대상자산은 유동성이 낮고 현금흐름의 예측 및 자산의 양도가 가능해야 한다.

55 한국거래소가 투자자 보호를 위하여 풍문, 보도내용 등의 사실여부와 주가와 거래량의 급변하는 등의 경우 미공개 정보가 있는지 여부를 상장법인에게 확인하여 공시하도록 한 제도는?

① 수시공시제도　　　　　　　　② 정기공시제도
③ 조회공시제도　　　　　　　　④ 불성실공시제도
⑤ 주요사항공시제도

> **해설** 한국거래소가 투자자 보호를 위하여 풍문, 보도내용 등의 사실여부와 주가와 거래량의 급변 시에 투자자의 투자판단에 중대한 영향을 미칠 수 있는 미공개 정보가 있는지 여부를 상장법인에게 확인하여 공시하도록 한 제도를 조회공시제도라 한다. 조회공시를 요구받은 상장법인은 원칙적으로 그 요구일부터 1일 이내에 이에 응하여야 한다.

56 증권거래법상 공개매수 대상이 되는 주식등의 총수는?

① 주식 등의 총수에 1% 이상 매수　　② 주식 등의 총수에 3% 이상 매수
③ 주식 등의 총수에 5% 이상 매수　　④ 주식 등의 총수에 10% 이상 매수
⑤ 주식 등의 총수에 25% 이상 매수

> **해설** 증권거래법상 공개매수 대상이 되는 주식 등의 총수는 주식 등의 총수의 100분의 5 이상이 되는 경우이다.

57 다음 중 주가연계증권(ELS)에 대한 설명으로 올바르지 않은 것은?

① 주가지수의 변동과 연계하여 수익률이 결정되는 금융상품이다.
② ELS에 투자한 개인의 경우 예금자보호대상이고 세금우대 대상이다.
③ 원금 비보장형의 경우 원금손실이 발생할 수도 있다.
④ 기준가격은 기초자산가격, 변동성, 이자율 등 여러 변수의 영향을 받는다.
⑤ 넉아웃형은 지수가 한번이라도 미리 정한 수준에 도달하면 당초 약정한 수익률을 받지만 범위 내에서 주가가 움직이면 지수상승분에 따라 수익률이 달라진다.

> **해설** 주가연계증권(ELS)은 예금자보호대상이 아니며, 세금우대 대상이 아니다.

58 종합자산관리계좌(Wrap Account)에 관한 설명 중 틀린 것은?

① 랩(Warp)상품에는 컨설턴트(Consultant)형과 뮤추얼펀드(Mutual Fund)형이 있다.
② 고객과 이해상충이 적어 밀접한 관계 형성된다.
③ 매매에 따라 수수료가 부과되고, 영업사원의 독립성이 강화된다.
④ 고객은 소액으로도 전문가의 서비스를 제공받을 수 있게 되었다.
⑤ 고객은 일괄수수료 지불로 불필요한 서비스 대가에 대한 수수료가 지불될 수 있다.

> **해설** 수수료는 잔고에 따른 운용수수료가 지급되어, 영원사원의 영업력이 약화되었다.

59 다음 중 자본시장선(CML)과 증권시장선(SML)을 비교한 내용으로 옳지 않은 것은?

① 자본시장선은 기대수익률과 총 위험간의 선형관계를 나타내는 모형이다.
② 증권시장선은 기대수익률과 체계적 위험간의 선형관계를 나타내는 모형이다.
③ 비체계적 위험을 가진 포트폴리오는 자본시장선상에 놓이지 않는다.
④ 증권시장선상에 있는 자산이라고 하여 모두 다 자본시장선상에 위치하지 않는다.
⑤ 시장포트폴리오를 편입한 최적 포트폴리오는 증권시장선이 성립하지 않고 자본시장선선만이 성립한다.

> **해설** 시장포트폴리오를 편입한 최적 포트폴리오는 비체계적 위험이 완전히 제거되고 체계적 위험만 남아 자본시장선과 증권시장선이 동일하다.

60 다음 중 베타(β)에 대한 설명으로 옳지 않은 것은?

① 시장 수익률의 변동에 대한 민감성을 나타낸다.
② 시장 수익률의 베타는 0이다.
③ 표준편차와는 달리 상대적인 위험성을 측정하는 척도이다.
④ 증권특성선(SCL: Security Characteristic Line)의 기울기로 측정된다.
⑤ 베타가 1보다 큰 주식을 경기민감주, 작은 주식을 경기방어주라고 한다.

> **해설** 시장 수익률의 베타는 1이다.

정답 54 ③ 55 ③ 56 ③ 57 ② 58 ③ 59 ⑤ 60 ②

61 다음의 자료를 활용하여 크라운전자의 주당 순이익과 주당 배당금액, PER를 구한 값으로 가장 적절하게 나열한 것은?

A. 당기순이익 : 1,000,000,000원		B. 발행주식 총수 : 1,000,000주	
C. 배당성향 : 50%		D. 주가 : 10,000원	

	주당 순이익	주당 배당금액	PER
①	1,000원	500원	5배
②	2,000원	500원	10배
③	1,000원	500원	10배
④	1,000원	5,000원	10배
⑤	2,000원	5,000원	5배

해설 주당 순이익과 주당 배당금액, PER를 구하는 과정은 다음과 같다.
주당 순이익(EPS) = (당기순이익/발행주식총수) = (1,000,000,000원/1,000,000주) = 1,000원
주당 배당액 = (주당순이익×배당성향) = (1,000원×50%) = 500원
PER = (주가/주당순이익) = (10,000원/1,000원) = 10배

62 크라운전자의 배당과 관련한 다음의 자료를 활용하여 배당성향, 배당수익, 배당률을 가장 적절하게 나열한 것은?

A. 주가 : 20,000원		B. 액면가 : 5,000원	
C. 주당배당금 : 1,000원		D. 주당순이익 : 2,000원	

	배당성향	배당수익률	배당률
①	20%	5%	50%
②	40%	5%	20%
③	40%	10%	50%
④	50%	5%	20%
⑤	50%	10%	50%

해설 크라운전자의 배당성향, 배당수익률, 배당률을 계산하는 과정은 다음과 같다.
배당성향 = (현금배당/당기순이익)×100 = (주당배당/주당순이익)×100 = (1,000/2,000) = 50%
배당수익률 = (주당배당/주가[매입가격])×100 = (1,000원/20,000원)×100 = 5%
배당률 = (주당배당/주당액면가)×100 = (1,000원/5,000원)×100 = 20%

63
다음의 조건을 고려하여 A주식의 위험프리미엄을 계산한 값으로 옳은 것은?

- 무위험이자율 : 4%
- 시장의 기대수익률 : 8%
- A주식의 베타 값 : 1.5

① 4%　　　　　　② 5%　　　　　　③ 6%
④ 9%　　　　　　⑤ 15%

해설 개별 주식의 위험프리미엄은 투자자가 무위험이자율보다 더 받기를 원하는 부분(개별 주식의 위험프리미엄 = 주식시장의 위험프리미엄×β)이다. 여기서 주식시장의 위험프리미엄은 주식시장 전체를 상대로 무위험이자율보다 더 받기를 부분(8%−4% = 4%)이다.
∴ A주식의 위험프리미엄 = 4%×1.5 = 6%

64
무위험수익률 4%이고 시장 포트폴리오 기대수익률이 8%이며, 甲기업의 할인율(요구수익률)은 12%일 때, 자본자산가격결정모형(CAPM)이론에 따른 甲기업의 베타는?

① 1.15　　　　　② 1.50　　　　　③ 1.75
④ 2.0　　　　　⑤ 2.2

해설 CAPM의 요구수익률 = 무위험수익률+(포트폴리오 기대수익률−무위험수익률)×β 이므로
0.12 = 0.04+(0.08−0.04)×β 따라서 甲기업의 β = 2

65
투자자 손동표씨는 총 1억 원의 여유자금으로 포트폴리오를 구성하였다. 포트폴리오의 투자성과를 다음과 같이 가정할 경우 가중평균수익률은 얼마인가?

구 분	투자금액	연간수익률
A펀드	40,000,000원	5%
B펀드	40,000,000원	7%
C펀드	20,000,000원	6%

① 5%　　　　　② 6%　　　　　③ 7%
④ 8%　　　　　⑤ 10%

해설 가중평균수익률은 개별자산의 수익률로 투자 비중으로 가중 평균한 값으로, 포트폴리오의 전체 수익률을 측정할 경우 주로 이용한다.
가중평균수익률을 계산하는 과정 = (0.4×0.05)+(0.4×0.07)+(0.2×0.06) = 0.06

66 다음 중 선물과 선도에 대한 설명으로 옳지 않은 것은?

① 선물은 장내파생상품, 선도는 장외파생상품으로 구분된다.
② 선물은 대부분 만기에 실물인수도 되며, 선도는 실물인수도 비율이 매우 낮다.
③ 선도의 가격과 만기일은 거래당사자 간의 협의에 의해 결정된다.
④ 선물과 선도는 손익구조가 선형인 선도형 파생상품에 해당된다.
⑤ 선물은 거래소가 계약이행을 보증하기 때문에 신용위험이 감소한다.

> **해설** 선물은 실물인수도 비율이 매우 낮으며, 선도는 대부분 만기에 실물인수도 된다.

67 선물거래의 이용방법에 관한 다음 설명 중 가장 적절한 것은?

① 차익거래란 두 선물가격의 움직임의 차이를 이용하여 이익을 실현하려는 전략이다.
② 매수헤지란 현물시장 매입포지션의 가격하락 위험을 피하기 위하여 선물시장에서 매도포지션을 취하는 것을 말한다.
③ 투기거래란 선물만을 이용하여 가격변동의 방향성을 예측하고 포지션을 취하여 이익을 실현하고자 하는 전략이다.
④ 헤지 하고자 하는 현물과 동일한 상품이 선물시장에서 거래되고 있는 경우 이를 헤지 대상상품으로 하는 헤지를 교차 헤지라 한다.
⑤ 헤지 하고자 하는 현물상품을 대상으로 하는 선물이 존재하지 않을 때 헤지 하고자 하는 현물상품과 유사한 가격변동 패턴을 갖는 선물계약을 이용하는 헤지를 직접헤지라 한다.

> **해설** ① 스프레드거래, ② 매도 헤지, ④ 직접 헤지, ⑤ 교차 헤지

68 다음 중 OTM옵션에 대한 설명으로 맞는 것으로 묶은 것은?

> A. 권리행사를 하면 매수자에게 손실이 발생하는 종목을 말한다.
> B. 권리행사를 하면 매수자에게 이익이 발생하는 종목을 말한다.
> C. 콜옵션의 경우 : 기초자산가격 〈 권리행사가격
> D. 콜옵션의 경우 : 기초자산가격 〉 권리행사가격
> E. 풋옵션의 경우 : 기초자산가격 〈 권리행사가격
> F. 풋옵션의 경우 : 기초자산가격 〉 권리행사가격

① A - C - E   ② A - C - F   ③ B - C - E
④ B - D - E   ⑤ B - D - F

해설 기초자산가격과 권리행사가격의 관계에 따라 ITM(내가격)옵션, ATM(등가격)옵션, OTM(외가격)옵션으로 분류된다. ITM옵션이란 권리행사를 하면 매수자에게 이익이 발생하는 종목을 말한다. 따라서 콜옵션의 경우에는 기초자산가격 > 권리행사가격, 풋옵션의 경우에는 권리행사가격 > 기초자산가격인 종목을 말한다. ATM옵션이란 권리행사가격과 기초자산가격이 같은 종목을 말한다. OTM옵션이란 권리행사를 하면 매수자에게 손실이 발생하는 종목을 말한다. 따라서 콜옵션의 경우에는 기초자산가격 < 권리행사가격, 풋옵션의 경우에는 권리행사가격 < 기초자산가격인 종목을 말한다.

69 크라운전자 주식의 현재 시장가격은 400,000원이다. 행사가격이 420,000원 크라운전자 콜옵션을 5,000원에 매입한 경우 이 옵션의 가치는?

① 1,000원　　② 2,000원　　③ 3,000원
④ 4,000원　　⑤ 5,000원

해설 옵션가격(프리미엄)은 내재가치와 시간가치의 합(옵션가격 = 내재가치+시간가치)로 구성된다. 내재가치란 해당 옵션을 당장 권리행사해서 얻을 수 있는 콜옵션 = Max(기초자산가격−권리행사가격, 0)이며, 풋옵션 = Max(권리행사가격−기초자산가격, 0)이다. 시간가치란 현재 옵션의 가격 중 내재가치를 초과하는 부분으로 만기까지 남아있는 시간 내에 얻을 수 있는 기회가치를 말한다. 옵션의 시간가치를 계산하는 과정은 다음과 같다.
→ 콜옵션의 내재가치 = Max(400,000원−420,000원, 0) = 0원
→ 시간가치는 옵션 프리미엄 중 내재가치를 초과하는 부분이므로 5,000원−0원 = 5,000원

70 다음 중 전략적 자산배분과 전술적 자산배분에 대한 설명으로 옳지 않은 것은?

① 전략적 자산배분에는 투자비중의 전술적인 변화폭을 결정하는 것까지 포함된다.
② 전략적 자산배분에서는 시장상황 변화에 따른 일시적인 위험회피 성향의 변화는 반영하지 않는다.
③ 전략적 자산배분 중·단기적으로 자본시장 변화의 영향으로 자산의 기대수익률, 위험, 상관관계가 변화하고 이에 적극적으로 대응하는 것을 원칙으로 하고 있다.
④ 전술적 자산배분은 재무목표를 달성하기 위한 전략적 자산배분의 효율성을 높이기 위한 것이다.
⑤ 전술적 자산배분은 자산가격이 단기적으로 빈번하게 균형가격에서 벗어날 수 있지만 장기적으로는 균형가격으로 수렴(복귀)한다는 가정을 이용하는 전략이다.

해설 중·단기적으로 자본시장 변화의 영향으로 자산의 기대수익률, 위험, 상관관계가 변화하고 이에 적극적으로 대응하는 것을 원칙으로 하고 있는 것은 전술적 자산배분이다.

5편 비금융자산 투자설계 모의고사

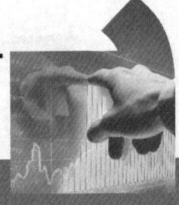

71 부동산의 개념에 관한 설명으로 옳지 않은 것은?

① '민법'상 부동산은 토지 및 그 정착물을 말한다.
② 기술적 개념의 부동산은 생산요소, 자산, 공산, 자연 등을 의미한다.
③ 준부동산은 등기·등록의 공시방법을 갖춤으로써 부동산에 준하여 취급되는 특정의 동산 등을 말한다.
④ 복합개념의 부동산이란 부동산을 법률적·경제적·기술적 측면 등이 복합된 개념으로 이해하는 것을 말한다.
⑤ 토지와 건물이 각각 독립된 거래의 객체이면서도 마치 하나의 결합된 상태로 다루어져 부동산활동의 대상으로 인식될 때 이를 복합부동산이라 한다.

> **해설** 생산요소와 자산은 부동산의 경제적 측면의 개념이며, 공간과 자연은 부동산의 기술적(물리적) 측면의 개념이다.

72 부동산의 자연특성 중 부증성에 관한 설명으로 옳지 않은 것은?

① 자연물인 토지는 유한하여 토지의 녹섬소유욕을 발생시킨다.
② 토지의 지대 또는 지가를 발생시키며, 최유효이용의 근거가 된다.
③ 매립이나 산지개간을 통한 농지나 택지의 확대는 부증성의 예외이다.
④ 부증성에 기인한 특정 토지의 희소성은 공간수요의 입지경쟁을 유발시킨다.
⑤ 토지는 다른 생산물처럼 노동이나 생산비를 투입하여 순수한 그 자체의 양을 늘릴 수 없다.

> **해설** 매립이나 산지개간은 부증성의 예외가 아니라 용도의 다양성에 근거하는 경제적 공급이다. 부증성의 예외는 없다.

73 토지의 분류에 관한 설명으로 옳지 않은 것은?

① 나지는 필지 중 건축물을 제외하고 남은 부분의 토지를 말한다.
② 필지는 하나의 지번이 붙는 토지의 등록단위이다.

③ 맹지는 타인의 토지에 둘러싸여 도로에 직접 연결되지 않는 한 필지의 토지를 말한다.
④ 부지는 일정한 용도로 제공되고 있는 바닥토지를 말하며 하천, 도로 등의 바닥토지에 사용되는 포괄적 용어이다.
⑤ 획지는 인위적·자연적·행정적 조건에 따라 다른 토지와 구별되는 것으로 가격수준이 비슷한 일단(一團)의 토지를 말한다.

> **해설** 공지(空地)에 대한 설명이다.

74 토지 취득방식에 따라 개발방식을 분류할 때, 다음에서 설명하는 개발방식은?

> ○ 도시개발사업에서 이 방식을 많이 활용한다.
> ○ 이 방식에 따라 개발된 토지의 재분배 설계 시평가식이나 면적식을 적용할 수 있다.
> ○ 택지가 개발되기 전 토지의 위치·지목·면적·등급·이용도 및 기타 사항을 고려하여, 택지가 개발된 후 개발된 토지를 토지소유자에게 재분배하는 방식이다.

① 매수방식 ② 수용방식 ③ 혼합방식
④ 환지방식 ⑤ 단순개발방식

> **해설** 택지를 먼저 조성하고 난 이후, 개발된 토지를 토지소유자에게 재분배하는 환지방식에 대한 설명이다.

75 민간의 부동산개발 방식에 관한 설명으로 틀린 것은?

① 자체개발사업에서는 사업시행자의 주도적인 사업추진이 가능하나 사업의 위험성이 높을 수 있어 위기관리능력이 요구된다.
② 토지신탁(개발)방식과 사업수탁방식은 형식의 차이가 있으나, 소유권을 이전하고 사업주체가 토지소유자가 된다는 점이 동일하다.
③ 토지소유자가 제공한 토지에 개발업자가 공사비를 부담하여 부동산을 개발하고, 개발된 부동산을 제공된 토지가격과 공사비의 비율에 따라 나눈다면, 이는 등가교환방식에 해당된다.
④ 토지신탁형은 토지소유자로부터 형식적인 소유권을 이전받은 신탁회사가 토지를 개발·관리처분하여 그 수익을 수익자에게 돌려주는 방식이다.
⑤ 지주공동사업은 토지소유자와 개발업자가 부동산개발을 공동으로 시행하는 방식으로서, 일반적으로 토지소유자는 토지를 제공하고 개발업자는 개발의 노하우를 제공하여 서로의 이익을 추구한다.

> **해설** 토지신탁(개발)방식과 사업수탁방식은 경제적 효과가 유사하나, 토지신탁(개발)방식은 신탁회사에 소유권을 이전되는 반면, 사업수탁방식은 토지소유자 명의로 행해진다는 점에서 차이가 난다.

정답 71 ② 72 ③ 73 ① 74 ④ 75 ②

76 부동산정책에 관한 설명으로 옳지 않은 것은?

① 보금자리주택의 건설, 공급은 정부가 부동산시장에 간접적으로 개입하는 방법이다.
② 정부는 부동산자원의 최적사용이나 최적배분을 위하여 부동산시장에 개입할 수 있다.
③ 정부는 국민이 보다 인간다운 생활을 영위하게 하기 위하여 필요한 최저주거기준을 두고 있다.
④ 용도지역, 지구제는 토지의 기능을 계획에 부합하도록 하기 위하여 마련된 법적, 행정적 장치이다.
⑤ 국가는 공공기관의 개발사업 등으로 인하여 토지소유자의 노력과 관계없이 정상지가상승분을 초과하여 개발이익이 발생한 경우, 이를 개발부담금으로 환수할 수 있다.

> **해설** 보금자리주택의 건설, 공급은 정부가 부동산시장에 직간접적으로 개입하는 방법이다.

77 다음 용도지역 중 도시지역에 해당하지 않는 것은?

① 계획관리지역   ② 자연녹지지역   ③ 근린상업지역
④ 전용공업지역   ⑤ 생산녹지지역

> **해설** 국토의 이용 및 이용에 관한 법령상 도시지역은 주거지역, 상업지역, 공업지역, 녹지지역으로 세분한다. 계획관리지역은 관리지역 중 하나로 비도시지역에 속한다.

78 다음 권리 중 민법의 규정상 부동산을 그 객체로 할 수 없는 것은?

① 소유권   ② 질권   ③ 유치권
④ 점유권   ⑤ 전세권

> **해설** 질권은 동산을 객체로 하는 물권이다.

79 국토의 계획 및 이용에 관한 법령상 각 용도지역에 따른 건폐율과 용적률의 최대한도를 순서대로 바르게 연결한 것은? (단, 도시군계획조례로 규정한 사항은 제외)

① 녹지지역 : 20% - 80%   ② 주거지역 : 60% - 500%
③ 상업지역 : 90% - 1,200%   ④ 계획관리지역 : 40% - 100%
⑤ 자연환경보전지역 : 20% - 60%

> **해설** 각 용도지역에 따른 건폐율과 용적률의 최대한도 ① 녹지지역 : 20% - 100%, ② 주거지역 : 70% - 500%, ③ 상업지역 : 90% - 1,500%, ⑤ 자연환경보전지역 : 20% - 80%

80 다음 중 정비기반시설은 양호하나 노후·불량건축물이 밀집한 지역에서 지역주민이 추진위원회를 구성하고 조합을 결성하여 주거환경을 개선하는 사업은?

① 주거환경개선사업
② 주거환경관리사업
③ 주택재개발사업
④ 주택재건축사업
⑤ 도시환경정비사업

> **해설** 주거환경개선사업 : 도시저소득 주민이 집단으로 거주하는 지역으로서 정비기반시설이 극히 열악하고 노후·불량건축물이 과도하게 밀집한 지역에서 대한주택공사 또는 도시공사가 주거환경을 개선하기 위하여 시행하는 사업
> 주택재개발사업 : 정비기반시설이 열악하고 노후·불량건축물이 밀집한 지역에서 지역주민이 추진위원회를 구성하고 조합을 결성하여 주거환경을 개선하는 사업
> 주택재건축사업 : 정비기반시설은 양호하나 노후·불량건축물이 밀집한 지역에서 지역주민이 추진위원회를 구성하고 조합을 결성하여 주거환경을 개선하는 사업
> 도시환경정비사업 : 상업·공업지역 등에서 토지를 효율적으로 이용하거나, 도심 또는 부도심 등 도시기능 회복이나 상권활성화 등이 필요한 지역에서 지역주민이 추진위원회를 구성하고 조합을 결성하여 도시환경을 개선하기 위하여 시행하는 사업
> 주거환경관리사업 : 단독주택 및 다세대주택 등이 밀집한 지역에서 정비기반시설과 공동이용시설의 확충을 통하여 주거환경을 보전·정비·개량하기 위하여 시행하는 사업
> 가로주택정비사업 : 노후·불량건축물이 밀집한 가로구역에서 종전의 가로를 유지하면서 소규모로 주거환경을 개선하기 위하여 시행하는 사업

81 대출 상환 방식에 관한 설명으로 옳지 않은 것을 모두 바르게 묶은 것은? (단, 대출금액과 기타 대출조건은 동일함)

> A. 원금균등상환 방식의 경우, 매 기에 상환하는 원리금이 점차적으로 감소한다.
> B. 원리금균등상환 방식의 경우, 매 기에 상환하는 원금액이 점차적으로 늘어난다.
> C. 상환 첫 회의 원리금 상환액은 원리금균등상환 방식이 원금균등상환 방식보다 크다.
> D. 체증(점증)상환 방식의 경우, 미래 소득이 감소될 것으로 예상되는 은퇴예정자에게 적합하다.

① A, B
② A, C
③ A, D
④ B, D
⑤ C, D

> **해설** C 상환 첫 회의 원리금 상환액은 원리금균등상환 방식이 원금균등상환 방식보다 작다.
> D 체증(점증)상환 방식의 경우 소득이 작은 초기의 상환부담을 줄이고, 소득이 증가하는 미래의 상환부담을 늘리므로 현재소득보다 미래소득이 증가하는 젊은 대출자에게 유리하다.

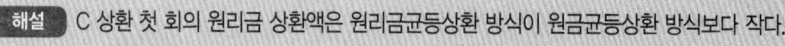

82 다음 법률적 요건을 모두 갖춘 주택은?

> ○ 학생 또는 직장인 등 여러 사람이 장기간 거주할 수 있는 구조로 되어 있는 것
> ○ 독립된 주거의 형태를 갖추지 아니한 것(각 실별로 욕실은 설치할 수 있으나, 취사시설은 설피하지 아니한 것을 말함)
> ○ 1개 동의 주택으로 쓰이는 바닥면적의 합계가 330㎡ 이하이고, 주택으로 쓰는 층수(지하층은 제외)가 3개 층 이하일 것

① 기숙사　　　　　　　　　　　② 연립주택
③ 다중주택　　　　　　　　　　④ 다가구주택
⑤ 다세대주택

해설 다중주택에 대한 설명이다.

83 한국주택금융공사에서 고령자의 노후생활지원을 위해 시행하고 있는 주택연금제도에 관한 설명 중 옳은 것은?

① 이용자격은 보증신청일 현재 만65세 이상 1세대 1주택 소유자(1년 이상 거주)이며, 배우자가 있는 경우 배우자도 만65세 이상이어야 한다.
② 담보가 되는 대상은 주택법상 단독주택, 다세대주택, 연립주택 및 아파트(주상복합아파트 포함) 등이고, 실버주택, 오피스텔, 상가주택, 상가 등은 제외된다.
③ 보증료는 주택가격의 2%를 최초 대출실행시 납부하는 초기보증료와 보증잔액의 연 0.5%를 매월 납부하는 연보증료가 있다.
④ 주택연금 지급방식은 종신지급방식과 종신혼합방식 등이 있다.
⑤ 종신지급방식에서 가입자가 사망할 때까지 지급된 주택연금 대출 원리금이 담보주택가격을 초과하는 경우에는 초과 지급된 금액은 법정상속인이 상환해야 한다.

해설 ① 주택 소유자가 만 60세 이상 신청 가능하다.
② 대상주택은 시가 9억 원 이하의 주택 및 지방자치단체에 신고된 노인복지주택으로 상가 등 복합용도주택은 전체 면적 중 주택이 차지하는 면적이 1/2 이상인 경우 가입 가능하다.
③ 초기보증료 1.5%, 연보증료는 0.75%이다.
⑤ 종신지급방식에서 가입자가 사망할 때까지 지급된 주택연금 대출 원리금이 담보주택가격을 초과하는 경우에는 초과 지급된 금액은 법정상속인에게 청구하지 않는다.

84 다음 중 상가 투자전략으로 옳지 않은 것은?

① 상가투자는 경기상황과 매우 밀접한 관계가 있다.
② 오피스텔은 주택임대사업자로 등록할 수 없다.
③ 오피스빌딩 투자시 감당이 가능한 공실률의 수준은 5% 수준이라고 본다.
④ 상가건물의 매매가격은 일반적으로 대지면적에 평당가격을 곱하여 산정한다.
⑤ 10년 이상 경과한 상가건물의 경우 건물 값은 따로 인정하지 않고 대지가격에 포함된 것으로 간주한다.

> **해설** 오피스텔은 주택임대사업자로 등록할 수 있다.

85 다음 중 주택임대차보호법의 대항요건을 갖추기 위해 구비해야 하는 조치로 올바르게 묶인 것은?

A. 잔금지급 즉시 해당 주민센터에 전입신고를 한다.
B. 전입신고와 동시에 임대차계약서상에 확정일자를 받는다.
C. 가족에 대한 대항력을 확보하기 위한 가족 전원을 대상으로 주민등록신고를 해야 한다.
D. 주택임대차보호법에서는 선순위 임차인과 후순위 임차인은 동일한 지위를 갖는다.

① A, B   ② A, C   ③ C, D
④ A, B, C   ⑤ B, C, D

> **해설** 주민등록신고는 가족 전원이 아니라도 무방하다.
> 임차인의 직위가 높을수록, 즉 선순위일수록 유리하다.

86 인도명령에 대한 설명으로 옳지 않은 것은?

① 인도명령의 상대방은 대항력 없는 점유자, 채무자, 소유자이다.
② 인도명령은 매수인만 신청할 수 있다.
③ 인도명령은 대금납부 후 6개월 이내에 신청해야 한다.
④ 인도명령 결정에 대해서는 즉시 항고할 수 있다.
⑤ 인도명령이 신청되면 집행법원은 그 점유자를 심문하여야 한다.

> **해설** 인도명령이란 경매물건 낙찰 후 법원이 채무자 등 점유자에게 발하는 명령을 말한다.
> 인도명령은 매수인과 채권자(포괄승계인 포함)이 신청할 수 있다.

정답 82 ③ 83 ④ 84 ② 85 ① 86 ②

87 부동산을 2억 원에 매수하여 1년 후 필요경비를 제외하고 2억 2천만 원에 매도할 경우, 기대수익률과 투자여부를 올바르게 연결한 것은? (단, 요구수익률은 9%)

① 10%, 투자 결정
② 10%, 투자 포기
③ 11%, 투자 결정
④ 11%, 투자 포기
⑤ 12%, 투자 결정

> **해설** 기대수익률 = (수익/투자자본)×100 = (2천만 원/2억 원)×100 = 10%
> ∴ 기대수익률(10%) ≥ 요구수익률(9%)이므로 투자를 결정한다.

88 부동산금융에 관한 설명으로 옳지 않은 것은?

① 주택담보노후연금은 연금개시 시점에 주택소유권이 연금지급기관으로 이전된다.
② 원리금균등상환방식에서는 상환초기보다 후기로 갈수록 매기상환액 중 원금상환액이 커진다.
③ 부동산투자회사(REITs)와 조인트벤처(joint venture)는 자금조달방법 중 지분금융에 해당한다.
④ 다층저당증권(CMO)의 발행자는 동일한 저당풀(mortgage pool)에서 상환우선순위와 만기가 다른 다양한 저당담보부증권(MBS)을 발행할 수 있다.
⑤ 주택저당담보부채권(MBB)은 주택저당대출차입자의 채무불이행이 발생하더라도 MBB에 대한 원리금을 발행자가 투자자에게 지급하여야 한다.

> **해설** 주택담보노후연금은 주택을 담보로 제공하고 생활자금을 대출받은 후 가입자가 사망하거나 기간이 종료한 후 주택을 처분하여 그동안의 원리금을 상환하므로 연금 개시 시점에 주택소유권이 연금지급기관에 이전되는 것은 아니다.

89 A부동산에서 1년간 3,000만 원의 수익이 발생하며 이때의 환원이율이 6%일 때, A부동산의 가치는?

① 3억 원
② 3억 5천만 원
③ 4억 원
④ 4억 5천만 원
⑤ 5억 원

> **해설** 환원이율 = (순수익/수익가격)이므로 부동산 가치(수익가격) = (순수익/환원이율)이 된다.
> ∴ 3,000만 원/0.06 = 5억 원

90 리츠(REITs)에 대한 설명으로 옳지 않은 것은?

① 부동산투자회사의 약자로 다수의 일반 투자자로부터 투자받아 부동산관련 상품에 투자하여 발생하는 수익을 배당하는 주식회사이다.
② 국내 리츠(REITs)는 미국과 달리 개발사업이나 단기매매 등이 제한된다.
③ 자기관리 리츠(REITs)는 일반 부동산 및 부동산관련 유가증권에 투자한다.
④ 자기관리 리츠(REITs)는 일반법인과 같이 주주총회나 이사회 등이 존재한다.
⑤ 위탁관리 리츠(REITs)는 자산전문 운용사의 임직원을 상근으로 두어 기업구조조정용 부동산을 매입한다.

해설 위탁관리 리츠(REITs)는 상근 임직원을 둘 수 없는 페이퍼 컴퍼니이다.

91 다음 중 시대별 부동산 정책에 대한 설명으로 옳지 않은 것은?

① 김대중정부 : 분양권 전매제한제도 폐지
② 노무현정부 : 다주택자 양도세 중과 폐지
③ 이명박정부 : LTV, DTI 규제 강화
④ 박근혜정부 : 택지개발촉진법 시행
⑤ 문재인정부 : 조정 대상지역에 대해 LTV, DTI 규제 비율 강화

해설 노무현정부 부동산 정책은 다주택자 양도세를 중과했다.

92 다음 중 인구구조 변화와 부동산시장에 대한 설명으로 옳지 않은 것은?

① 베이비부머 세대 은퇴자의 대부분은 현재의 거주지에 머물 것으로 예상되어 도심지역의 집중화 현상은 계속해서 나타날 것으로 보인다.
② 우리나라 인구는 2031년에 정점을 이른 후 감소할 것으로 보인다.
③ 1~2인 가구의 비중 확대와 핵가족화로 인한 소형주택 강세현상이 지속될 것이다.
④ 우리나라 주택시장은 다운사이징 현상이 지속될 것이다.
⑤ 주택을 기준으로 수요를 분석할 경우 가구보다는 인구를 우선적으로 검토해야 한다.

해설 주택을 기준으로 수요를 분석할 경우 인구보다는 주거의 단위인 가구를 우선적으로 검토해야 한다.

정답 87 ① 88 ① 89 ⑤ 90 ⑤ 91 ② 92 ⑤

93 부동산 투자와 관련한 재무비율과 승수를 설명한 것으로 옳지 않은 것은?

① 동일한 투자안의 경우, 일반적으로 순소득승수가 총소득승수보다 크다.
② 총부채상환비율(DTI)은 차입자의 상환능력을 평가할 때 사용할 수 있다.
③ 동일한 투자안의 경우, 일반적으로 세전현금수지승수가 세후현금수지승수보다 크다.
④ 담보인정비율(LTV)을 통해서 투자자가 재무레버리지를 얼마나 활용하고 있는지를 평가할 수 있다.
⑤ 부채감당률(DCR)이 1보다 작으면, 투자로부터 발생하는 순영업소득이 부채서비스액을 감당할 수 없다고 판단된다.

> **해설** ③ 세전현금수지-영업소득세 = 세후현금수지이고, 세전(후)현금수지승수 = 지분투자액/세전(후)현금수지 이기에 분모가 더 크면 승수가 작아지므로 동일한 투자안의 경우, 일반적으로 세전현금수지승수가 세후현금수지승수보다 작다.
> ① 일반적으로 조소득이 순영업소득보다 크기 때문에 순소득승수가 총소득승수보다 크다.
> ∴ 총소득승수 = 총투자액/조소득, 순소득승수 = 총투자액/순영업소득
> ⑤ 부채감당률(DCR)이 1보다 작으면, 투자로부터 발생하는 순영업소득이 매기간의 원리금 상환액을 감당하기에 부족하다는 것을 의미하기에 옳은 설명이다.

94 임대주택제도 및 정책에 관한 설명으로 옳지 않은 것은? (단, 다른 조건은 동일함)

① 임대료 규제란 주택 임대인이 일정수준 이상의 임대료를 임차인에게 부담시킬 수 없도록 하는 제도다.
② 시장의 균형임대료보다 낮은 임대료 규제는 임대부동산의 공급 축소와 질적 저하를 가져올 수 있다.
③ "준공공임대주택"이란 국가, 지방자치단체, 한국토지주택공사 또는 지방공사 외의 임대사업자가 10년 이상 계속하여 임대하는 전용면적 85㎡ 이하의 임대주택("공공건설임대주택"은 제외한다)을 말한다.
④ "장기전세주택"이란 국가, 지방자치단체, 한국토지주택공사 또는 지방공사가 임대할 목적으로 건설 또는 매입하는 주택으로서 30년의 범위에서 전세계약의 방식으로 공급하는 임대주택을 말한다.
⑤ "행복주택"은 대학생, 신혼부부, 사회초년생 등 젊은층의 주거안정을 위해 직장과 학교가 가까운 곳이나 대중교통 이용이 편리한 곳에 건설하여 주변시세 보다 20~40% 이상 저렴한 임대료로 공급하는 공공임대주택이다.

> **해설** 장기전세주택은 '시프트(shift)'라고도 하며 서울시와 SH공사가 주변 전세시세의 80% 이하로 무주택자가 최장 20년까지 살 수 있도록 마련한 전세주택을 말한다.

95 부동산투자분석기법에 관한 설명으로 옳지 않은 것은?

① 할인현금수지(discounted cash flow)법은 부동산 투자기간 동안의 현금흐름을 반영하지 못한다는 단점이 있다.
② 동일한 현금흐름의 투자안이라도 투자자의 요구수익률에 따라 순현재가치(NPV)가 달라질 수 있다.
③ 투자안의 경제성분석에서 민감도분석을 통해 투입요소의 변화가 그 투자안의 순현재가치에 미치는 영향을 분석할 수 있다.
④ 투자금액이 동일하고 순현재가치가 모두 0보다 큰 2개의 투자안을 비교·선택할 경우, 부의 극대화 원칙에 따르면 순현재가치가 큰 투자안을 채택한다.
⑤ 순현재가치(NPV)가 0인 단일 투자안의 경우, 수익성지수(PI)는 1이 된다.

> **해설** 할인현금수지법은 부동산 투자기간 동안의 현금흐름을 반영하여 투자분석에 유용한 장점이 있다.

96 부동산개발이 다음과 같은 5단계만 진행된다고 가정할 때, 일반적인 진행 순서로 적절한 것은? (순서대로 1단계, 2단계, 3단계, 4단계, 5단계)

A. 사업부지 확보	B. 사업 타당성 분석
C. 사업구상(아이디어)	D. 예비적 타당성 분석
E. 건설	

① C → B → A → D → E
② C → A → B → E → D
③ C → D → A → B → E
④ B → D → A → C → E
⑤ B → A → D → C → E

> **해설** 부동산 개발 과정 : 사업구상(아이디어 계획) → 예비적 타당성 검토 → 부지 모색 및 확보단계 → 사업 타당성 분석 → 금융(자금조달) → 건설 → 마케팅

97 80,000,000원의 기존 주택담보대출이 있는 甲은 A은행에서 추가로 주택담보대출을 받고자 한다. A은행의 대출승인기준이 다음과 같을 때, 甲이 추가로 대출 가능한 최대금액은? (단, 문제에서 제시한 것 외의 기타 조건은 고려하지 않음)

- 甲소유 주택의 담보평가가격 : 400,000,000원
- 甲의 연간소득 : 50,000,000원
- 연간저당상수 : 0.1
- 대출승인기준
  - 담보인정비율(LTV) : 60%
  - 소득대비 부채비율(DTI) : 50%
  ※ 두 가지 대출승인기준을 모두 충족시켜야 함

① 100,000,000원 ② 130,000,000원
③ 160,000,000원 ④ 180,000,000원
⑤ 200,000,000원

해설
1. 담보인정비율(LTV) = 대출금액 한도/주택가격 = 60% 따라서 주택가격이 400,000,000원이므로 대출금 최대한도금액은 240,000,000원이다.
2. 소득대비 부채비율(DTI : 연간원리금 상환액/채무자 연간소득)이므로, 연간원리금 상환액/5,000만 원 = 50%이다. 따라서 연간 원리금 상환액 한도는 2,500만 원이 되고, 대출가능금액은 250,000,000원(원리금 상환액/저당상수 = 2,500만 원/0.1)이다.
3. 두 가지 대출승인기준을 모두 충족시켜야 하므로, 한도가 더 작은 금액인 2.4억 원이 된다. 그런데 기존 융자금이 8천만 원이 있으므로 추가 대출 가능금액은 1.6억 원까지 가능하다.

98 부동산투자의 수익과 위험에 관한 설명으로 옳지 않은 것은? (단, 다른 조건은 동일함)

① 기대수익률이 요구수익률보다 클 경우 투자안이 채택된다.
② 무위험률의 하락은 투자자의 요구수익률을 상승시키는 요인이다.
③ 투자자가 대상부동산을 원하는 시기에 현금화하지 못할 가능성은 유동성위험에 해당한다.
④ 개별부동산의 특성으로 인한 비체계적 위험은 포트폴리오의 구성을 통해 감소될 수 있다.
⑤ 평균 − 분산 지배원리로 투자 선택을 할 수 없을 때 변동계수(변이계수)를 활용하여 투자안의 우위를 판단할 수 있다.

해설 요구수익률 = 무위험률 + 위험할증률이므로 무위험률의 하락은 요구수익률을 하락시키는 요인이다.

99 우리나라 주택시장의 현황에 대한 설명으로 옳지 않은 것은?

① 주택시장에서는 '소득별 세분화' 현상이 진행되고 있다.
② 주택시장에서는 '유형별 세분화' 현상이 진행되고 있다.
③ 주택시장에서는 '평형별 세분화' 현상이 진행되고 있다.
④ 경제위기 이후 대출금리 인상은 부동산가격 하락의 주요인이 되었다.
⑤ 2016년 주택시장에서는 '지역별 차별화' 현상이 지속되고 있다.

> **해설** 국내 주택시장은 지역별 차별화, 평형과 유형별 세분화 현상이 나타났다.

100 대지면적이 200㎡인 대지에 건축되어 있고, 각 층의 바닥면적이 동일한 지하 1층 · 지상 3층인 하나의 평지붕 건축물로서 용적률이 150%라고 할 때, 이 건축물의 바닥면적은 얼마인가? (단, 제시된 조건 이외의 다른 조건이나 제한은 고려하지 아니함)

① 70㎡
② 80㎡
③ 90㎡
④ 100㎡
⑤ 120㎡

> **해설** 용적률 = (연면적/대지면적)이다. 현재 용적률은 150%이고, 대지면적이 200㎡이다. 이 경우 150% = (연면적/200㎡), 변환하면 연면적 = (1.5×200)이다. 따라서 이 건축물의 지상층 연면적은 300㎡가 된다. 여기에서 지하층의 용적률 산정시 연면적(각 층의 바닥면적 합계)에서 제외되기 때문에 지상 3층(300㎡/3층)만 계산하면 이 건축물의 바닥면적은 100㎡가 된다.

은행 FP
자산관리사
3회 모의고사

실제 출제빈도수에 맞추어 구성한 모의고사입니다.

1편   자산관리 기본지식 모의고사
2편   세무설계 모의고사
3편   보험 및 은퇴설계 모의고사
4편   금융자산 투자설계 모의고사
5편   비금융자산 투자설계 모의고사

1편 자산관리 기본지식 모의고사

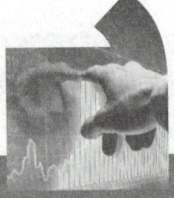

Financial Planner

01 개인 재무설계의 의미에 대한 설명으로 부적절한 것은?

① 고객의 문제 평가에서 시작하여 개인의 재무적 복지를 증진시킨다.
② 개인이나 가계의 현재 재정상태를 검토한다.
③ 나이에 상관없이 평생에 걸쳐 지속적으로 이루어져야 한다.
④ 재무목표를 달성하기 위해 재무적 및 비재무적 자원 모두 적절하게 관리하는 과정이다.
⑤ 개인이나 가계의 재무목표를 달성하여 재정적 만족감을 성취할 수 있도록 방향을 제시하는 과정이다.

> **해설** 미래에 대한 설계 또는 계획에 초점이 맞추어진 개념으로서 고객의 목표 설정부터 시작하여 개인의 재무적 복지를 증진시킨다.

02 개인 재무설계가 필요한 인구 통계적 배경이 아닌 것은?

① 1인 가구의 증가
② 인구의 고령화
③ 평생직업 의식의 강화
④ 출산율의 지속적인 감소
⑤ 베이비 붐 세대의 대량 퇴직

> **해설** 노동시장의 유연성이 높아지면서 평생 직업이라는 개념보다는 고용환경 변화에 따른 평생학습 시스템 등을 통한 인적 자본으로서의 가치를 높이기 위한 노력이 이루어지고 있다.

03 개인 재무설계의 필요성을 잘못 설명한 것은?

① 금융시장의 개방 및 국제화로 인해 개인 재무설계를 필요로 하는 소비자들의 요구가 급속히 증가하게 되었다.
② 1인 가구의 증가로 모든 의사결정의 주체가 개인으로 전환되면서 경제적 부담도 개인 스스로 책임져야하는 시대가 되었다.
③ 평생 직업이라는 개념이 많이 완화되었고, 개인의 가치를 높이기 위한 노력이 이루어지고 있다.
④ 인구의 고령화로 늘어난 평균수명보다 오래 살 가능성에 대비해 노후준비가 필요하다.

⑤ 개인 자산의 대부분이 유동성 금융자산에 편중되어 있고, 가계부채가 감소함에 따라 실제소득이 증가하여 이를 효율적으로 운용할 필요가 있다.

> **해설** 개인 자산의 대부분이 부동산에 편중되어 있고, 가계부채의 증가에 따라 실제소득이 줄어들면서 개인 재무설계의 필요성이 더욱 중요하게 되었다.

04 개인 재무설계의 단계를 순서대로 바르게 연결한 것은?

A. 재무설계 실행	B. 고객과의 관계 정립
C. 재무설계 제안	D. 정기점검 및 사후관리
E. 고객 정보수집 및 재무목표 설정	F. 고객의 재무상태 분석 및 평

① B − F − E − C − A − D
② B − E − F − C − A − D
③ E − B − E − C − A − D
④ E − B − F − C − A − D
⑤ C − B − E − A − F − D

> **해설** B. 고객과의 관계 정립 − E. 고객 정보수집 및 재무목표 설정 − F. 고객의 재무상태 분석 및 평가 − C. 재무설계 제안 − A. 재무설계 실행 − D. 정기점검 및 사후관리이다.

05 접촉 채널별 특징을 잘못 서술한 것은?

① DM은 고객과 친밀한 관계를 만들고, 면담을 매끄럽게 진행하기 위해 활용한다.
② TA는 시간관리에 효율적이고, 유망고객과 쉽게 만날 수 있게 한다.
③ SMS는 비용 부담과 심리적 부담을 줄여주는 장점이 있다.
④ DM과 SMS는 동시에 많은 사람과 접촉할 수 있는 장점이 있다.
⑤ TA는 효과적인 고객면담이 가능하므로 상품 판매 목적에 적극 활용한다.

> **해설** TA는 상품 판매 목적보다는 방문 약속을 잡기 위한 목적으로 활용한다.

06 재무설계 절차 2단계의 재무목표 설정방법으로 맞지 않는 것은?

① 재무 목표는 현실성 있어야 한다.
② 고객의 미래 생활 방식, 가치관, 우선순위 등을 종합하여 설정한다.
③ 목표의 시간적 발생 순서에 따라 고객과 협의하여 우선순위를 결정한다.
④ 재무목표는 구체적이고 수치화하여 측정 가능하여야 한다.
⑤ 재무목표의 기간이 명시되어야 한다.

정답 01 ① 02 ③ 03 ⑤ 04 ② 05 ⑤

> **해설** 목표의 중요도에 따라 고객과 협의하여 우선순위를 결정한다.

07 고객 정보수집 방법에 대한 설명으로 가장 거리가 먼 것은?

① 이미 수집한 정보 중 간단한 질문을 하거나 일부 답변을 확인할 때는 전화가 유용하다.
② 직접면담을 통해 고객에 대해 많은 자료를 수집하고 더 깊은 신뢰감을 쌓을 수 있다.
③ 이메일과 같은 인터넷으로 정보를 수집하면 고객과 쌍방향 의사소통을 극대화할 수 있고, 시간과 비용이 절약된다.
④ 설문서로 고객의 재무적, 비재무적 정보를 수집하면서 고객의 인생관이나 성향 등에 대해 파악할 기회를 가지게 되어 고객을 잘 이해할 수 있다.
⑤ 면담 진행 전 미리 고객이 작성한 설문서를 바탕으로 면담을 진행하면 정보수집 과정이 빠르게 진행되어 시간이 절약되고 고객의 생각이 잘 반영된다.

> **해설** 직접 면담으로 고객의 재무적, 비재무적 정보를 수집하여 고객을 잘 이해할 수 있다.

08 자산부채상태표에서 현금성 자산으로 분류되는 항목만 제시한 것은?

① CMA, 뮤추얼 펀드, 자동차, ELS
② 만기 12개월인 CD, ELS, 주식, 채권
③ 뮤추얼 펀드, 주식, 채권, 보석, MMDA
④ CMA, MMF, 만기 5개월인 CD
⑤ 보통예금, 만기 3개월인 CD, 자동차, 주식

> **해설** 현금성 자산 : 보통예금, 수시입출금예금 CMA, MMF, MMDA, 만기 6개월 미만 CD 등 / 금융투자자산 : 투자 목적이 6개월 이상인 금융상품의 잔액, 주식, 채권, ELS, ELD, ELF, 뮤추얼 펀드 등 / 개인사용자산 : 자동차, 가구, 보석 등이 있다.

09 재무설계 절차 중 제안서를 작성하고 대안을 수립하여 제시하는 단계에 해당하는 것은?

① 재무목표 및 고객을 포함한 가족의 신상변화, 건강상태 및 고객의 수입원 변화 등을 정기 점검한다.
② 고객의 목표 달성과 이익을 최우선으로 고려하여 합리적인 대안을 도출해 내기 위해 노력한다.
③ 직접 면담, 설문지, 인터넷, 전화 면담으로 고객 정보를 수집하고 재무목표를 설정한다.
④ 고객 정보를 바탕으로 개인재무제표를 작성하고, 현재 재무상태의 평가 및 분석을 한다.
⑤ 고객이 가입해야 하는 이유에 대해 논리적으로 설명하되 감성을 자극하는 스토리텔링을 제공한다.

> **해설** 고객의 목표 달성과 이익을 최우선으로 고려하여 환경변화에 유연하게 대처할 수 있는 합리적인 대안을 도출해 내기 위해 노력해야 한다.

10 50대의 사무직 근로소득자를 위한 제안서 내용으로 가장 적절한 것은?

① 은퇴 후 노후생활을 위해 3층 보장제도를 활용한 연금을 제안한다.
② 인생의 재무목표를 세우고 단기, 중기, 장기로 기간별로 투자하도록 제안한다.
③ 목표자금은 많으나 투자여력이 쉽지 않은 시기임을 고려한다.
④ 연금의 납입기간은 길게 하고, 납입금액은 적게 한다.
⑤ 노출되지 않은 자산이 있는지 확인하고, 세무조사에 대비한다.

> **해설** 은퇴 후 노후생활을 위해 3층 보장제도(국민연금, 퇴직연금, 개인연금)를 활용한 연금을 제안한다.

11 개방경제하에서 단기와 장기 거시경제에 대한 설명이 틀린 것은?

① 거시경제의 집중 분석 대상은 단기에는 총수요의 증가요인이고, 장기에는 총공급의 증가요인이다.
② 장기에는 기술발전이 가능하고, 자본·노동 등 생산요소 총량이 가변적이다.
③ 자본·노동 생산요소가 단기에는 불완전 고용될 수 있으나 장기에는 완전고용이 달성된다.
④ 단기에는 적절한 재정정책과 통화정책이 총수요에 영향을 미치는 중요한 요인이 될 수 있다.
⑤ 가격과 임금이 단기에는 비교적 경직적이고, 장기에는 신축적이다.

> **해설** 장기에는 기술의 변화가 없고, 자본·노동 등 생산요소 총량이 고정되어 있다.

12 개방경제하의 국민소득 순환모형에 대한 설명이 잘못된 것은?

① 상품·서비스수지의 적자는 국내총저축보다 국내투자가 많다는 것이다.
② 상품·서비스수지의 흑자를 늘리기 위해서는 소비를 줄이고, 저축과 국내투자를 늘리든지, 아니면 조세징수와 재정지출을 줄여야 한다.
③ 상품·서비스수지가 적자인 경우에는 국내 생산과 고용이 감소하며, 외채가 증가하거나 해외투자 또는 중앙은행의 준비자산이 감소할 수 있다.
④ 지출의 흐름 측면에서 국민소득은 소비, 국내투자, 재정지출, 수출로 구성된다.
⑤ 소득의 흐름 측면에서 국민소득은 소비, 저축, 조세, 수입으로 구성된다.

> **해설** 상품·서비스수지의 흑자를 늘리기 위해서는 소비를 줄이고, 저축을 늘리든지, 국내투자를 줄이든지, 조세징수를 늘리거나 재정지출을 줄여야 한다.

13 다음의 사건이 발생할 경우 총공급곡선의 이동방향을 바르게 제시한 것은?

임금 상승	노동쟁의 발생	자본축적
신기술 개발	법인세 증가	석유가격 하락

	왼쪽 이동	–	오른쪽 이동
①	석유가격 하락, 노동쟁의 발생, 법인세 증가	–	임금 상승, 신기술 개발, 자본축적
②	석유가격 하락, 신기술 개발, 자본축적	–	임금 상승, 노동쟁의 발생, 법인세 증가
③	석유가격 하락, 신기술 개발, 법인세 증가	–	임금 상승, 노동쟁의 발생, 자본축적
④	임금 상승, 노동쟁의 발생, 법인세 증가	–	석유가격 하락, 신기술 개발, 자본축적
⑤	임금 상승, 노동쟁의 발생, 자본축적	–	석유가격 하락, 신기술 개발, 법인세 증가

> **해설** 총공급곡선을 왼쪽으로 이동시키는 경우 : 임금 상승, 노동쟁의 발생, 법인세 증가
> 총공급곡선을 오른쪽으로 이동시키는 경우 : 석유가격 하락, 신기술 개발, 자본축적

14 노동시장에 대한 설명으로 옳지 않은 것은?

① 단기에 노동 고용량을 증가하면 노동의 한계생산량은 체감하므로 음(–)의 값을 가진다.
② 낮은 실질임금 수준에서 노동공급의 실질임금에 대한 탄력성이 크다.
③ 단기에 노동 고용량을 증가하면 총생산량이 체감 적으로 증가한다.
④ 노동공급곡선과 노동수요곡선이 일치하는 점에서 균형 실질임금과 완전고용 수준의 균형 고용량이 결정된다.
⑤ 노동수요곡선에서 실질임금이 증가하면 노동수요량은 감소하여 우하향하는 형태이다.

> **해설** 단기에 노동 고용량을 증가하면 노동의 한계생산량은 양(+)의 값을 가진다. 노동의 한계생산이 체감하므로 총생산량은 체감적으로 증가한다.

15 실업률에 영향을 미치는 사건만 바르게 고른 것은?

A. 가정형편이 어려워 14세 아들이 학교를 마치고 식당에서 시간제 일을 하였다.
B. 편의점에서 일하던 여성이 일이 끊기면서 전업주부로 되었다.
C. 올림픽에서 우승한 병역미필의 국가대표 선수들은 공익근무요원으로 근무하게 되었다.
D. 군부대에서 총기난사사건이 발생하여 관련 장병들이 교도소에 수감되었다.

① A, B, D ② B, C ③ B, C, D
④ C, D ⑤ A, C, D

> 해설 실업률(%)=실업자/경제활동인구×100. 경제활동인구는 만 15세 이상 인구 중 재화나 용역을 생산하기 위해 노동을 제공할 의사와 능력이 있는 사람으로 현역군인과 공익근무요원, 교도소 수감자는 제외된다. 즉, 국가대표 선수들은 경제활동인구에는 포함되나 공익근무요원은 제외된다.

16 재정정책에 대한 설명이 옳지 않은 것은?

① 자동안정화장치는 경기 변동에 따라 재정수입과 지출이 변동하는 것을 말한다.
② 재량적 재정정책이란 정책 담당자의 판단에 의해 재정수입이나 지출이 변동하는 것을 말한다.
③ 재정정책은 경제안정화, 소득재분배, 자원배분 기능을 한다.
④ 경기침체기에 실업급여를 제공하여 정부지출이 증가하는 것은 재량적 재정정책이다.
⑤ 통상 재정정책은 통화정책에 비해 내부시차가 길고 외부시차는 짧은 편이다.

> 해설 자동안정화장치(비재량적 재정정책)은 경기침체기에 실업급여 등 사회적 지지 프로그램 등을 통해 정부의 재량적 정책 변화 없이도 정부지출이 증가하고, 경기확장기에는 소득증가에 따른 세수 증가를 통해 총수요를 억제하는 것을 말한다.

17 M2(광의 통화)에 포함되는 것만 모두 고르면?

A. 기타 예수금	B. 정부가 발행한 유동성 시장금융상품
C. CD, RP 등 시장형금융상품	D. 만기 2년 미만의 정기예·적금
E. 수시입출식 예금	F. 현금통화
G. 만기 2년 이상 금융상품	H. 요구불예금

① A, D, E, F
② C, D, E, F, G
③ A, B, D, E, F, G
④ C, D, E, F, H
⑤ D, E, F, G, H

> 해설 M2 : M1(현금통화, 수시입출식 예금, 요구불예금)과 만기 2년 미만의 정기예·적금, 시장형금융상품, 실적배당형금융상품, 기타 예금 및 금융채 등
> Lf : 만기 2년 이상 장기금융상품, 기타 예수금까지 포함
> L : 정부·기업 등이 발행한 유동성 시장금융상품까지 포함

18 중앙은행의 정책 중 본원통화를 증가시키는 요인은?

① 국채의 매도
② 주식의 매도
③ 금융기관으로부터 대출 회수
④ 외환의 매입
⑤ 재화와 용역의 매도

> 해설 본원통화 증가 요인은 재화와 용역의 매입, 금융자산의 매입, 외환의 매입, 금융기관에 대한 대출 등이 있다.

정답 13 ④ 14 ① 15 ② 16 ④ 17 ④ 18 ④

19 중앙은행이 기준금리를 인하하였을 때 발생할 수 있는 효과가 아닌 것은?

① 시장이자율 하락하고, 기업의 투자를 증가시킨다.
② 화폐보유의 기회비용을 감소시켜 화폐수요를 감소시킨다.
③ 채권가격이 상승하고, 채권 수익률을 하락시킨다.
④ 소비가 증가하여 경제가 활성화되면서 물가가 상승한다.
⑤ 금리가 높은 다른 국가로 자본유출로 인하여 환율이 상승하고, 수출이 증가한다.

> **해설** 화폐보유의 기회비용을 감소시켜 화폐수요를 증가시킨다.

20 이자율에 대한 설명으로 바르지 않은 것은?

① 이자율이 상승할 것으로 기대하면 현재 시점에 고정금리로 차입하는 것이 유리하다.
② 경기변동과 대부자금 실질이자율은 강한 상관관계가 존재하지 않는다.
③ 재정흑자, 긴축적 통화정책, 투기자금 국내유입의 경우 실질이자율은 상승한다.
④ 이자율이 하락할 것으로 예상되면 장기 자금은 단기자금을 차입하여 롤링오버하는 것이 유리하다.
⑤ 실질이자율의 변동에 영향을 미치는 요인은 무위험이자율, 위험, 조세·정부보조, 만기 등이 있다.

> **해설** 재정적자, 긴축적 통화정책, 투기자금 국외유출의 경우 실질이자율은 상승한다.

21 환율의 하락 요인으로만 제시한 것은?

① 국내 생산성 증가, 국내 실질이자율 상승, 민간수지 흑자
② 국내 실질 GDP 고성장률, 국내 생산성 증가, 국내 투자수익률 상승 기대
③ 국내 실질 GDP 고성장률, 국내 조세의 고부담, 환율상승기대
④ 국내 투자수익률 상승 기대, 환율상승 기대, 중앙은행 외환 매입
⑤ 국내 물가 하락, 민간수지 흑자, 환율상승 기대

> **해설** 환율 하락 요인 : 국내 물가 하락, 국내 생산성 증가, 국내 실질이자율·투자수익률 상승, 국내 투자수익률 상승 기대, 민간수지 흑자

22 환율제도에 대하여 잘못 설명한 것은?

① 고정환율제도는 환율 변동 위험을 완화해 국제거래를 촉진시킨다.
② 고정환율제도는 환율재조정시 환투기를 유발할 수 있다.

③ 고정환율제도에서는 금 및 외화 보유량이 적어도 되고, 금융정책도 국내 정책 목적에 따라 운용할 수 있다.
④ 우리나라는 1997년 이후부터 IMF의 권고로 변동환율제도를 시행한다.
⑤ 고정환율제도는 자국의 화폐로 인해 경제교란이 발생하는 소규모 개방경제에 유리하다.

> **해설** 변동환율제도에서는 국제수지의 불균형은 환율의 자유 변동에 의해 자동적으로 조정되기 때문에 금 및 외화 보유량이 적어도 되고, 금융정책도 국내 정책 목적에 따라 운용할 수가 있다.

23 경제동향분석에 대한 설명으로 틀린 것은?

① 외부충격에 따른 연쇄반응 분석 시 4개의 시장에서 결정되는 8개의 내생변수가 분석의 출발점이 된다.
② 현재 경제 상태를 분석할 때 대부자금 수요의 실질이자율 탄력성이 작을수록 통화정책의 효과는 작아지고, 재정정책의 효과는 커진다.
③ 현재 경제 상태를 분석할 때 생산물시장에서 인플레이션갭이 클 경우 총수요 증가에 따라 실질GDP 증가는 작아지고 물가만 상승하게 된다.
④ 외부충격은 외생변수의 변동을 말하며, 외생변수는 4시장 밖에서 결정되어 한 개 이상의 시장에서 수요 또는 공급의 변동 원인이 된다.
⑤ 경제동향을 파악하기 위해 4시장의 현재 경제상태 분석, 외부충격 분석, 외부충격에 따른 4시장의 연쇄반응분석의 절차에 따른다.

> **해설** 외생변수의 변동은 한 경제 체제를 변화시키는 근원이고, 내생변수는 외생변수에 의해 야기된 충격에 반응한다. 따라서 내생변수는 분석의 출발점이 될 수 없다.

24 경기침체기에 지급준비율을 낮춰 확장적 통화정책을 시행할 때 거시경제 변수의 변동을 잘못 제시한 것은?

① 생산물시장에서 물가는 상승하고 실질GDP와 명목GDP는 증가한다.
② 노동시장에서 실업률은 낮아지고 명목임금과 실질임금도 상승한다.
③ 대부자금시장에서 본원통화는 변동 없고, 통화승수가 커져 통화공급량이 증가한다.
④ 대부자금시장에서 대부자금공급이 증가하여 실질이자율과 명목이자율이 하락한다.
⑤ 실질환율 상승으로 인한 경상수지 증가 효과가 실질GDP 증가로 인한 경상수지 감소 효과보다 커서 경상수지는 순증가한다.

> **해설** 물가가 상승하여 기대인플레이션율도 상승하므로 명목이자율의 변동방향을 알 수 없다.
> * 피셔효과 : 기대인플레이션과 명목이자율은 밀접한 양의 관계가 있다.
> 명목이자율=실질이자율+기대인플레이션

정답 19 ② 20 ③ 21 ① 22 ③ 23 ① 24 ④

25 경기선행종합지수에 해당하는 지표만 제시한 것은?

① 구인구직비율, 재고순환지표, 소비자기대지수, 건설수주액, 코스피지수
② 구인구직비율, 생산자제품재고지수, 서비스업생산지수, 내수출하지수, 소비재수입액
③ 광공업생산지수, 서비스업생산지수, 내수출하지수, 소매판매액지수
④ 소비자기대지수, 내수출하지수, 회사채유통수익률, 소비재수입액, 코스피지수
⑤ 생산자제품재고지수, 도시가계소비지출, 회사채유통수익률, 소비재수입액

> **해설** 구인구직비율, 재고순환지표, 소비자기대지수, 기계류내수출하지수, 건설수주액, 코스피지수, 장단기금리차, 수출입물가비율

26 민법의 기본원리에 대해 잘못 서술한 것은?

① 사회적 조정의 원칙에는 신의성실의 원칙, 권리남용 금지, 폭리행위 금지 등이 있다.
② 사유재산권 존중의 원칙은 소유자는 그가 소유하는 물건을 누구의 간섭도 받지 않고 사용·수익·처분할 수 있다는 것이다.
③ 무과실책임의 원칙에 의하여 채무불이행이나 불법행위를 하여 다른 사람에게 손해를 발생시켰다면 주의를 충분히 하여 과실이 없어도 손해배상을 할 필요가 있다는 것이다.
④ 신의성실의 원칙은 사회공동생활의 일원으로서 서로 상대방의 신뢰를 헛되이 하지 않도록 성의 있게 행동하여야 한다는 원칙이다.
⑤ 사적자치의 원칙에는 계약의 자유, 단체 결성의 자유, 유언의 자유, 권리행사의 자유 등이 있다.

> **해설** 과실책임의 원칙은 채무불이행이나 불법행위를 하여 다른 사람에게 손해를 발생시켰을지라도 주의를 충분히 하여 과실이 없었다면, 손해배상을 할 필요가 없게 된다는 것이다.

27 제한물권에 대한 설명으로 바른 것은?

① 채권, 상표권, 일반 귀금속, 아파트 등은 질권의 담보물로 제공가능하다.
② 지역권은 건물·기타 공작물이나 수목을 소유하기 위하여 타인의 토지를 사용할 수 있는 물권이다.
③ 근저당권은 특정의 채권을 담보하는 것을 목적으로 설정되며, 근저당권이라는 것과 채권 최고액이 등기되어야 한다.
④ 민법이 인정하는 저당권의 객체는 부동산과 지상권, 전세권이다.
⑤ 담보물권인 유치권, 질권, 저당권은 유치적 효력과 우선변제적 효력을 가진다.

> **해설** 민법이 인정하는 저당권의 객체는 부동산과 지상권, 전세권이다.
> ① 질권은 동산 또는 재산권을(주식, 채권, 일반 귀금속 등) 점유하고, 채무의 변제가 없는 때에는 그 목적물로부터 우선변제를 받는 물권이다.
> ② 지상권은 건물·기타 공작물이나 수목을 소유하기 위하여 타인이 토지를 사용할 수 있는 물권이다.
> ③ 근저당권은 일정한 범위에 속하는 불특정의 채권에 대하여 일정한 최고액을 한도로 담보하기 위해 설정된다.
> ⑤ 질권만 유치적 효력과 우선변제적 효력이 모두 인정된다. 유치권은 유치적 효력이 있고, 우선변제적 효력은 인정되지 않는다. 저당권은 우선변제적 효력은 있으나, 유치적 효력은 없다.

28 합자회사에 대하여 바르게 설명한 것은?

① 무한책임사원의 지분 양도는 무한책임사원 전원의 동의만 있으면 충분하고, 다른 유한책임사원의 동의를 요하지 않는다.
② 유한책임사원의 지분의 양도는 원칙적으로 자유롭다.
③ 사원은 회사채권자에 대하여 연대·무한·직접책임을 지는 무한책임사원과 그 출자액을 한도로 연대·간접책임을 지는 유한책임사원으로 구성된다.
④ 무한책임사원은 업무집행권과 대표권을 가진다.
⑤ 유한책임사원은 업무집행권과 감시권을 가진다.

> **해설** 무한책임사원은 업무집행권과 대표권을 가진다.
> ① 무한책임사원의 지분 양도는 유한책임사원을 포함한 모든 사원의 동의를 요한다.
> ② 유한책임사원의 지분 양도는 무한책임사원 전원의 동의만 있으면 충분하고, 다른 유한책임사원의 동의를 요하지 않는다.
> ③ 사원은 회사채권자에 대하여 연대·무한·직접책임을 지는 무한책임사원과 그 출자액을 한도로 연대·직접책임을 지는 유한책임사원으로 구성된다.
> ⑤ 유한책임사원은 업무집행에는 참가하지 못하고, 감시권을 가진다.

29 주식회사의 기관에 대한 설명으로 맞는 것은?

① 자본의 감소, 정관의 변경, 이사·감사의 선임 및 해임, 회사의 합병·분할은 주주총회의 특별결의사항이다.
② 보통결의는 출석한 주주 의결권의 2/3 이상이며 발행주식 총수의 1/3 이상인 수로 하는 결의이다.
③ 감사는 재무제표와 영업보고서를 받은 날부터 4주 내에 감사보고서를 이사에게 제출하여야 한다.
④ 이사회의 결의로 선임되는 대표이사는 이사 중에서 대표 1명만 선임가능하다.
⑤ 자본금 총액이 10억 원 미만인 회사는 주주 과반수의 동의가 있으면 소집절차 없이 주주총회를 개최할 수 있다.

정답 25 ① 26 ③ 27 ④ 28 ④ 29 ③

> **해설** 감사는 재무제표와 영업보고서를 받은 날부터 4주 내에 감사보고서를 이사에게 제출하여야 한다.
> ① 이사와 감사의 선임은 주주총회의 보통결의 사항에 해당된다.
> ② 보통결의는 출석한 주주 의결권의 과반수와 발행주식 총수의 4분의 1이상의 수로 하는 결의를 말한다.
> ④ 이사회의 결의로 선임되는 대표이사는 여러 명이 선임될 수 있다.
> ⑤ 자본금 총액이 10억 원 미만인 회사는 주주전원의 동의가 있으면 소집절차 없이 주주총회를 개최할 수 있다.

30 여신거래에 대한 설명이 잘못된 것은?

① 은행법은 은행의 여신업무를 자금의 대출 또는 어음할인으로 한정하고 있다.
② 은행여신거래 기본약관은 적용범위를 어음대출, 어음할인, 증서대출, 당좌대출 등 직접 자금의 공여를 수반하는 여신거래라고 정의하고 있다.
③ 은행여신거래 기본약관은 모든 영업점 및 전자금융매체에 게시되고, 거래처는 이를 열람하거나 교부를 청구할 수 있다.
④ 여신거래의 주요 내용은 여신거래기본약관에서 규정하고, 세부사항은 여신거래약정서 등을 이용하여 약정한다.
⑤ 여신거래약정서를 작성 할 때는 여신 과목별 한도 금액과 이자율, 상환 방법 등의 거래 조건을 정확히 명시해야 한다.

> **해설** 은행여신거래기본약관은 적용범위를 어음대출, 어음할인, 증서대출, 당좌대출, 지급보증외국환, 기타의 여신에 관한 모든 거래라고 정의하고 있다.

31 신탁에 대한 설명으로 적절한 것은?

① 수탁자가 신탁행위로 인하여 수익자에게 부담하는 채무는 신탁재산의 한도로 제한된다.
② 신탁설정 이전에 위탁자에게 채권을 가지고 있었다면 나중에 신탁재산이 되더라도 강제집행이 가능하다.
③ 사해신탁의 경우 수탁자가 선의이면, 수탁자나 수익자에게 사해행위 취소 및 원상회복을 청구할 수 없다.
④ 여러 개의 신탁을 인수한 수탁자는 공평의무에 따라 신탁재산을 통합 관리하여야 한다.
⑤ 신탁법과 자본시장법이 충돌하는 경우에는 신탁법이 우선하여 적용된다.

> **해설** 수탁자가 신탁행위로 인하여 수익자에게 부담하는 채무는 신탁재산의 한도로 제한된다.
> ② 신탁설정 이전에 위탁자에게 채권을 가지고 있더라도 특정재산에 가압류를 하지 않는 이상 나중에 신탁재산이 된다면 강제집행을 할 수 없다.
> ③ 사해신탁의 경우는 수탁자의 악의를 요하지 않으며, 수탁자가 선의이더라도 사해행위 취소 및 원상회복을 청구할 수 있다.
> ④ 여러 개의 신탁을 인수한 수탁자는 각 신탁재산을 분별 관리하고, 서로 다른 신탁재산임을 표시하여야 한다.
> ⑤ 신탁법과 자본시장법이 충돌하는 경우에는 특별법인 자본시장법이 우선하여 적용된다.

32 신탁에 의한 부동산 증권화에 관련된 설명으로 옳지 않은 것은?

① 프로젝트 파이낸싱은 차주의 신용상태를 기반으로 특정사업의 사업성에 따라 자금을 지원하고 수익을 반환받는 것이므로 차주의 책임도 함께 부과된다.
② 소액투자형 토지신탁제도는 특정한 토지를 대상으로 소액의 구좌로 분할하여 불특정 다수인에게 매각하여 얻은 자금으로 토지를 매입 또는 개발하는 제도이다.
③ 자산유동화 제도란 자산을 담보로 자산담보부채권을 발행하여 자금을 조달하는 제도이다.
④ 자산유동화증권의 발행주체는 유동화 전문회사 또는 신탁회사이다.
⑤ 부동산투자신탁은 다수의 소액투자가로부터 공모에 의하여 자금을 조달하여 부동산에 투자를 하고, 그 운용수익을 투자자에게 배분한다.

해설 프로젝트 파이낸싱은 차주의 신용상태보다는 개별 사업의 수익에 중점을 두고 있어 차주의 책임은 없거나 제한된다.

33 은행법에 대하여 바르게 설명한 것은?

① 은행의 건전성 감독기구에는 금융위원회, 증권선물위원회, 전국은행연합회, 금융감독원 등이 있다.
② 예금자보호법에 의해 표지어음, 퇴직보험, 종합금융사의 발행어음은 보호대상이고 CD, RP, 외화예금은 보호대상이 아니다.
③ 예금자보호법은 예금자별로 금융기관 통합 5천만 원의 한도에서 예금을 보호한다.
④ 은행이용자에게 은행업무와 관련하여 금융위원회가 정하여 고시하는 정상적인 수준을 초과하여 재산상 이익을 제공하는 행위는 불공정영업행위이다.
⑤ 예금보험공사사장은 이상거래 등 혐의가 있는 자에 대해 영장을 발급 받으면, 금융거래 정보를 제공받을 수 있다.

해설 예금자보호법에 의해 은행의 예·적금, 부금, 표지어음, 원금보장형신탁, 증권사의 고객예탁금, 보험사의 개인보험, 퇴직보험 및 종합금융사의 발행어음 등은 보호대상이다. CD, RP, 실적배당형 신탁상품, 수익증권, 청약자예수금, 외화예금 등은 보호받지 못한다.
① 은행의 건전성 감독기구에는 기획재정부, 금융위원회, 증권선물위원회, 금융감독원, 한국은행 등이 있다.
③ 예금자보호법은 각 금융기관별로 예금자에게 5천만 원의 한도에서 예금을 보호해 준다.
④ 은행이용자에게 은행업무와 관련하여 금융위원회가 정하여 고시하는 정상적인 수준을 초과하여 재산상 이익을 제공하는 행위는 불건전영업행위이다.
⑤ 예금보험공사사장은 이상거래 등 혐의가 있는 자에 대해 법관으로부터 영장을 발급받지 않고도 금융거래 정보를 제공받을 수 있다.

34 다음 설명과 관련된 금융투자업은?

> A. 누구의 명의로 하든지 자기의 계산으로 금융투자상품의 매도·매수, 증권의 발행·인수 또는 그 청약의 권유, 청약, 청약의 승낙을 영업으로 함
> B. 증권회사의 장외파생상품 또는 파생결합증권 발행, 회사채 발행 및 인수업무

① 투자자문업   ② 투자일임업   ③ 집합투자업
④ 투자매매업   ⑤ 투자중개업

해설 투자매매업을 자기 계산으로 금융 투자 상품을 사고팔거나, 증권의 발행·인수와 관련된 업무를 하거나, 그 청약을 권유하거나 승낙하는 영업을 말한다.

35 혼인과 이혼에 관하여 바르게 설명한 것은?

① 혼인 전부터 가진 고유재산과 혼인 중 자기의 명의로 취득한 재산은 혼인을 하게 되면 부부의 공유재산이 되어 함께 관리·사용·수익한다.
② 부부의 일방이 일상의 가사에 관하여 제3자와 법률행위를 하면 다른 일방은 채무에 대한 책임을 지지 않는다.
③ 협의이혼은 이혼할 것에 합의하고, 가정법원에 이혼의사확인을 받음으로써 효력이 생긴다.
④ 부부 일방이 재산분할청구권 행사를 회피하기 위해서 재산을 처분할 경우 가정법원에 사해행위취소소송을 할 수 있다.
⑤ 위자료와 재산분할은 이혼에 책임 있는 배우자도 청구할 수 있다.

해설 부부 일방이 재산분할청구권 행사를 회피하기 위해서 재산을 처분할 경우 가정법원에 사해행위취소소송을 할 수 있다.
① 민법은 부부재산의 귀속에 관하여 별산제를 채용하므로, 특유재산은 부부가 각자 관리·사용·수익한다.
② 부부의 일방이 일상의 가사에 관하여 제3자와 법률행위를 한 때 다른 일방은 채무에 대하여 연대책임이 있다.
③ 협의이혼은 이혼할 것에 합의하고 가정법원의 확인을 받아 '가족관계의 등록 등에 관한 법률'이 정한 바에 의하여 신고함으로써 그 효력이 생긴다.
⑤ 위자료와 달리 재산분할은 이혼에 책임 있는 배우자도 청구할 수 있다.

36 다음의 상황에서 상속이 발생할 경우, 바르게 설명한 것은?

> 피상속자 A는 어머니 B가 있고, 배우자 C가 있으며, 배우자와 사이에 낳은 자녀 E와 양자녀 F가 있다. 또한 A의 형제 D가 생존해 있고, 그의 배우자 G와 자녀 H가 있다.

① B는 상속인이 될 수 없다.
② 양자녀 F는 상속인이 될 수 없다.
③ C가 사실혼의 배우자라면 E, F와 공동상속인이 된다.
④ B, C, E, F가 없다면 G와 H는 대습상속이 가능하다.
⑤ E가 상속분을 포기할 경우, 그 상속분만큼 E가 지정한 다른 상속인에게로 귀속된다.

> **해설** 피상속인의 직계비속이 있으므로 B는 상속인이 될 수 없다.
> ② 자녀에는 양자녀 및 그의 직계비속도 포함되므로 F도 상속가능하다.
> ③ 사실혼의 배우자는 상속인에 포함되지 않는다.
> ④ 형제 D가 생존해 있으므로 대습상속에 해당되지 않는다.
> ⑤ 상속인이 여럿인 경우 어느 상속인이 상속을 포기한 때에는 그의 상속분은 다른 상속인의 상속분의 비율로 그 상속인에게 귀속된다.

37 개인 채무조정 제도에 대한 설명으로 틀린 것은?

① 개인워크아웃은 채무조정이 필요한 과중채무자에게 연체이자 전액 감면, 상환기간 연장 등의 채무조정을 통해 금융채무불이행정보 해제 및 안정적 채무상환을 지원하는 제도이다.
② 사적 채무조정제도에는 신용회복위원회의 개인워크아웃과 프리워크아웃 제도가 있고, 공적 채무조정제도에는 법원의 개인회생과 파산이 있다.
③ 법원으로부터 파산선고가 확정되면 모든 채무는 없어지지만, 신원증명을 관리하는 시·군·구청에 통보하여 파산선고 내용이 신원증명서에 기재된다.
④ 채무조정제도는 금융회사의 채무는 물론 개인에게 진 채무도 대상으로 한다.
⑤ 개인파산을 제외하고, 채무조정 신청을 위해 담보채무는 10억 원, 무담보채무는 5억 원을 넘지 않아야 한다.

> **해설** 공적 채무조정제도는 대상채권에 제한이 없으나, 사적 채무조정제도는 신용회복위원회와 협약을 체결한 금융회사의 보유채권을 대상으로 한다.

38 자본시장법상 투자권유 관련 절차에 대한 설명 중 잘못된 것은?

① 투자권유를 하기 전에 면담, 질문 등을 통하여 고객의 정보를 파악한다.
② 고객정보에 비추어 해당 파생상품 등이 고객에게 적정하지 않다고 판단되는 경우에는 그 사실을 고객에게 알려야 한다.
③ 금융투자상품의 투자위험도는 초저위험, 저위험, 중위험, 고위험, 초고위험의 5단계로 분류한다.
④ 적정성 원칙에 따라 고객의 투자성향과 투자위험도를 고려하여 고객에게 적합한 상품을 투자 권유한다.
⑤ 고객의 투자성향을 안정형, 안정추구형, 위험중립형, 적극투자형, 공격투자형의 5단계로 분류한다.

> **해설** 적합성 원칙에 따라 고객의 투자성향과 투자위험도를 고려하여 고객에게 적합한 상품을 투자권유한다.

정답 34 ④ 35 ④ 36 ① 37 ④ 38 ④

39 자금세탁방지제도에 대하여 바르게 설명한 것은?

① 자금세탁의 범죄화란 자금세탁은 파생범죄이므로 본 범죄의 처벌 시 가중하여 합산 처벌하는 것을 말한다.
② 고액현금거래보고제도는 1회 2천만 원 이상의 현금을 입출금한 경우 거래자의 신원과 거래금액 등 객관적 사실을 전산으로 자동 보고하는 제도이다.
③ 의심거래보고제도에서는 금융회사의 주관적 판단 하에 불법재산 또는 자금세탁행위를 하고 있다고 의심되는 합당한 근거가 있으면 금액에 상관없이 보고해야 한다.
④ 고객확인제도의 적용대상은 2천만 원 이상의 일회성 금융거래이면서 자금세탁 등의 우려가 있다고 판단하는 경우이다.
⑤ 고객확인제도에서 법인의 실제 소유자 확인방법은 의결권 있는 발행주식 총수의 20% 이상을 소유한 최대주주, 실질적 지배자, 대표자로 파악한다.

> **해설** 의심거래보고제도에서는 금융회사의 주관적 판단 하에 불법재산 또는 자금세탁행위를 하고 있다고 의심되는 합당한 근거가 있으면 금액에 상관없이 보고해야 한다.
> ① 자금세탁의 범죄화란 자금세탁 그 자체가 본 범죄와 별개로 중형으로 처벌되도록 독립된 범죄로 규정한 것이다.
> ② 고액현금거래보고제도는 1일 거래일 동안 2천만 원 이상의 현금을 입출금한 경우, 거래자의 신원과 거래금액 등 객관적 사실을 전산으로 자동 보고하는 제도이다.
> ④ 고객확인제도의 적용대상은 계좌신규개설, 2천만 원 이상의 일회성 금융거래, 계좌신규 개설 및 2천만 원 이상의 일회성 금융거래와 상관없이 자금세탁 등이 의심되는 경우이다.
> ⑤ 고객확인제도에서 법인의 실제 소유자 확인방법은 의결권 있는 발행주식 총수의 25% 이상을 소유한 최대주주, 실질적 지배자, 대표자로 파악한다.

40 개인(신용)정보의 이용 및 제공에 대한 설명으로 바른 것은?

① 개인정보는 당초 수집한 목적 범위 내에서 이용 가능하고, 목적 외로 이용하는 경우 정보주체에게 서면 통지하여야 한다.
② 계약의 특성상 거래 상대방의 신용도와 신용거래능력 등을 판단할 때 필요한 정보는 정보주체의 동의를 받아야 수집 가능하다.
③ 개인정보 보호법에 따른 고유식별정보는 성명, 주소, 국적, 주민등록번호, 여권번호, 운전면허번호, 외국인등록번호가 있다.
④ 신용조회회사로부터 개인신용정보를 조회하려는 자는 제공 받는 자, 이용 목적, 제공받는 항목, 제공에 대한 동의의 효력기간을 알리고 정보주체에게 통지하여야 한다.
⑤ 민감정보는 정보주체의 별도 동의를 얻지 않더라도 법령에서 민감정보의 처리를 허용하면 가능하다.

해설 민감정보는 정보주체의 별도 동의를 얻거나, 법령에서 민감정보의 처리를 요구하거나 허용하는 경우에 한해 처리 가능하다.

① 개인정보는 당초 수집한 목적 범위 내에서 이용 가능하고, 목적 외로 이용하는 경우 정보주체의 별도 동의를 받아야 한다.
② 계약의 특성상 거래 상대방의 신용도와 신용거래능력 등을 판단할 때 필요한 정보는 정보주체의 동의를 받지 않아도 수집가능하다.
③ 개인정보 보호법에 따른 고유식별정보는 주민등록번호, 여권번호, 운전면허번호, 외국인등록번호가 있다.
④ 개인신용정보를 조회하려는 자는 제공 받는 자, 이용 목적, 제공받는 개인신용정보의 항목, 제공에 대한 동의의 효력기간을 알리고 서면 등의 방법으로 동의 받아야 한다.

2편 세무 설계 모의고사

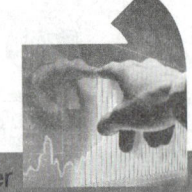

41 소득세 과세방법 중 과세방법이 다른 것은?

① 사업소득   ② 배당소득   ③ 퇴직소득
④ 근로소득   ⑤ 기타소득

> **해설** 과세방법에는 종합과세, 분류과세, 분리과세가 있다. 사업, 배당, 근로, 기타소득은 종합과세방법이고, 퇴직소득은 분류과세이다.

42 일용근로자에 대한 근로소득공제액은 얼마인가?

① 일 5만 원   ② 일 10만 원   ③ 일 15만 원
④ 일 20만 원   ⑤ 일 25만 원

> **해설** 일용근로자는 1일15만 원의 근로소득공제와 55%의 세액공제를 적용하여 계산한다.

43 다음 소득세에 대한 설명으로 옳은 것은?

① 소득세는 경상적이고 반복적으로 발생한 소득만 과세하므로 일시적·우발적 소득은 과세하지 아니한다.
② 소득세는 열거주의방식에 따라 열거된 것에만 과세하나, 이자소득·배당소득·기타소득은 유형별 포괄주의에 따라 열거된 것과 유사한 것은 과세할 수 있다.
③ 종합소득·퇴직소득·양도소득이 있는 자는 다음 연도 5월에 확정 신고를 해야 하며, 확정 신고로써 소득세 납세의무가 확정된다.
④ 소득세는 개인단위로 과세하는 것이 원칙이나 금융소득은 부부단위로 합산 과세한다.
⑤ 소득세는 국세이며, 간접세에 해당한다.

> **해설** ① 소득세는 과세형평을 위하여 일시적 우발적 소득도 과세하고 있다..
> ③ 퇴직소득과 양도소득은 신청여부에 관계없이 무조건 분류과세 한다.
> ④ 금융소득도 개인별로 과세한다.
> ⑤ 소득세는 국세이며, 직접세에 해당한다.

44 다음 소득 중에서 필요경비가 인정되고, 소득세법상 부당행위계산 부인의 대상도 되는 것은?

① 이자소득　　② 퇴직소득　　③ 연금소득
④ 사업소득　　⑤ 연금소득

> **해설** 출자공동사업자의 배당소득과 사업소득, 기타소득, 양도소득은 부당행위계산의 부인의 대상소득이고, 필요경비 인정되는 소득은 사업소득, 기타소득, 양도소득이다.

45 다음 중 2019년도에 귀속되는 소득이 아닌 것은?

① 이자지급약정일은 2018.12.26.이지만, 2019.1.3.에 수령한 정기예금이자
② 이자지급약정일은 2019.12.26.이지만, 2020.1.10.에 수령한 무기명 회사채이자
③ 이자지급약정일은 2020.1.10.이지만, 2019.12.10.에 수령한 비영업대금의 이자
④ 이자지급약정일은 2019.12.26.이지만, 2020.1.10.에 수령한 기명 회사채이자
⑤ 2018.1.1.부터 2018.12.31.이 사업연도(결산확정일 2019.1.31.)인 법인에서 세무조정 시 주주에게 배당으로 처분된 금액

> **해설** 무기명채권의 이자와 할인액의 수입 시기는 실제 이자지급일이다.

46 현행「소득세법」이 적용하고 있는 세액공제가 아닌 것은?

① 보험료세액공제　　② 기부금세액공제　　③ 월세세액공제
④ 외국납부세액공제　　⑤ 배당세액공제

> **해설** 월세세액공제는「조세특례제한법」상의 세액공제이다.

47 다음 중 비영업대금의 이익에 관한 설명 중 틀린 것은?

① 비영업대금의 이익은 15%의 원천징수세율을 적용한다.
② 비영업대금의 이익은 필요경비가 인정되지 않는다.
③ 비영업대금의 이익이 원천징수가 된 경우에는 조건부 과세대상이 되며, 원천징수가 되지 아니한 경우에는 무조건 종합과세대상이 된다.
④ 비영업대금의 이익은 외상매출금을 대여금으로의 소비대차로 인하여 얻어지는 이자도 이에 해당한다.
⑤ 비영업대금의 이익은 대손금을 인정하지 아니한다.

> **해설** 비영업대금의 이익은 25%의 원천징수세율을 적용한다.

정답 41 ③　42 ③　43 ②　44 ④　45 ②　46 ③　47 ①

48 다음에서 금융소득종합과세 되는 금액을 계산하면 얼마인가?

> ○ 은행예금이자 3,000,000원
> ○ 비상장법인으로부터 받은 현금배당금 15,000,000원
> ○ 외국법인으로부터 받은 배당금 5,000,000원

① 23,330,000원　　　② 25,530,000원　　　③ 20,000,000원
④ 1,650,000원　　　⑤ 2,530,000원

> **해설** [은행예금이자 + 비상장법인으로부터 받은 현금배당금 +외국법인으로부터 받은 배당금 + Gross-up]
> ① 3,000,000+15,000,000+5,000,000=23,000,000원
> ② 20,000,000을 제외한
> Min(3,000,000 , 15,000,000)× 11%= 330,000원(Gross-up)
> ①+② = 23,000,000+330,000=23,330,000원

49 다음 중 배당세액공제에 대한 옳지 않은 것은?

① 거주자를 대상으로 공제해준다.
② 배당가산액과 한도액 중 작은 금액으로 한다.
③ 이중과세를 해결하기위한 취지이다.
④ 한도 초과액은 5년간 이월공제 해 준다.
⑤ 종합소득산출세액과 비교산출세액의 차액이 한도액이 된다.

> **해설** 외국납부세액 한도 초과액은 5년간 이월공제가 가능하나 배당세액공제 한도 초과액은 이월공제 하지 않는다.

50 다음 중 「소득세법」상 종합소득공제에 해당 하지 않는 것은?

① 인적공제　　　　　　　　② 보험료공제
③ 주택담보노후연금 이자비용공제　　④ 신용카드 공제
⑤ 연금보험료공제

> **해설** 신용카드공제는 조세특례제한법상 소득공제이다.

51 다음 중 금융소득종합과세에 대한 내용으로 옳지 않은 것은?

① 부부합산 또는 세대별 합산이 아닌 개인별 판정이다.
② 비과세의 경우, 세금자체가 없으므로 금융소득 종합과세와 관계없다.
③ 금융재산이 부부 중 한쪽으로 편중 된 경우 증여를 통해 재산자체의 이전을 고려한다.
④ 분리과세 항목은 판단기준 금액인 2,000만 원에 포함되지 않고 원천징수로써 종결된다.
⑤ 금융소득종합과세에 해당할 경우, 무조건 지역가입자로 전환된다.

> **해설** 2,000만 원 이하의 금융소득이 새로운 건강보험료 산정 소득 기준에 반영돼 종합소득이 3,400만 원을 초과하는 경우에 지역가입자로 전환된다. 그러나 금융소득 종합과세 대상인 경우 무조건 가입되는 것은 아니다.

52 세율을 적용함에 있어서 자산의 보유기간 계산 시 틀린 것은?

① 일반적인 경우 해당 자산의 취득일로부터 양도일까지로 한다.
② 일반상속의 경우 자산의 상속개시일로부터 양도일까지로 한다.
③ 증여자산의 이월과세 특례적용 시 증여받은 자가 해당 자산을 취득한 날로부터 증여받은 자가 양도한 날까지로 한다.
④ 입주권으로 전환된 주택의 경우 취득일로부터 관리처분계획 인가일까지로 한다.
⑤ 증여받은 경우 해당 자산의 증여받은 날로부터 양도일까지로 한다.

> **해설** 증여한 자가 해당 자산을 취득한 날로부터 증여받은 자가 양도한 날까지로 한다.

53 다음 중 취득세의 납세의무가 없는 것은?

① 공유수면 매립에 의하여 토지를 취득한 경우
② 광업권을 매입한 경우
③ 자동차를 취득한 경우
④ 지목변경에 의한 토지가액 증가
⑤ 과점주주가 된 후에 법인이 취득하는 부동산 등

> **해설** 과점주주가 된 시점에서 과점주주가 법인의 취득세 과세대상물건을 그 지분비율 만큼 취득한 것으로 본다. → 과점주주가 된 후에 취득하는 부동산 등에 대하여 과점주주는 취득세 납세 의무가 없다.

54 다음 중 재산세율 중 가장 낮은 것은?

① 과수원용지
② 골프장 건축물
③ 별장
④ 항공기
⑤ 시 지역 안에서 주거지역 안의 공장용 건축물

해설　① 0.07% ② 4% ③ 4% ④ 0.3% ⑤ 0.5%

55 재산세에 관한 설명으로 옳지 않은 것은?

① 재산세의 과세기준일은 매년 6월1일로 한다.
② 토지에 대한 재산세의 납기는 매년 7월16일부터 7월31일까지이다.
③ 선박에 대한 재산세의 과세표준은 「지방세법」에서 규정하는 시가표준액으로 한다.
④ 재산세 과세대상에는 자동차는 포함하지 않는다.
⑤ 주택에 대한 재산세는 해당 주택의 소재지를 관할하는 지방지치단체에서 부과한다.

해설　• 건물 : 매년 7월16일부터 7월31일까지이다.
　　　• 토지 : 매년 9월 16일~9월 30일까지

56 다음 중 국외 소재 토지 등의 양도에 대한 양도소득세에 대하여 틀린 것은?

① 국외자산에 대한 양도소득세는 거주자(군내에 해당 자산의 양도일까지 계속 5년 이상 주소 또는 거소를 둔 자에 한한다) 에 한하여 납세의무를 진다.
② 부속시설물과 구축물을 포함한 국외의 모든 토지와 건물이 과세대상이다.
③ 국내 양도자산의 부동산에 관한 권리와 동일하나, 부동산의 임차권은 등기 여부를 불문한다는 점에서 차이가 난다.
④ 해외 파생상품시장에서 거래되는 파생상품의 양도손익을 국내손익과 통산하여 계산한다.
⑤ 장기보유특별공제를 적용한다.

해설　국외 자산에 대해서는 장기보유특별공제를 하지 아니 한다.

57 다음 중 양도소득세율이 틀린 것은?

① 1년간 보유한 미등기 토지 : 70%
② 6개월간 보유한 주택 및 조합원입주권 : 40%
③ 1년간 보유한 조합입주권 : 누진세율

④ 양도소득과세표준이 5억5천만 원인 비사업용 토지 : 52%
⑤ 6개월간 보유한 상가 : 40%

> **해설** 1년 미만 보유한 부동산에 대해서는 50%의 단일세율을 적용한다.

58 다음 중 양도소득세의 과세대상이 될 수 있는 경우에 해당하지 않는 경우?

① 소유자산을 경매·공매로 인하여 자기가 재취득 하는 경우
② 건물을 처남에게 부담부증여를 한 경우
③ 건물과 함께 영업권을 양도한 경우
④ 사업자가 아닌 개인이 골프회원권을 양도한 경우
⑤ 상장법인의 대주주가 증권시장에서 주식을 양도한 경우

> **해설** 소유자산을 경매·공매로 인하여 자기가 재취득 하는 경우는 양도로 보지 않는다.

59 다음 중 양도차익을 구하기 위해서 취득가액으로 적용할 수 없는 것은?

① 실지취득가액　　② 매매사례가액　　③ 감정가액
④ 환산취득가액　　⑤ 장부가액

> **해설** 실지취득가를 원칙으로 실지취득가를 알 수 없을 경우 매매사례가액, 감정가액, 환산취득가액, 기준시가의 순서로 취득가액을 적용할 수 있다. 따라서 장부가액은 해당 하지 아니 한다.

60 2019년 5월1일 A씨는B씨에게 시가10,000,000원(기준시가8,000,000원)인 토지를 증여하고 담보채무 2,500,000원은 B씨가 인수하기로 하였다. 취득 당시 실지거래가액은 5,000,000원(기준시가 4,000,000원)인 경우에 양도차익을 계산하면 얼마인가? (다만, 자본적 지출1,000,000원이 있으며, 양도비용은 없다.)

① 1,500,000원　　② 1,350,000원　　③ 1,200,000원
④ 1,150,000원　　⑤ 1,000,000원

> **해설** 양도가액 = 10,000,000 × *2,500,000/10,000,000 = 2,500,000원
> * (양도비율 = 25%)
> − 취득가액(실지거래가액) 5,000,000 × 25% = 1,250,000원
> − 자본적지출(실지거래가액) 1,000,000 × 25% = 250,000원
> = 양도차익　　　　　　　　　　　　= 1,000,000원

61 양도소득세의 이월과세와 부당행위계산에 있어서 서로 다르게 적용 하는 것이 아닌 것은?

① 적용기간
② 양도소득세 납세의무자
③ 적용대상자산
④ 연대납세의무
⑤ 증여세납부액의 처리

> **해설** 국외 자산에 대해서는 장기보유특별공제를 하지 아니 한다.

구 분	이월과세	증여 후 양도행위의 부인
양도소득세 납세의무자	수증자	당초 증여자
증여세 납부액	필요경비 산입	부과를 취소하고 환급함
양도차익 계산	취득가액은 증여자의 취득가액	취득가액 및 필요경비는 증여자가 취득하는 때를 기준으로 계산
적용대상 자산	토지, 건물, 특정시설물이용권, 부동산을 취득할 수 있는 권리	양도소득세 과세대상 전체
적용기간	수증일로부터 5년 이내 양도	수증일로부터 5년 이내 양도
조세회피 목적	조세부당감소와 무관하게 적용	증여자 기준으로 계산한 양도세가 수증자가 부담할 '증여세+양도세' 보다 큰 경우에만 적용
연대납세 의무	없음	있음

62 양도소득세에 관한 설명이다 옳지 않은 것은?

① 시설물을 배타적으로 이용할 수 있도록 약정한 구성원이 된 자에게 부여되는 시설물 이용권의 양도로 발생하는 소득도 양도소득세 과세대상이다.
② 양도란 자산에 대한 등기 또는 등록과 관계없이, 매두, 교합, 법인에 대한 현물출자 등으로 인하여 그 자산이 유상 또는 무상으로 사실상 이전되는 것을 말한다.
③ 확정 신고에 따라 납부할 양도소득세액이 2천만 원을 초과하는 거주자는 그 세액의 100분의 50이하의 금액을 납부기한이 지난 후 2개월 이내에 분할납부 할 수 있다.
④ 국외에 있는 토지의 양도일까지 계속5년 이상 국내에 주소를 둔 거주자가 해당 토지의 양도로 발생한 소득에 대해서 양도소득세를 과세 한다.
⑤ 법원의 확정판결에 의하여 신탁해지를 원인으로 소유권이전등기를 하는 경우에는 양도로 보지 않는다.

> **해설** 양도란 자산에 대한 등기 또는 등록과 관계없이, 매도, 교환, 법인에 대한 현물출자 등으로 인하여 그 자산이 유상으로 사실상 이전되는 것을 말한다.(무상=증여)

63 양도한 자산의 취득시기와 양도시기에 관한 설명 중 옳지 않은 것은?

① 일반 매매거래는 대금청산 일을 원칙으로 한다.
② 장기할부조건부 매매는 대금청산 일을 원칙으로 한다.
③ 자기가 건설한 건축물의 취득 시기는 사용승인서 교부 일을 원칙으로 한다.
④ 환지처분으로 취득한 토지의 취득 시기는 환지 전의 토지의 취득일로 한다.
⑤ 상속·증여에 의하여 취득한 자산은 상속이 개시된 날 또는 증여를 받은 날로 한다.

> **해설** 소유권이전등기(등록·명의개서 포함) 접수일·인도일·사용수익일 중 빠른 날

64 다음 중 가업상속공제 요건에 대한 설명으로 옳지 않은 것은?

① 거주자의 사망으로 상속이 개시된 경우에 적용되는 물적공제의 하나이다.
② 피상속인이 10년 이상 계속하여 경영한 기업이 해당된다.
③ 가업상속공제를 받은 경우 10년 동안의 사후관리 기간을 두고 있다.
④ 공제금은 10년 이상 200억 원, 20년 이상 300억 원, 30년 이상은 500억 원 이다.
⑤ 매출 1천억 원 미만까지만 신청 요건에 부합하는 것으로 제한을 두고 있다.

> **해설** 매출액 3천억 원 미만까지 신청요건에 부합한다.

65 상속받을 자녀(17세 3개월, 기대여명 61.08년)가 장애인인 경우 공제 항목이 중복해서 적용된다. 다음 공제에서 중복되는 공제에 해당하지 않는 것은 어느 것인가?

① 자녀공제　　　　　　② 장애인공제　　　　　　③ 연로자공제
④ 일괄공제　　　　　　⑤ 미성년자공제

> **해설** 연로자공제는 65세 이상인 자에 대해서만 인정한다.

66 상속공제에 있어서 일괄공제에 대한 설명 중 옳지 않은 것은?

① 기초공제와 기타인적공제 대신 일괄공제로 5억 원을 선택할 수 있다.
② 무신고시에는 일괄공제 적용이 배제된다.
③ 배우자단독상속이나 무신고 외의 경우에는 일괄공제를 선택 할 수 있다.
④ 배우자단독상속의 경우에는 일괄공제 적용을 배제한다.
⑤ 자녀가 상속을 포기해서 배우자가 혼자 상속받는 경우에는 일괄공제를 적용한다.

> **해설** 무신고시에는 일괄공제만 적용한다.(선택이 아님)

정답 61 ① 62 ② 63 ② 64 ⑤ 65 ③ 66 ②

68 다음 중 상속세법에서 세대생략에 대한 할증률은 얼마인가?(단, 상속재산의 가액이 20억 원임)

① 10% ② 20% ③ 25%
④ 30% ⑤ 35%

> **해설** 세대생략 상속에 대하여는 상속재산의 가액이 20억 원 이하 : 30%, 20억 원 초과 : 40%를 상속세에 할증하여 과세한다.

67 상속세의 과세가액공제액을 구하면 얼마인가?

- 채무 : 없음
- 공과금 : 5백만 원
- 장례비용* : 2천만 원 (봉안시설 사용비용 800만 원 포함)
*증빙서류에 의해 지출이 확인된 것임

① 500만 원 ② 2,500만 원 ③ 2,000만 원
④ 1,700만 원 ⑤ 없음

> **해설** 공과금(500만 원) + 봉안시설 사용비용(500만 원 한도) + 기타 장례비용(1,000만 원 한도) = 2,000만 원

69 다음은 상속분과 유류분의 설명으로 옳지 않은 것은?

① 피상속인의 배우자는 법정상속분의 1/2의 유류분을 인정한다.
② 배우자의 상속분은 다른 공동상속인의 법정상속분의 5할을 가산 받는다.
③ 피상속인은 유언으로 상속인의 유류분에 반하는 상속분을 지정할 수 있다.
④ 피상속인의 형제자매는 법정상속분의 1/3의 유류분을 청구 할 수 있다.
⑤ 피상속인이 유언으로 상속분을 지정하지 않은 경우 법에서 정한 상속분을 따른다.

> **해설** 피상속인은 유언으로 상속인의 유류분에 반하는 상속분을 지정할 수 없으며, 상속재산의 일정비율까지는 상속인에게 승계하여야 한다.

70 다음 중 증여세 대상 자산은 어느 것인가?

① 정당이 증여받은 재산의 가액
② 국가와 지방자치단체로 부터 증여받은 재산의 가액
③ 부담부증여 시 증여재산가액
④ 혼수용품으로서 통상 필요하다고 인정되는 금품

⑤ 불우한 자를 돕기 위하여 언론기관을 통하여 증여한 금품

> **해설** ③을 제외한 나머지는 비과세 증여재산에 해당한다.

71 다음 증여재산 합산과세 내용이다. (   )안에 내용으로 옳은 것은?

> 동일인(배우자 포함)으로부터 (   )년간 받은 증여가액이 (   ) 이상일 경우 합산과세한다.

① 5년, 1천만 원   ② 5년, 2천만 원
③ 10년, 1천만 원   ④ 10년, 2천만 원
⑤ 10년, 1억 원

> **해설** 동일인(배우자 포함)으로부터 10년 간 받은 증여가액이 1천만 원 이상일 경우에는 증여재산 합산과세 한다.

72 다음 중 상속 및 증여재산과 보충적 평가방법의 연결로 옳지 않은 것은?

① 건물은 개별 공시지가를 보충적 평가방법으로 사용하고 있다.
② 유가증권은 평가기준일 이전·이후 각 2개월간에 공표된 매일의 거래소 최종 시세가액으로 평균액을 평가액으로 한다.
③ 선박·항공기·차량·기계장치 등은 그것을 처분할 경우 다시 취득할 수 있다고 예상되는 가액
④ 주택은 「부동산 가격공시 및 감정평가에 관한 법률」에 따른 개별주택가격 및 공동주택가격에 따른다.
⑤ 토지는 일반지역의 경우 개별공시지가로 한다.

> **해설** 건물은 국세청장이 산정·고시한 가액을 보충적 평가방법으로 사용하고 있다.

73 상속세 또는 증여세를 연부연납 하는 경우 납세담보를 제공 하여야 한다. 다음 중 납세담보로 적절하지 않은 것은?

① 금전   ② 법 소정의 유가증권
③ 납세보증보험증권   ④ 신용보증기금의 납세보증서
⑤ 토지

> **해설** 토지와 보험에 든 등기 등록된 건물, 공장재단, 광업재단, 선박, 항공기 또는 건설기계를 납세담보로 제공 하는 경우에는 신청 일에 허가를 받은 것으로 보지 아니한다.

정답 67 ③ 68 ④ 69 ③ 70 ③ 71 ③ 72 ① 73 ⑤

74 다음 중 상속 및 증여세의 절세 방법으로 옳지 않은 것은?

① 10년 단위로 사전증여를 한다.
② 부담부증여를 고려해 본다.
③ 배우자공제 제도를 활용한다.
④ 상가 및 단독주택 보다는 현금으로 증여한다.
⑤ 건물이나 토지를 증여하는 것이 아파트를 증여하는 것보다 좋을 수 있다.

> **해설** 현금을 증여하게 되는 경우에는 그 금액에 대한 증여세가 그대로 계산이 되지만 상가 및 단독주택을 증여하면 기준시가 시가평가액 만큼의 증여세만 내면되기 때문에 절세할 수 있다.

75 A씨 가족은 종신보험에 가입하였다. 피보험자인 아버지의 사망으로 인하여 5억 원을 수령하였을 경우, 다음 CASE 중 비과세가 되는 경우는?

	구 분	보험계약자	보험료납부자	피보험자	수익자
①	CASE 1	아버지	아버지	아버지	아버지
②	CASE 2	자녀A	자녀A	아버지	자녀A
③	CASE 3	자녀A	아버지	아버지	아버지
④	CASE 4	어머니	아버지	아버지	어머니
⑤	CASE 5	아버지	자녀A	아버지	어머니

> **해설**
>
> | 구 분 | 보험계약자 | 보험료납부자 | 피보험자 | 수익자 | 세부담 |
> |---|---|---|---|---|---|
> | CASE1 | 아버지 | 아버지 | 아버지 | 아버지 | 상속세 |
> | CASE2 | 자녀A | 자녀A | 아버지 | 자녀A | 비과세 |
> | CASE3 | 자녀A | 아버지 | 아버지 | 자녀A | 상속세 |
> | CASE4 | 어머니 | 아버지 | 아버지 | 어머니 | 상속세 |
> | CASE5 | 아버지 | 자녀A | 아버지 | 어머니 | 증여세 |
>
> CASE1 : 납부자 아버지가 사망으로 본인이 보험금 수익자이므로 상속재산이 되어 상속세과세 대상이 된다.
> CASE2 : 자녀A가 납부하여 본인(자녀A)에게 지급되므로 비과세이다.
> CASE3 : 아버지가 납부하여 자녀A에게 지급되므로 상속세과세 대상이 된다.
> CASE4 : 아버지가 납부하여 어머니에게 지급되므로 상속세과세 대상이 된다.
> CASE5 : 자녀A가 납부하여 아버지의 사망으로 어머니가 받게 되므로 자녀A가 어머니에게 증여한 것으로 증여세과세 대상이 된다.

76 다음의 배우자 상속공제액을 구하면 얼마인가?

> • 상속재산가액 25억 원,
> • 배우자에게 합산기간 내 증여한 재산가액 10억 원(증여세 과세표준 4억 원)
> • 배우자는 실제 10억 원을 상속 받은 경우(배우자와 자녀 2명)

① 10억 원   ② 11억 원
③ 12억 원   ④ 13억 원
⑤ 14억 원

> **해설** 배우자가 실제 상속받은 재산 : 10억 원
> 상속세 공제액 : Min[①,②]
> {①(25억 원 + 10억 원)×1.5/3.5* − 4억 원 = 11억 원, ②30억 원} = 11억 원
> *배우자 1.5 + 자녀 1 + 자녀 1 = 3.5

77 다음 중 증여자와 수증자의 관계에 따른 증여재산공제액의 연결로 옳지 않은 것은?

① 배우자로부터 증여받은 경우 : 6억 원
② 직계존속으로부터 증여를 받은 경우 ; 5천만 원.(미성년자 2천만 원)
③ 직계비속으로부터 증여를 받은 경우 : 5천만 원
④ 6촌 이내의 혈족으로부터 증여를 받은 경우 : 5백만 원
⑤ 4촌 이내의 인척으로부터 증여를 받은 경우 : 1천만 원

> **해설** 6촌이내의 혈족으로부터 증여를 받은 경우에 500만 원(×) → 1,000만 원(○)

78 최인석(28세)는 2018년 5월10일에 배우자로부터 5억 원, 아버지로부터 7,000만 원, 형으로부터 600만 원, 숙부로부터 500만 원을 증여받아 사업을 개시하였다. 이 경우 최인석의 증여재산공제로 공제할 금액의 합계액은 얼마인가? 다만, 해당 증여 전에 증여받은 재산은 없다.

① 555,000,000원   ② 560,000,000원
③ 561,000,000원   ④ 581,000,000원
⑤ 235,000,000원

> **해설** 배우자공제 5억 원 + 아버지 5천만 원 + 형 6백만 원 + 숙부 5백만 원 = 561,000,000원

정답 74 ④ 75 ② 76 ② 77 ④ 78 ③

79 다음 중 금융소득종합과세 절세전략과 관련하여 옳지 않은 것은?

① 비과세 저축과 펀드를 활용한다.
② 조합예탁금(1인당 3,000만 원 한도)에 가입한다.
③ 장기저축성보험(납입일로부터 만기일까지의 기간이 최소 5년 이상)에 가입한다.
④ 세금우대저축에 가입 한다
⑤ 브라질 국채에 가입한다.

> **해설** 장기성저축보험은 계약기간 10년 이상, 1억 원 이하일 때 비과세에 해당한다.
> ⑤ 브라질 국채는 한·브 조세조약에 따라 한국에서 과세제외(제한 없이 비과세)한다.

80 다음 중 종합과세에서 제외되는 금융소득이 아닌 것은?

① 영어조합법인의 배당으로 1,200만 원 초과하는 배당소득
② 선박투자회사의 배당
③ 해외자원개발투자회사 등의 배당
④ 비실명금융자산으로서 금융회사를 통해 지급되는 이자·배당
⑤ 외상매출금을 소비대차로 전환하여 지급받는 이자소득

> **해설** 외상매출금을 소비대차로 전환하여 지급받는 이자소득은 이자소득으로서 2,000만 원을 초과하면 종합과세로 합산하여 계산한다.

3편 보험 및 은퇴설계 모의고사

81 보험의 기본 원칙에 관련한 설명이 잘못된 것은?

① 손해보험에서는 실손보상의 원칙을 적용한다.
② 생명보험에서는 대수의 법칙을 기초로 하여 경험생명표를 표준위험률로 사용한다.
③ 수지상등의 원칙에 따라 지급보험금 총액이 순보험료 총액보다 많으면 보험료는 인하 조정된다.
④ 순보험료는 대수의 법칙에 따라 예정위험률과 예정이율을 기초로 하여 수지상등의 원칙에 따라 산출된다.
⑤ 개별 보험계약자의 위험에 상응하는 보험료를 납부하여야 한다는 것이 급부반대급부 균등의 원칙이다.

> **해설** 수지상등의 원칙에 따라 순보험료 총액이 지급보험금 총액보다 많으면 보험료는 인하 조정된다.

82 보험계약의 요소에 대한 설명이 옳은 것은?

① 손해보험은 물건이나 재산이, 생명보험은 피보험자가 보험계약의 목적이다.
② 보험계약기간은 보험사고가 발생함으로써 보험자가 책임을 지게 되는 기간이다.
③ 인보험에서 피보험자는 생명이나 신체에 관하여 보험에 부쳐진 대상을 말한다.
④ 사망보험의 피보험자로 만 15세 미만자, 심신상실자, 심신박약자도 가능하다.
⑤ 손해보험에서 보험금청구권자는 보험수익자이다.

> **해설** 인보험에서 피보험자는 생명이나 신체에 관하여 보험에 부쳐진 대상을 말한다.
> ① 손해보험은 물건이나 재산이, 생명보험은 피보험자가 보험의 목적이다.
> ② 보험기간은 보험사고가 발생함으로써 보험자가 책임을 지게 되는 기간이다.
> ④ 만 15세 미만자, 심신상실자, 심신박약자는 사망보험의 피보험자가 될 수 없다.
> ⑤ 손해보험에서 피보험이익의 주체로서 보험금청구권자는 피보험자이고, 인보험에서 보험사고 발생 시 보험금청구권자는 보험수익자이다.

정답 79 ③ 80 ⑤ 81 ③ 82 ③

83 보험계약의 성립과 유지에 대한 설명으로 잘못된 것은?

① 진단계약의 경우 보험회사는 건강진단일로부터 30일 이내에 승낙 또는 거절하여야 한다.
② 약관 및 계약자 보관용 청약서를 계약자에게 전달하지 않은 경우 계약자는 계약 성립일로부터 3개월 이내에 계약을 취소할 수 있다.
③ 계약자가 청약서에 자필서명을 하지 않은 때에는 계약성립일로부터 3개월 이내에 계약을 취소할 수 있다.
④ 건강진단계약, 자동차보험 등 계약자는 보험증권을 받은 날로부터 15일 이내에 청약을 철회할 수 있다.
⑤ 청약철회 시 보험료 반환이 늦어진 기간에 대하여 보험계약 대출이율을 연단위 복리로 계산한 금액을 더하여 지급한다.

> **해설** 건강진단계약, 자동차보험, 1년 미만의 단기계약, 타인을 위한 보증보험 및 단체보험 등은 청약철회 대상에서 제외된다.

84 생명보험 상품에 대한 설명이 틀린 것은?

① 일반사망에 대한 급부 없이 재해나 질병, 간병상태 발생 시 급부를 제공하는 제3보험 상품도 보장성보험에 해당한다.
② 연생보험은 피보험자가 2인 이상 인 보험이다.
③ 금리연동형보험은 보험회사의 자산운용수익률 및 시장금리에 따라 일정기간마다 적립이율이 변동하므로 이자금액이 증감할 수 있다.
④ 자산연계형보험은 보험료적립금을 유가증권에 투자하고, 실적을 매일 평가하여 보험금에 반영하는 보험이다.
⑤ 생존보험은 피보험자가 보험기간 중 사망했을 때 보험금이 지급되지 않고 납입한 보험료도 환급되지 않는 것이 원칙이다.

> **해설** 실적배당형보험은 보험료적립금을 유가증권에 투자하여, 실적을 매일 평가하여 보험금에 반영하는 보험이다.

85 변액보험에 대한 설명으로 잘못된 것은?

① 특별계정 투입보험료는 기본보험료에서 수금비를 공제한 금액과 추가납입보험료에서 부가보험료를 공제한 금액이다.
② 중도에 해약하는 경우 지급되는 해약환급금은 최저보증이 이루어지지 않는다.
③ 투자실적이 아주 낮더라도 최저사망보험금이나 최저연금적립금을 보증한다.
④ 실적배당형 보험이므로 계약자가 자금운용에 대한 지시권이 있다.

⑤ 변동보험금은 특별계정에서 운용되어 투자실적에 따라 변동한다.

> **해설** 계약자는 상품형태만 선택하고, 자금운용에 대한 지시권은 없다.

86 제3보험 상품에 대한 설명으로 잘못된 것은?

① 간병보험의 경우 치매상태에 대한 보장개시일은 일반적으로 2년의 면책기간이 설정된다.
② 상해보험은 우연성, 외래성, 급격성을 모두 충족한 상해만이 보험사고로 간주된다.
③ 질병보험의 보험기간은 대부분 10년 이상이고, 고연령 및 건강상태에 따라 가입이 제한될 수 있다.
④ 질병보험은 질병의 진단, 수술, 입원 요양으로 인한 필요자금을 보장해 준다.
⑤ 단독 의료실비보험은 15년마다 보장내용이 변경 가능하고, 자동 재가입 된다.

> **해설** 단독 의료실비보험은 15년마다 보장내용이 변경 가능하고, 재가입절차가 필요하다.

87 화재보험에 대하여 바르게 서술한 것은?

① 건물의 부속물, 부착물 및 피보험자와 같은 세대에 속하는 사람의 소유물 등은 보험증권에 기재하여야 보험의 목적이 된다.
② 건물을 계속하여 15일 이상 휴업할 경우 통지의무를 위반하면 보험회사는 계약해지권을 가진다.
③ 화재, 폭발 또는 파열에 따른 직접손해, 소방손해, 피난손해에 대해 보상한다.
④ 고지의무 대상자가 중과실로 고지의무를 위반한 경우 보험회사는 계약해지권을 가진다.
⑤ 일부보험의 경우 일반물건 및 공장물건과 재고자산의 지급보험금은 손해액×(보험가입금액/보험가액)으로 계산한다.

> **해설** 고지의무 대상자가 중과실로 고지의무를 위반한 경우 보험회사는 계약해지권을 가진다.
> ① 건물의 부속물, 부착물 및 피보험자와 같은 세대에 속하는 사람의 소유물 등은 자동담보물건이다.
> ② 건물을 계속하여 30일 이상 휴업할 경우 통지의무를 위반하면 보험회사는 계약해지권을 가진다.
> ③ 폭발 또는 파열에 따른 직접손해는 보상하지 않는다.
> ⑤ 일부보험의 경우 공장물건 및 재고자산의 지급보험금은 손해액×(보험가입금액/보험가액)으로 계산한다.

88 국민건강보험제도에 대한 설명이 잘못된 것은?

① 본인부담금은 입원의 경우 총진료비의 20%이다.
② 지역가입자는 가입자의 소득, 재산, 자동차 등을 참작하여 정한 부과요소별 점수를 합산한 보험료 부과점수에 건강보험료율을 곱하여 건강보험료를 산정한다.
③ 직장가입자의 보험료 경감률은 휴직자의 경우 최대 50%, 육아휴직자는 60%, 임의계속가입자는 50% 이다.

정답 83 ④ 84 ④ 85 ④ 86 ⑤ 87 ④ 88 ②

④ 건강보험제도의 특성은 보험가입 및 보험료 납부의 강제성, 보험료 차등부과, 보험급여의 균등한 수혜 등이 있다.
⑤ 보험급여는 요양비, 본인부담금보상금, 장애인 보장구 급여비와 같은 현금급여도 포함된다.

> **해설** 지역가입자는 보험료 부과점수에 점수 당 금액(2019년 기준 189.7원)을 곱하여 건강보험료를 산정한다.

89 보험금의 증여와 관련한 설명으로 바른 것은?

① 장애인을 수익자로 하는 장애인 전용 보험금의 수령액이 5,000만 원인 경우 연간 증여세 비과세한도 4,000만 원을 공제하고, 1000만 원만 과세한다.
② 저축성보험의 중도해지 시 중도해지 당일 증여한 것으로 보아 증여세를 과세한다.
③ 아버지가 자식을 피보험자, 본인을 수익자로 보험계약을 한 경우 증여세를 과세한다.
④ 보험계약기간 전에 증여 받은 현금으로 보험료를 납부하는 경우 증여세를 비과세한다.
⑤ 만기보험금 2억 원, 총 납부보험료 1억 원 중 수익자가 납부한 보험료가 2천만 원일 때 증여재산가액은 1억6천만 원이다.

> **해설** 증여재산가액=보험금 2억 원×수익자 외의 자가 납부한 보험료 8천만 원/총불입보험료 1억=1억 6천만 원이다.
> ① 수령하는 연간 보험금이 4,000만 원을 초과하면 전액을 과세한다.
> ② 중도해지는 보험사고의 발생으로 볼 수 없다.
> ③ 수익자와 계약자가 같으므로 증여세가 과세되지 않는다.
> ④ 보험계약기간 전에 증여 받은 재산으로 보험료를 불입하는 경우 증여세를 과세한다.

90 의사, 법조인, 연예인 등 전문직 종사자의 특정시장과 가장 관련이 깊은 특징은?

① 절세대책, 경기변동에 민감하고, 유관기관이나 거래처 등을 통하면 소개받기 쉽다.
② 계산에 민감하므로 합리적으로 설명해야하고, 이해는 빠르나 결단력이 약한 고객층이다.
③ 관료의식 때문에 접근이 어렵지만, 아는 사람을 통하면 의외로 쉽게 친숙해 질 수 있다.
④ 소비성향이 강하고 소득의 대부분이 자신에게 집중되므로 위험보장의 필요성을 절감하는 고객층이다.
⑤ 취미 · 오락 · 레저에 관심이 많고, 성격이 보수적인 편이며, 안정지향적이다.

> **해설** 소비성향이 강하고 소득의 대부분이 자신에게 집중되므로 위험보장의 필요성을 절감하는 고객층이다.
> ① 중소기업 경영자, ② 교직원, ③ 공무원, ⑤ 봉급생활자

91 다음의 내용과 가장 가까운 고령기에 대한 새로운 접근방법은?

> 가족과 생계를 위해 일을 해야 했던 과거와 달리 은퇴 후 스스로가 소중히 여기는 것을 찾아 진정한 자아실현을 할 수 있는 인생 후반기의 일자리를 통해 은퇴 이후 고령자들의 만족감과 행복감은 크게 높아질 수 있다.

① 피터 라스렛의 제3기 인생
② 마크 프리드먼의 앙코르 커리어
③ 세계보건기구의 액티브 에이징
④ 일본의 종활
⑤ 에릭슨의 생애 8단계 이론

해설 마크 프리드먼의 앙코르 커리어에 대한 설명이다.

92 은퇴설계를 할 때 고려해야 할 사항으로 가장 거리가 먼 것은?

① 자녀와 부부가 함께 노력하여 행복한 노후를 만들도록 가족 중심의 은퇴설계를 한다.
② 부동산 리스크에 대응하기 위해 부동산을 담보로 매월 고정적인 연금을 받는 주택연금을 고려한다.
③ 의료비 리스크를 최소화하기 위해 공적 건강보험과 민간 의료보험을 모두 활용한다.
④ 여성과 남성의 기대수명 차이로 남편 사망 후 홀로 사는 부인을 위해 남편을 피보험자로 하는 종신보험에 가입한다.
⑤ 은퇴크레바스를 극복하기 위해 재취업을 하거나 사적연금을 활용한다.

해설 자녀 출가 이후 부부가 함께 지내는 시간이 길어졌기 때문에 부부중심의 은퇴설계를 해야 한다.

93 40대 고객의 은퇴설계를 상담할 때 가장 적절한 조언은?

① 부동산을 계속 보유할 것인지, 노후자금으로 활용하기 위해 금융자산화 할 것인지 결정하도록 권유한다.
② 목돈 중 일부를 즉시연금 상품 등에 가입해 현금흐름 창출할 것을 권유한다.
③ 확정기여형퇴직연금이나 IRP를 이용해 노후자금을 만들 때 투자형 상품 활용을 제안한다.
④ 대학 학자금이나 생활비 등 자녀 지원을 어디까지 할 것인지 사전에 정립하도록 조언한다.
⑤ 노후자금과 목돈관리를 동시에 추구하기 위해 리스크를 감당할 수 있는 다양한 금융상품에 분산투자할 것을 제안한다.

해설 리스크를 감당할 수 있는 다양한 금융상품에 분산투자하여 노후자금과 목돈 만들기를 동시에 추구한다.

정답 89 ⑤ 90 ④ 91 ② 92 ① 93 ⑤

94 국민연금제도에 대한 설명이 잘못된 것은?

① 국민연금 당연적용사업장은 1인 이상 근로자를 사용하는 사업장이다.
② 만 18세 이상 만 60세 미만 국민이 가입대상이고, 최소 가입기간 10년을 채웠을 때 연금 수급권이 발생한다.
③ 법정급여는 장애연금, 유족연금, 노령연금, 퇴직연금, 반환일시금, 사망일시금 등이 있다.
④ 수급권자에게 지급된 급여가 150만 원 이하인 경우 압류할 수 없다.
⑤ 기준소득월액에 적용하는 연금보험료율은 9%이고, 지역가입자는 전액을 본인이 부담한다.

해설 법정급여는 장애연금, 유족연금, 노령연금, 반환일시금, 사망일시금 등이 있다.

95 특수직역연금제도에 대한 서술이 잘못된 것은?

① 국민연금도입 전부터 시행되어 별도로 운영되고, 가입자 소득에 비례해 적용되는 소득비례 연금이다.
② 국민연금 또는 특수직역연금 중 어느 한 쪽이나 또는 양쪽의 수급권자가 아니면서 합산한 가입기간이 20년 이상일 경우만 연계연금을 신청할 수 있다.
③ 연계노령연금은 국민연금공단에서 지급하고, 연계퇴직연금은 각 직역연금공단에서 지급한다.
④ 군인연금은 복무기간이 20년 이상일 경우 퇴직 후 연금지급 개시연령에 도달하면 퇴역연금을 지급한다.
⑤ 공무원연금과 사학연금 모두 2016년 이후 10년 이상 재직하고 퇴직 후 연금지급 개시연령에 도달하면 사망할 때까지 퇴직연금을 수령할 수 있다.

해설 군인연금은 연금 수령 기준이 나이가 아닌 복무기간이므로, 기준 복무기간 20년을 충족하면 퇴역 후 곧바로 연금 또는 일시금을 지급한다.

96 개인형 퇴직연금제도(IRP)에 대한 설명으로 틀린 것은?

① 퇴직연금 수수료는 전액 개인 가입자가 부담한다.
② 2012년 7월부터 퇴직 시 근로자의 IRP 계좌에 퇴직일시금을 이전하도록 강제화했다.
③ 가입 기간이 10년 이상 이면서 55세 이상이면 연금 수령이 가능하고, 수령기간은 5년 이상이다.
④ 기업형IRP의 계약 내용이나 운용방법은 DC형 퇴직연금과 동일하다.
⑤ 가입자는 예금, 펀드 등으로 자산 운용이 가능하고, 수시로 상품변경을 할 수 있다.

해설 가입 기간에 대한 조건은 없고 55세 이상이면 연금 수령이 가능하며, 수령기간은 5년 이상이다.

97 주택연금제도에 대한 설명이 잘못된 것은?

① 주택소유자 또는 배우자가 근저당권 설립일 기준으로 만 60세 이상이어야 한다.
② 다주택자를 제외하고, 부부 기준 주택 한 채 또는 주택의 면적이 1/2 이상인 주상복합건물로서 9억 원 이하면 가입이 가능하다.
③ 종신혼합방식은 인출한도 설정 후 나머지 부분을 월지급금으로 종신토록 지급받는 방식이다.
④ 계약 기간 동안 거주를 보장하고, 부부 중 한 명이 사망해도 연금 감액 없이 동일 금액을 배우자에게 지급한다.
⑤ 사망 후 주택을 처분해서 정산 후 연금 수령액이 집값을 초과해도 상속인에게 초과분을 청구하지 않고 잔금이 있으면 상속인에게 돌아간다.

> **해설** 다주택 보유자도 부부 기준 보유주택 합산 가격이 9억 원 이하면 가입 가능하다.

98 성년후견제도에 대한 서술이 틀린 것은?

① 정신적 제약으로 일시적 후원 또는 특정한 사무에 관한 후원이 필요한 성인이 후견인의 지원을 통해 보호를 받기 위해서는 가정법원에 한정후견 개시심판을 청구할 필요가 있다.
② 피성년후견인은 유효한 법률행위를 할 수 없고, 성년후견인은 그 행위를 취소할 수 있다.
③ 후견인이 피후견인을 대리하여 재산의 매매계약을 체결할 경우 거래 상대방에게 후견인등기사항증명서를 제시하여 자신의 대리권을 증명할 수 있다.
④ 후견감독인은 언제든지 후견인에게 임무수행에 관한 보고와 재산목록의 제출을 요구할 수 있고 피후견인의 재산상황도 조사할 수 있다.
⑤ 성년후견보다 한정후견·특정후견이 피후견인의 행위능력과 자기결정권을 더 보장한다.

> **해설** 특정후견은 정신적 제약으로 일시적 후원 또는 특정한 사무에 관한 후원이 필요한 성인이 후견인의 지원을 통해 보호를 받는 제도이다.

99 은퇴컨설팅을 제공하기 위해 고객에 관한 정확한 정보를 수집하려고 한다. 옳지 않은 것은?

① 고객이 개인적인 정보를 질문지에 정직하게 기입하도록 면담을 통해 충분한 신뢰를 쌓는다.
② 질문지에는 노후자금 정보만이 아니라 전반적인 재무 상황과 비재무적인 요소도 함께 포함한다.
③ 연금상품의 가입현황, 보험상품의 보장 내용 등에 대한 자료는 면담을 하면서 고객이 곧바로 정확한 수치를 기입하도록 돕는다.
④ 면담 시 은퇴생활 및 노후준비와 관련된 고객의 요구나 개인특성 등과 같은 구체적인 정보를 파악하는 것에 중점을 둔다.
⑤ 질문지를 기입하기 위해서 미리 예시나 주의사항 등을 작성해 둔다.

> **해설** 연금상품의 가입현황, 보험상품의 보장 내용 등의 관련 자료를 고객에게 전달해서 다음 면담 때 기입해 가져오도록 한다.

100 은퇴설계의 프로세스 중 실행지원 및 사후관리 단계와 관련된 내용으로 거리가 먼 것은?

① 고객이 제안 내용을 실행하려고 하지만 적당한 상품이 없으면 유사상품을 찾아서 조언을 해준다.
② 고객과 신뢰관계를 쌓을 수 있는 매너와 고객의 요구나 목적을 명확히 하는 커뮤니케이션 능력이 가장 필요하다.
③ 매년 1~2회 제안서를 재검토한다.
④ FP에게 수수료 수익이 높은 상품을 강요해서는 안 된다.
⑤ 부동산 매각이나 구입 등의 계약은 FP가 대행해 준다.

> **해설** 고객에게 적합한 상품을 제공하기 위한 정보수집능력과 선택능력, 경제적 변화 및 고객의 상황 변화를 적절하게 설명하고 기존 제안서를 객관적으로 평가하고 수정하는 능력이 필요하다.

4편 금융자산 투자설계 모의고사

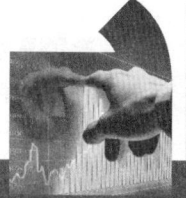

Financial Planner

01 채권과 주식의 중간 위험단계에 있는 상품에 투자하는 펀드를 말하는 것으로 안전자산인 선순위대출과 위험자산인 보통주 사이의 중간단계에 있는 후순위채권, 전환사채, 신주인수권부사채, 교환사채, 상환전환우선주식 등 주식 관련 채권에 투자하는 펀드를 나타내는 용어로 옳은 것은?

① 헤지 펀드　　　　　② 사모 펀드　　　　　③ 뮤추얼 펀드
④ 메자닌 펀드　　　　⑤ 인덱스 펀드

> 해설　메자닌 펀드는 신주인수권부사채, 전환사채, 후순위채권 등에 투자하는 간접펀드를 말하는 것으로, 이는 원금과 금리가 보장되는 채권의 특성을 가지면서도 향후 주가가 오를 때 신주인수권이나 주식전환권을 행사해 주식 투자의 장점도 누릴 수 있다는 특징이 있다.

02 다음 중 여신전문 금융회사에 해당하지 않는 것은?

① 신기술금융회사　　② 신용카드회사　　③ 리스금융회사
④ 금융지주회사　　　⑤ 할부금융회사

> 해설　금융지주회사란 금융과 지주회사를 합한 말로 주식의 보유를 통해 은행·증권회사·보험회사 등 1개 이상의 금융회사를 자회사로 소유하고 경영하는 지주회사를 의미한다.

03 발행 당시에 비해 금리가 하락한 경우 발행회사가 기존의 고금리 채권을 상환하고 새로 저금리로 채권을 발행할 목적으로 주로 활용되는 옵션부사채는?

① 조기상환권부채권(callable bond)
② 조기변제요구권부채권(puttable bond)
③ 주가연계파생결합사채(ELB : Equity Linked Bond)
④ 선물옵션(options on futures)
⑤ 상장지수상품(ETP : Exchange Traded Product)

> **해설** 조기상환권부채권(callable bond)은 발행 당시에 비해 금리가 하락한 경우 발행회사가 기존의 고금리 채권을 상환하고 새로 저금리로 채권을 발행할 목적으로 주로 활용된다. 한편, 조기변제요구권부채권(puttable bond)은 발행 당시에 비해 금리가 상승한 경우나 발행회사의 재무상태 악화로 채권 회수가 힘들어질 것으로 예상되는 경우 채권투자자가 만기 전에 채권상환을 요구할 수 있는 채권이다.

04 다음 중 저축상품에 대한 특징으로 옳지 않은 것은?

① 안전성·수익성·유동성을 기준으로 보면 저축상품은 안전성보다는 수익성과 유동성이 높은 금융상품이다.
② 보통예금은 이자가 없거나 아주 낮은 대신에 입출금이나 송금이 자유롭고 신용카드나 체크카드의 결제 계좌로 활용될 수 있는 장점이 있다.
③ 정기적금은 일정 기간 동안 정기적으로 돈을 저축하여 목돈을 만들기 위한 용도로 활용된다.
④ 정기예금은 한꺼번에 일정 금액을 일정 기간 동안 넣어두어 이자를 받아 돈을 불리기 위한 용도로 활용된다.
⑤ 정기예금이나 정기적금은 예치기간이 정해져 있어서 보통예금보다 이자가 많지만 유동성은 낮다.

> **해설** 안전성·수익성·유동성을 기준으로 보면 저축상품은 수익성보다는 안전성과 유동성이 높은 금융상품이다.

05 다음 중 금융투자상품의 특징으로 옳지 않은 것은?

① 금융투자상품은 장래에 이익을 얻거나 손실을 회피할 수 있도록 해주는 금융상품을 말하는데, 투자에 대한 성과를 얻을 수 있지만, 손실을 볼 위험도 있다.
② 금융투자상품 중 원금까지만 손실이 발생할 가능성이 있는 것에는 주식, 채권, 파생상품 등이 있고, 원금을 초과하여 손실이 발생할 가능성이 있는 것으로 펀드 등이 있다.
③ 주식은 주식회사의 자본을 구성하는 단위로서 발행 주식의 액면 금액이 회사의 자본금이 되며, 주식회사의 주인인 주주가 가지는 권리와 지분을 나타낸다.
④ 파생상품은 기초자산의 가치변동에 따라 그 가격이 결정되는 금융상품이다
⑤ 펀드란 다수인으로부터 자금을 모아 주식, 채권, 기타 금융상품에 나누어 투자하고 그에 따른 수익 또는 손실 등의 결과를 다시 투자자에게 배분하는 투자상품을 말한다.

> **해설** 금융투자상품 중 원금까지만 손실이 발생할 가능성이 있는 것에는 주식, 채권, 펀드 등이 있고, 원금을 초과하여 손실이 발생할 가능성이 있는 것으로 파생상품 등이 있다.

06 다음 중 금융투자회사에 대한 설명으로 옳지 않은 것은?

① 증권회사는 자본시장에서 주식, 채권 등 유가증권의 발행을 주선하고 발행된 유가증권의 매매를 중개하는 것을 주요 업무로 하고 있다.
② 자산운용사는 투자자로부터 자금을 모아 주식, 채권 또는 실물자산 등에 투자하여 그 수익(손실)을 투자자에게 배분하는 집합투자기구를 운용하는 회사이다.
③ 투자자문사는 투자일임업 또는 투자자문업을 영위하는 회사를 말한다.
④ 투자일임업은 투자자로부터 투자판단의 일부만을 일임받아 운용하는 것이다.
⑤ 투자자문업은 투자자에게 유가증권에 대한 투자판단을 자문해 주는 회사를 말한다.

> **해설** 투자일임업은 투자자로부터 투자판단의 전부 또는 일부를 일임받아 운용하는 것이

07 다음 중 금융시장에 대한 설명으로 옳지 않은 것은?

① 발행시장은 주식이나 채권을 발행하여 투자자로부터 돈을 빌리는 시장이고 유통시장은 이미 발행된 채권이나 주식이 투자자들 사이에서 거래되는 시장이다.
② 발행시장은 금융상품의 거래장소와 거래방법에 따라 거래소시장과 같은 장내시장과 장외시장으로 구분된다.
③ 장외시장은 특정한 규칙 없이 거래상대방 간에 협의에 따라 표준화되지 않은 상품을 매매하는 시장이다.
④ 직접금융은 기업과 같이 자금의 수요자가 발행하는 증권을 자금의 공급자가 직접 매수하여 자금을 이동시키는 방법으로, 회사채나 주식 발행을 통한 자금조달이 대표적인 형태이다.
⑤ 간접금융은 자금의 공급자와 수요자 사이에 은행 등 금융회사가 일반인으로부터 예금을 받아 필요한 사람에게 대출해 주는 은행대출이 대표적인 형태이다.

> **해설** 유통시장은 금융상품의 거래장소와 거래방법에 따라 거래소시장과 같은 장내시장과 장외시장으로 구분된다.

08 다음 중 펀드 성격에 따른 설명으로 옳지 않은 것은?

① 주식형 펀드는 펀드재산의 60% 이상을 주식에 투자하는 펀드를 말한다.
② 채권형 펀드는 펀드재산의 60% 이상을 채권에 투자하는 펀드를 말한다.
③ 주식혼합형 펀드는 주식 최대편입비율 50% 이상인 펀드를 말한다.
④ 채권혼합형 펀드는 주식 최대편입비율 50% 미만인 펀드를 말한다.
⑤ 파생상품펀드는 집합투자재산의 20% 이상을 위험회피 이외 목적으로 장내 또는 장외 파생상품에 투자하는 펀드를 말한다.

> **해설** 파생상품펀드는 집합투자재산의 10% 이상을 위험회피 이외 목적으로 장내 또는 장외 파생상품에 투자하는 펀드를 말한다.

정답 04 ① 05 ② 06 ④ 07 ② 08 ⑤

09 다음 중 투자전략에 따른 펀드에 관한 설명으로 옳지 않은 것은?

① 액티브펀드는 펀드운용주체가 시장에 대한 상황 분석 및 전망을 기초로 하여 운용전략을 수립하여 운용하는 펀드를 말한다.
② 패시브펀드는 펀드운용주체의 의사를 배제하거나 제한하고 투자대상자산이 속해 있는 시장을 그대로 인정한 상태에서 운용하는 펀드를 말한다.
③ 섹터펀드는 투자대상 시장 내 특정산업에 집중해 투자하는 펀드를 말한다.
④ 인덱스펀드는 KOSPI200지수나 KOSPI선물지수 등 목표지수를 선정해 이 지수와 동일한 수익률을 올릴 수 있도록 운용하는 펀드를 말한다.
⑤ 가치주펀드는 시장보다 빠른 속도로 이익이 증가하는 종목 및 미래에 매출이나 이익의 성장기회가 높은 종목에 투자하는 펀드를 말한다.

> **해설** 성장주펀드는 시장보다 빠른 속도로 이익이 증가하는 종목 및 미래에 매출이나 이익의 성장기회가 높은 종목에 투자하는 펀드를 말한다.

10 다음 중 개인종합자산관리계좌(ISA)에 대한 설명으로 옳지 않은 것은?

① 하나의 통장 안에서 펀드, 예금, 적금 등 다양한 금융상품 포트폴리오를 구성할 수 있다.
② 일임형은 분기 1회 이상 포트폴리오 리밸런싱을 해야 한다.
③ 신탁형의 경우 투자자가 직접 종목과 수량을 선택할 수 있다.
④ 운용기간 중 발생한 손익을 통산하지 않고 매년 과세한다.
⑤ 해외 주식형펀드의 경우 개인종합자산관리계좌의 편입대상에 제외하는 것이 세부담 측면에서 유리하다.

> **해설** 개인종합자산관리계좌는 보유기간 중 발생한 손익을 통산하여 펀드를 환매할 때 일괄과세한다.

11 다음 중 자산유동화증권에 대한 설명으로 옳지 않은 것은?

① 자산유동화증권에 대한 신용보강 수단이 존재한다.
② 투자자 입장에서는 동일한 신용도를 가진 일반 채권에 비해 상대적으로 높은 수익률을 획득할 수 있다는 장점이 있다.
③ 자산보유자 입장에서는 자금조달비용을 절감하고 재무구조를 개선할 수 있다는 장점이 있다.
④ 자산보유자의 개별 신용도에 근거하여 신용등급이 결정된다.
⑤ 금융기관 및 기업이 보유하고 있는 자산을 표준화하여 이를 기초로 증권을 발행한 후 매각하여 자산을 현금화하는 증권을 말한다.

> **해설** 자산보유자의 신용도에 상관없이 기초자산의 질에 근거하여 신용등급이 결정된다.

12 다음 중 외화예금에 대한 설명으로 옳지 않은 것은?

① 환율이 고시되는 통화에 한하여 가입이 제한되어 있다.
② 외화예금은 예금자보호법에 의한 보호를 받을 수 있다.
③ 입금 시에는 전신환매입률이, 지급 시에는 전신환매도율이 적용된다.
④ 외화적립식예금은 정기적립식과 자유적립식 상품이 있으며 예치기간별 금리를 지급한다.
⑤ 외화당좌예금은 수표와 어음은 발행하지 않는다는 점에서 원화당좌예금과 차이가 있다.

> **해설** 신규·입금 시에는 전신환매도율이 적용되며, 해약?지급 시에는 전신환매입률이 적용된다.

13 다음 중 신용카드에 대한 설명으로 옳지 않은 것은?

① 재발급은 신용카드 유효기간이 도래하고 일정기준을 충족하는 경우 신용카드업자가 자동으로 발급하는 것이다.
② 체크카드와 직불카드는 사용금액에 대해 고객의 계좌에서 즉시 출금되어 결제된다.
③ 본인회원은 결제능력이 있는 만 18세 이상의 실명의 개인을 대상으로 한다.
④ 신용카드는 지급결제 수단, 신용공여 및 신용창조, 거래투명화 및 세원확보, 신분증명의 기능을 지닌다.
⑤ 선불카드는 고객이 신용카드업자에게 일정금액을 선납하고 선납금액 범위내에서 자유롭게 사용할 수 있는 카드를 말한다.

> **해설** 갱신발급은 신용카드 유효기간이 도래하고 일정기준을 충족하는 경우 신용카드업자가 자동으로 발급하는 것이다.

14 발행 후 일정 기간이 지나면 발행기관이 원금에 확정금리를 더한 금액으로 다시 매입하기로 약속한 채권을 의미하는 금융상품은?

① 표지어음
② 단기금융투자신탁
③ 환매조건부채권
④ 기업어음
⑤ 리츠

> **해설** 환매조건부채권(RP)은 환매채라고도 하는데, 발행 후 일정 기간이 지나면 발행기관이 원금에 확정금리를 더한 금액으로 다시 매입하기로 약속한 채권을 말한다. 한국은행은 시중에 풀린 통화량을 조절하는 수단으로 RP를 활용하고 있으며, 일반 금융회사들은 금융상품의 하나로 투자자에게 판매하고 있다.

정답 09 ⑤ 10 ④ 11 ④ 12 ③ 13 ① 14 ③

15 대표적인 단기 금융상품으로 고객의 일시적인 여유 자금을 금리 위험과 신용 위험이 적은 국공채 및 어음 등에 운용하고 운용 수익을 배당하는 펀드의 일종인 것은?

① ELS　　　　　　　　② ELD　　　　　　　　③ ELF
④ MMF　　　　　　　　⑤ CMA

> **해설**　단기금융투자신탁(MMF)이란 고객의 돈을 모아 금리가 높은 CD(양도성예금증서), CP(기업어음), 콜 등 단기금융상품에 집중 투자해 여기서 얻는 수익을 되돌려주는 실적배당상품을 말하는 것으로 운용되는 자산의 만기가 매우 짧은 데다 신용도도 매우 우량하다는 장점이 있다.

16 수익이 주가지수의 변동에 연계해서 결정되는 은행판매예금을 말하는 것으로 고객의 투자자금은 정기예금에 넣고 창출되는 이자만 파생상품에 투자하여 추가 수익을 내는 구조를 의미하는 것은?

① 주가연계증권　　　　② 주가지수연동예금　　③ 주가지수연계펀드
④ 전환사채　　　　　　⑤ 신주인수권부사채

> **해설**　지수연동정기예금(ELD)은 예금의 일부가 시장 지수의 변동에 연결되어 있는 정기예금을 말하는 것으로 투자에 관심은 있으나 위험이 따르는 직접투자보다는 원금이 보장되는 간접투자를 선호하는 사람들을 타깃으로 만들었으며 일반 정기예금 이상의 수익을 추구하는 사람들에게 적합한 상품이다. 반면 주가지수연계펀드(ELF)는 채권, 주식 등 기초자산과 옵션을 조합하여 다양한 형태의 수익이 가능한 금융상품으로 예탁자산의 대부분을 채권에 투자하고 채권의 이자 발생분을 주식파생상품에 투자하여 원금을 보장하면서도 주가지수에 연계하여 고수익을 추구하는 상품이다.

17 다음 재무비율 중 성장성 비율에 해당하는 것은?

① 매출액증가율　　　　② 유동비율　　　　　　③ 재고자산회전율
④ 매출채권평균회수기간　⑤ 매출액영업이익률

> **해설**　매출액증가율은 성장성 비율에 해당한다.

18 강원 기업의 기말 주식가격은 20,000원으로 기대되며 이 주식의 베타는 1.50이다. 또한 시장의 기대수익률은 12%이며 무위험이자율은 8%이다. 강원 기업의 현재 주식가치는 얼마인가?

① 16,667원　　　　　　② 17,391원　　　　　　③ 17,544원
④ 17,857원　　　　　　⑤ 18,519원

> **해설**　PV(주식) = 20,000/[1 + (0.08 + (0.12 − 0.08)×1.5)] = 17,544(원)

19 강원 회사는 금년도에 주당 1,000원씩 배당하였고 이 회사의 배당금은 매년 10%씩 증가해 오고 있으며 이러한 증가율은 앞으로도 계속될 전망이다. 이 주식에 대한 요구수익률이 15%일 경우 이 주식의 현재가치는 얼마인가?

① 11,500원 ② 13,000원 ③ 20,000원
④ 22,000원 ⑤ 23,000원

> **해설** 현재의 주가 = 1,000×(1.1)/(0.15 − 0.1) = 22,000(원)

20 주가수익비율(PER)의 구성 요인에 대한 설명으로 옳지 않은 것은?

① 주가수익비율은 기업이 벌어들이는 주당 이익에 비하여 주가가 적정한지를 평가하는 모형이다.
② 배당성향이 높을수록 PER는 높아진다.
③ 내부유보율이 낮을수록 PER는 높아진다.
④ 성장률이 높을수록 PER는 높아진다.
⑤ 요구수익률이 높을수록 PER는 높아진다.

> **해설** 요구수익률이 낮을수록 PER는 높아진다.

21 재무제표 비율분석에 있어서 안정성 분석에 해당하지 않는 것은?

① 유동비율 ② 이자보상비율 ③ 재고자산회전율
④ 부채비율 ⑤ 고정비율

> **해설** 재고자산회전율은 활동성 분석에 속한다.

24 수익률을 위험으로 나누어 위험 한 단위당 수익률을 구하는 성과지표로서 투자펀드의 수익률에서 무위험이자율을 차감한 초과수익률을 투자펀드의 총위험인 표준편차로 나누어서 산출하는 위험조정평가지표는 무엇인가?

① 베타 ② 샤프지수 ③ 젠센의 알파
④ 정보비율 ⑤ 트레이너지수

> **해설** 샤프지수는 수익률을 위험으로 나누어 위험 한 단위당 수익률을 구하는 성과지표로서 투자펀드의 수익률에서 무위험이자율을 차감한 초과수익률을 투자펀드의 총위험인 표준편차로 나누어서 산출한다.

정답 15 ④ 16 ② 17 ① 18 ③ 19 ④ 20 ⑤ 21 ③ 22 ① 23 ② 24 ②

22 다음 중 성장주 투자전략의 특징으로 올바르지 않은 것은?

① 성장주 투자는 장기적 관점보다는 단기적 관점에서 접근하는 것이 바람직하며 특정 테마가 시장에서 이슈화되었을 때는 이미 주가가 고점일 가능성이 크다.
② 변동성이 높기 때문에 매매시점을 신속하게 결정하는 것이 투자성과에 큰 영향을 미치게 된다.
③ 안정적인 투자성향보다는 상대적으로 공격적인 투자성향을 가진 투자자에게 더 적합한 투자전략이다.
④ 주가 상승기 초기에 목표수량을 일시에 매입하여 단계별 매도 목표가를 정한 후 수회에 걸쳐 분할매도를 통해 이익실현을 하는 전략이 유효하다.
⑤ 투자종목 및 투자전략의 특성상 시장지수와 높은 상관관계를 가지고 있어 상대적 민감도인 베타가 높다.

> **해설** 테마주 투자는 장기적 관점보다는 단기적 관점에서 접근하는 것이 바람직하며 특정 테마가 시장에서 이슈화되었을 때는 이미 주가가 고점일 가능성이 크다.

23 주식형상품을 투자하는 방법에는 투자자가 자신의 판단하에 직접 투자하는 방법과 주식형펀드를 매입하는 간접 투자하는 방법이 있다. 이 두 방법의 특징으로 옳지 않은 것은?

① 직접투자는 투자자가 종목, 매수 및 매도시점, 투자전략을 결정해야 하기 때문에 간접투자에 비해 많은 시간과 노력이 필요하다.
② 직접투자는 투자자가 증권회사와 직접 거래하기 때문에 매매수수료를 포함한 별도의 비용이 들지 않는다.
③ 직접투자는 매매시점의 실시간 시장가격으로 거래할 수 있다.
④ 간접투자는 대부분 실시간 매매가 아닌 종가 기준을 적용받기 때문에 매매시점과 펀드 기준가격 적용시점에 차이가 발생하게 된다.
⑤ 직접투자는 투자한 종목에서 일부 종목만을 선택하여 매도하거나 추가 매수를 할 수 있지만, 간접투자는 펀드 포트폴리오 전체를 매수하거나 매도하여야 한다.

> **해설** 직접투자는 투자자가 증권회사와 직접 거래하기 때문에 매매수수료 이외에 별도의 비용이 들지 않는다.

26 다음 중 주식가치를 평가하는 데 활용되는 지표가 아닌 것은?

① PBR ② PER ③ CSM
④ EBITDA ⑤ TOBIN'S Q

> **해설** 고객만족경영(CSM)이란 경영의 모든 영역을 고객의 입장에서 생각하고 고객을 만족시킴으로써 기업을 유지하고자 하는 경영기법을 말한다.

25 금리상승기에는 미래 주가에 대한 할인율이 커져 주가수익비율(PER)이 높은 종목의 투자매력이 상대적으로 감소하는데 이 주식은 성장은 더디지만 현재가치에 비해 저평가되어 있어서 금리상승기에 유망하다. 이 주식을 일컫는 용어로 옳은 것은?

① 우선주   ② 테마주   ③ 성장주
④ 가치주   ⑤ 배당주

> **해설** 가치주는 성장은 더디지만 현재 가치에 비해 저평가된 주식을 말하는 것으로 성장주에 비해 주가 변동 폭이 크지 않아 주로 방어적인 투자자들이 선호한다.

27 주식의 매매거래에 참여한 투자자는 매매계약 체결분에 대하여 체결일부터 기산하여 언제까지 매매거래를 위탁한 증권회사에 매수대금 또는 매도증권을 납부하여야 하는가?

① 1영업일(T+0)   ② 2영업일(T+1)   ③ 3영업일(T+2)
④ 4영업일(T+3)   ⑤ 5영업일(T+4)

> **해설** 주식의 매매거래에 참여한 투자자는 매매계약 체결분에 대하여 체결일부터 기산하여 3영업일(T+2)이 되는 날까지 매매거래를 위탁한 증권회사에 매수대금 또는 매도증권을 납부하여야 한다. 증권회사는 이를 한국거래소에 결제함으로써 매매거래가 완료된다.

28 S&P500지수옵션과 관련하여 향후 30일간의 변동성에 대한 투자자들의 기대를 반영하는 시카고옵션거래소의 변동성 지수를 무엇이라고 하는가?

① VNKY 지수   ② VIX 지수   ③ TED 스프레드
④ VKOSPI 지수   ⑤ VSTOXX 지수

> **해설** VIX 지수는 S&P500지수옵션과 관련하여 향후 30일간의 변동성에 대한 투자자들의 기대를 반영하는 시카고옵션거래소의 변동성 지수를 말한다.

29 일정기간 전일 종가에 비해 상승한 종목 수에서 하락한 종목 수를 차감하고 이를 누계하여 선으로 작성한 기술적 분석의 지표는?

① 투자심리선   ② 볼린저밴드   ③ 삼선전환도
④ 스토캐스틱   ⑤ 등락주선

> **해설** 등락주선(ADL)은 일정기간 전일 종가에 비해 상승한 종목 수에서 하락한 종목 수를 차감하고 이를 누계하여 선으로 작성한 지표이다.

정답 25 ④ 26 ③ 27 ③ 28 ② 29 ⑤

30 장기간에 걸친 조정국면이나 횡보국면을 마감하고 주가가 과거 중요한 지지선이나 저항선을 돌파할 때 나타나는 갭은?

① 보통 갭 ② 돌파 갭 ③ 계속 갭
④ 소멸 갭 ⑤ 섬꼴 반전

> 해설 돌파 갭은 장기간에 걸친 조정국면이나 횡보국면을 마감하고 주가가 과거 중요한 지지선이나 저항선을 돌파할 때 나타난다.

31 과거의 증권가격 및 거래량의 추세와 변동패턴에 관한 역사적 정보를 이용하여 미래 증권가격의 움직임을 예측하는 분석기법은?

① 포트폴리오 분석 ② 기본적 분석 ③ 기술적 분석
④ 리스크 분석 ⑤ 기업신용 분석

> 해설 기술적 분석(technical analysis)은 과거의 증권가격 및 거래량의 추세와 변동패턴에 관한 역사적 정보를 이용하여 미래 증권가격의 움직임을 예측하는 분석기법이다.

32 채권 가격 변동에 대한 다음 설명 중 옳지 않은 것은?

① 채권 가격은 이자율에 반비례한다.
② 만기가 긴 채권일수록 일정한 이자율변동에 대한 가격변동이 크다.
③ 이자율변동에 따른 채권가격변동폭은 만기가 길수록 감소하나 그 증감률은 체증한다.
④ 이자율의 하락으로 인한 가격상승률이 같은 폭의 이자율 상승으로 인한 가격하락률보다 크다.
⑤ 액면이자율이 낮은 채권일수록 일정한 이자율변동에 따른 채권가격변동률이 크다.

> 해설 이자율변동에 따른 채권가격변동폭은 만기가 길수록 증가하나 그 증감률은 체감한다.

33 어떤 투자자가 액면금액 1,000원이고 액면이자율이 연 10%이며 만기가 1년 남은 채권을 990원에 매입하였을 경우 이 채권의 만기수익률은 얼마인가?

① 9.09% ② 10% ③ 10.9%
④ 11.11% ⑤ 12%

> 해설 $990 = 100/(1+Y) + 1,000/(1+Y)$
> ∴ Y(만기수익률) = 11.11%

34 채권의 수익률 스프레드는 어떻게 계산되는가?

① 약속수익률과 무위험수익률의 차이
② 약속수익률과 기대수익률의 차이
③ 기대수익률과 무위험수익률의 차이
④ 채무불이행프리미엄과 무위험수익률의 차이
⑤ 약속수익률과 위험프리미엄의 차이

> **해설** 채권의 수익률 스프레드는 약속수익률과 무위험수익률의 차이로 계산되거나 채무불이행프리미엄에 위험프리미엄을 더한 값으로 계산된다.

35 다른 모든 조건이 동일한 경우 만기가 긴 채권의 수익률이 만기가 짧은 채권의 수익률보다 높게 나타나는 것은 투자자들이 만기가 긴 채권에 투자하는 대가로 추가적인 프리미엄을 요구하기 때문이라고 설명하는 이론은?

① 불편기대가설
② 유동성프리미엄가설
③ 시장분할가설
④ 선호영역가설
⑤ 효율적시장가설

> **해설** 유동성프리미엄가설에 의하면 만기가 긴 채권의 수익률이 만기가 짧은 채권의 수익률보다 높게 나타나는 것은 투자자들이 만기가 긴 채권에 투자하는 대가로 추가적인 프리미엄을 요구하기 때문이라고 한다.

36 다음 중 듀레이션의 특성으로 옳지 않은 것은?

① 표면이자율이 낮을수록 듀레이션은 길어진다.
② 만기수익률이 높을수록 듀레이션은 짧아진다.
③ 순수할인채권은 듀레이션이 만기와 같다.
④ 이표채는 듀레이션이 만기보다 길다.
⑤ 채권포트폴리오의 듀레이션은 포트폴리오를 구성하는 개별채권들의 듀레이션을 그 구성비율로 가중평균한 값과 같다.

> **해설** 이표채는 듀레이션이 만기보다 짧다.

37 채권투자전략에서 보유채권의 만기범위를 정해 두고 이 범위 내에서 각 만기별 채권에 균등하게 투자하는 방법은?

① 면역전략
② 사다리형 만기전략
③ 바벨형 만기전략
④ 스왑전략
⑤ 수익률곡선타기전략

> **해설** 사다리형 만기전략은 보유채권의 만기범위를 정해 두고 이 범위 내에서 각 만기별 채권에 균등하게 투자하는 방법이다.

38 자산의 50% 이상을 신용등급이 BB+ 이하인 투기등급채권과 B+ 이하의 기업어음에 투자하는 펀드를 나타내는 용어로 옳은 것은?

① 뮤추얼펀드 ② 타이거펀드 ③ 공모펀드
④ 헤지펀드 ⑤ 하이일드펀드

> **해설** 하이일드펀드란 수익률은 매우 높은 반면 신용도가 취약해 '정크본드(junk bond)'라고 불리는 고수익·고위험 채권에 투자하는 펀드를 말하며, 그레이 펀드 또는 투기채 펀드로도 불린다.

39 전환가격 대비 현재 주가의 비율을 말하는 것으로 전환사채의 주식가치는 기초자산인 주가가 상승할수록 높아지는데 이렇게 주식 측면에서 평가하는 전환사채의 이론가치를 무엇이라 하는가?

① 패리티 ② 괴리율 ③ 전환비율
④ 전환권 ⑤ 신주인수권

> **해설** 전환사채의 주식가치는 기초자산인 주가가 상승할수록 높아지는데 이렇게 주식 측면에서 평가하는 전환사채의 이론가치를 패리티(parity)라고 하며 패리티에 채권의 액면금액인 1만 원을 곱한 가격을 패리티 가격이라고 한다. 즉, 패리티는 전환가격 대비 현재 주가의 비율이라고 할 수 있으며 주가가 상승하면 패리티율도 상승하게 된다.

40 다음 중 채권과 주식을 비교한 내용으로 옳지 않은 것은?

① 주식은 원금이 상환되지 않지만 채권은 원금이 상환된다.
② 회사 청산시 채권은 주식에 우선하여 청산받을 권리가 있다.
③ 채권은 타인자본으로 분류되고 주식은 자기자본으로 분류된다.
④ 채권은 주식과 달리 현금흐름 스케줄과 수익률이 미리 정해진다.
⑤ 채권투자자는 의결권을 가지나 주식투자자는 의결권을 갖지 않는다.

> **해설** 채권투자자는 의결권이 없으나 주식투자자는 의결권이 있다.

41 향후 채권수익률이 하락할 것으로 예상될 경우 다음 중 가장 적절한 투자대상은?

① 1년 만기, 표면이율 2%인 채권
② 1년 만기, 표면이율 4%인 채권
③ 5년 만기, 표면이율 2%인 채권
④ 5년 만기, 표면이율 3%인 채권
⑤ 5년 만기, 표면이율 4%인 채권

> 해설 채권수익률이 하락하면 채권가격은 상승하므로 듀레이션이 긴 채권에 투자하는 것이 보다 유리하다. 듀레이션은 만기가 길수록, 표면이율이 낮을수록 길어진다.

42 다음 중 발행시장의 기능으로 옳지 않은 것은?

① 금융시장에서 채권을 통한 효율적인 자금배분의 기능을 갖고 있다.
② 기업에게는 재무구조를 건전하게 운영하도록 한다.
③ 국민들에게는 유리한 투자와 저축수단을 제공해 준다.
④ 해외자금을 적절하게 차용하는 유용한 수단이 되기도 한다.
⑤ 채권의 공정한 시장가격을 형성시켜 준다.

> 해설 채권의 공정한 시장가격을 형성시켜 주는 것은 유통시장의 기능이다.

43 채권투자전략 중 적극적 전략에 해당하는 것은?

① 수익률 예측전략
② 만기보유 전략
③ 면역 전략
④ 사다리형 만기전략
⑤ 바벨형 전략

> 해설 수익률 예측전략은 적극적 전략에 속한다.

44 각기의 현금 유입을 만기수익률로 할인한 현재가치에 장래의 현금흐름이 발생하는 시점까지의 기간을 가중하여 구한 값으로 현재가치 1원이 상환되는데 소요되는 평균상환 기간을 의미하는 것은?

① 수익률 곡선
② 듀레이션
③ 볼록성
④ 면역전략
⑤ 수익률 스프레드

> 해설 듀레이션이란 각기의 현금 유입을 만기수익률로 할인한 현재가치에 장래의 현금흐름이 발생하는 시점까지의 기간을 가중하여 구한 값으로 현재가치 1원이 상환되는데 소요되는 평균상환 기간으로 정의할 수 있다.

정답 38 ⑤ 39 ① 40 ⑤ 41 ③ 42 ⑤ 43 ① 44 ②

45 채권 투자시 회피 불가능 위험만으로 올바르게 묶인 것은?

① 이자율 위험과 구매력 위험
② 이자율 위험과 유동성 위험
③ 구매력 위험과 중도상환 위험
④ 유동성 위험과 구매력 위험
⑤ 채무불이행 위험과 중도상환 위험

> **해설** 채권 투자시 회피 가능 위험에는 채무불이행 위험, 유동성 위험, 중도상환 위험이 있다.

46 채권의 만기까지 단위기간별로 발생하는 원리금액에 의해 발생하는 현금흐름의 현재가치의 합을 채권가격과 일치시키는 할인율을 의미하는 것은?

① 시장이자율
② 만기수익률
③ 실효수익률
④ 발행수익률
⑤ 연평균수익률

> **해설** 만기수익률은 채권의 만기까지 단위기간별로 발생하는 원리금액에 의해 발생하는 현금흐름의 현재가치의 합을 채권가격과 일치시키는 할인율을 말한다.

47 현물시장과 선물시장에서의 가격 차이를 노리고 무위험이익을 달성하려는 투자자를 의미하는 것은?

① hedger
② speculator
③ arbitrager
④ broker
⑤ trader

> **해설** 차익거래자는 현물시장과 선물시장에서의 가격 차이를 노리고 무위험이익을 달성하려는 투자자를 말한다.

48 만기일과 행사가격이 같은 하나의 콜옵션과 하나의 풋옵션을 동시에 매수하거나 또는 동시에 매도하는 것을 말하는 것은?

① 스트랭글
② 스프레드
③ 스트래들
④ 스트립
⑤ 스트랩

> **해설** 스트래들은 만기일과 행사가격이 같은 하나의 콜옵션과 하나의 풋옵션을 동시에 매수하거나 또는 동시에 매도하는 것을 말한다.

49 시장상황의 변화가 옵션가치에 미치는 영향에 관한 설명으로 틀린 것은?

① 콜옵션의 델타값은 0에서 100%까지 분포되고, 풋옵션의 델타값은 0에서부터 100%까지 분포한다.

② 변동성이 증가하게 되면 콜옵션의 델타값은 50%로, 풋옵션의 델타값은 ?50%로 수렴한다.
③ ATM 옵션의 경우 변동성이 감소하거나 잔여만기가 감소하게 될 경우 감마값이 크게 증가할 수 있다.
④ 기초자산의 변동성의 변화에 대해 옵션가치의 변화량이 가장 큰 옵션은 OTM옵션이고, 옵션가치의 변화율이 가장 큰 것은 ATM 옵션이다.
⑤ 행사가격과 잔여만기가 동일한 콜옵션과 풋옵션에 있어서 감마값과 델타값은 동일하다.

> **해설** 기초자산의 변동성의 변화에 대해 옵션가치의 변화량이 가장 큰 옵션은 ATM옵션이고, 옵션가치의 변화율이 가장 큰 것은 OTM 옵션이다.

50 강원 기업의 주식에 대한 콜옵션과 풋옵션의 행사가격이 모두 33,000원으로 동일하며 두 옵션은 유럽형 옵션으로 만기일은 1년 후이며 현재의 주가는 28,000원으로서 만기일에 주가가 35,000원 또는 24,000원이 된다고 한다. 또한 1년 간의 무위험이자율은 10%로 알려져 있으며 콜옵션의 현재 가격이 1,124원일 경우 풋옵션의 현재가치는 얼마인가?

① 2,000원 ② 3,124원 ③ 5,000원
④ 6,124원 ⑤ 7,124원

> **해설** 풋-콜 패리티를 이용해서 P= 1,124−28,000+33,000/1.1 = 3,124(원)

51 옵션의 민감도 지표 중에서 시간의 변화에 따른 옵션가격의 감소분을 의미하는 것은?

① 델타 ② 감마 ③ 쎄타
④ 베가 ⑤ 로

> **해설** 쎄타는 시간의 변화에 따른 옵션가격의 감소분을 의미한다.

52 고객이 매수 또는 매도한 선물계약이 반대매매를 통하여 청산되지 않고 그대로 남아 있는 것을 무엇이라 하는가?

① 매수헤지 ② 매도헤지 ③ 증거금
④ 일일정산 ⑤ 미결제약정

> **해설** 고객이 매수 또는 매도한 선물계약이 반대매매를 통하여 청산되지 않고 그대로 남아 있는 것을 미결제약정이라고 한다.

정답 45 ① 46 ② 47 ③ 48 ③ 49 ④ 50 ② 51 ③ 52 ⑤

53 선물가격은 미래의 기대현물가격보다 높게 형성되었다가 만기일이 가까워지면서 선물가격이 기대현물가격에 접근해 간다는 주장은?

① 정상적 백워데이션 가설
② 콘탱고 가설
③ 기대 가설
④ 현물-선물 등가이론
⑤ 스프레드 거래

> **해설** 콘탱고 가설은 선물가격은 미래의 기대현물가격보다 높게 형성되었다가 만기일이 가까워지면서 선물가격이 기대현물가격에 접근해 간다는 주장이다.

54 Y씨는 현재 KOSPI200 지수를 복제한 포트폴리오에 100억 원 투자 중이다. 향후 포트폴리오의 가치가 하락할 것을 염려하여 KOSPI200 지수선물을 이용하여 헤지하고자 한다. 현재 KOSPI200 지수선물이 250.00포인트에 거래되고 있을 경우, 헤지를 위해 필요한 KOSPI200 지수선물의 계약 수와 포지션은?

① 160계약 매수헤지
② 160계약 매도헤지
③ 320계약 매수헤지
④ 320계약 매도헤지
⑤ 400계약 매수헤지

> **해설** 가격하락리스크를 헤지하기 위해 매도 포지션을 취한다.
> 매도헤지 계약 수 = 100억 원/(250.00포인트×25만 원) = 160 계약

55 Y씨가 보유하고 있는 주식포트폴리오의 현재가치는 100억 원이고, 베타는 0.8이며 만기가 3개월 남은 KOSPI200 지수선물의 가격은 250.00이다. 향후 주식시장이 강세일 것을 예상하여 주식포트폴리오의 베타를 1.2로 높이고자 한다. 이 경우 필요한 KOSPI200 지수선물의 계약 수와 포지션은?

① 64계약 매수
② 64계약 매도
③ 128계약 매수
④ 128계약 매도
⑤ 200계약 매수

> **해설** 선물계약 수 = (1.2 - 0.8)×100억 원/(250포인트×25만 원) = 64계약 매수

56 다음 중 통화옵션에 대한 설명으로 옳지 않은 것은?

① 외환대금을 수취할 예정인 수출업자는 통화 풋옵션을 매수하면 된다.
② 수입업자는 환율상승 리스크를 회피하기 위해 콜옵션을 매수하면 된다.
③ 환율의 상한은 콜옵션의 행사가격에서 프리미엄을 뺀 값이 된다.
④ 풋옵션을 매수하는 경우 환율의 하한선을 설정하는 효과를 가져온다.
⑤ 불리한 환율변동은 제거하고 유리한 환율변동으로 인한 이익기회도 유지할 수 있다.

해설 율의 상한은 콜옵션의 행사가격에서 프리미엄을 더한 값이 된다.

57 다음 중 레인지채권에 대한 설명으로 옳지 않은 것은?

① 매 이표지급 시점 직전일에 기준 충족여부에 따라 상이한 이표를 지급한다.
② 기준금리가 사전에 정한 범위 안에 머무르면 낮은 이자를 지급하고 범위를 벗어나면 높은 이자를 지급한다.
③ 기준금리 수준이 낮고 변동성이 높으며 수익률곡선이 급하게 우상향하는 상황에서 등장한다.
④ 내재된 디지털 옵션의 가치는 레인지, 기준금리의 변동성, 내재선도금리의 형태에 의해 영향을 받는다.
⑤ 선도금리가 사전에서 정한 범위에 위치하는 경우 기준금리의 변동성 증가는 옵션의 가치를 감소시킨다.

해설 기준금리가 사전에 정한 범위 안에 머무르면 높은 이자를 지급하고 범위를 벗어나면 낮은 이자를 지급한다.

58 자금차입자의 이자상환부담과 자금대여자의 이자수입을 일정한 범위 안에서 유지하기 위해 금리의 상한과 하한을 동시에 설정해 놓은 계약으로 금리 캡(Cap)과 금리 플로어(Floor)가 결합한 형식인 금리파생상품은?

① 금리칼라 ② 선물옵션 ③ 스왑션
④ 금리스왑 ⑤ 통화스왑

해설 금리칼라(Interest rate collar)는 투자자의 금리변동 리스크를 헤지하기 위해 고안된 금리 파생상품으로 금리캡 매수와 금리플로어 매도를 병행함으로써 구축할 수 있는 포지션을 말한다.

59 세계 각국 증시의 평균 주가수익비율(PER)이 미국 10, 한국 8, 중국 12, 영국 15라고 한다. 이 경우 바람직한 투자 포트폴리오 전략은?

① 미국 주식을 매도하고 한국 주식을 매수한다.
② 미국 주식을 매도하고 중국 주식을 매수한다.
③ 한국 주식을 매도하고 영국 주식을 매수한다.
④ 한국 주식을 매도하고 중국 주식을 매수한다.
⑤ 중국 주식을 매도하고 영국 주식을 매수한다.

해설 고PER 국가인 미국의 주식을 매도하고 저PER 국가인 한국의 주식을 매수한다.

정답 53 ② 54 ② 55 ① 56 ③ 57 ② 58 ① 59 ①

60 주식 가격이 20,000원에서 1년 후 40,000원으로 상승하고, 2년 후 20,000원으로 하락하였다고 가정할 때 산술평균수익률과 기하평균수익률은 얼마인가?

① 산술평균수익률 : 0%, 기하평균수익률 : 0%
② 산술평균수익률 : 25%, 기하평균수익률 : 0%
③ 산술평균수익률 : 0%, 기하평균수익률 : 25%
④ 산술평균수익률 : 50%, 기하평균수익률 : 50%
⑤ 산술평균수익률 : 100%, 기하평균수익률 : 100%

> **해설** 1차년도 연간 수익률 = 100%
> 2차년도 연간 수익률 = −50%
> 산술평균수익률 = (100% − 50%)/2 = 25%,
> 기하평균수익률 = [((1 + 1)×(1 − 0.5))^(1/2) − 1]×100 = 0%

61 강원기업 주식의 베타가 1.2이고 무위험이자율이 3%, 시장포트폴리오의 기대수익률이 9%일 때 이 주식의 기대수익률은 얼마인가?

① 4.2% ② 7.2% ③ 9.0%
④ 10.2% ⑤ 12.0%

> **해설** 주식의 기대수익률 = 3% + (9% − 3%)×1.2 = 10.2%

62 실무적으로 성과가 좋은 증권을 찾기보다는 큰 손실을 초래한 증권을 찾아서 그 증권을 포트폴리오에서 제거하는 방법을 사용하는 것은?

① 포트폴리오 다운사이징   ② 포트폴리오 리밸런싱
③ 포트폴리오 업그레이딩   ④ 포트폴리오 디스트리뷰팅
⑤ 포트폴리오 올로케이팅

> **해설** 포트폴리오 업그레이딩은 포트폴리오의 위험에 비해 상대적으로 높은 기대수익을 얻거나 기대수익에 비해 상대적으로 낮은 위험을 부담하도록 포트폴리오의 구성을 변경하는 것이다.

63 다음 중 포트폴리오 이론을 전개하기 위한 마코위츠 이론의 기본 가정으로 옳지 않은 것은?

① 투자자들은 위험회피형 투자자로서 기대효용을 극대화하려고 한다.
② 투자자들의 투자결정은 투자대상의 기대수익률과 위험에 의존한다.

③ 투자자들은 평균-분산 모형에 따라 포트폴리오를 선택한다.
④ 투자자들은 투자대상의 미래수익률에 대한 확률분포를 알고 있으며 이 확률분포에 대해 상이한 예측을 한다.
⑤ 투자자들의 투자기간은 단일기간으로 동일하다.

> **해설** 투자자들은 투자대상의 미래수익률에 대한 확률분포를 알고 있으며 이 확률분포에 대해 동일한 예측을 한다.

64 다음 중 체계적 위험과 비체계적 위험에 대한 설명으로 옳지 않은 것은?

① 체계적 위험은 시장위험으로 모든 주식에 공통적으로 영향을 미친다.
② 체계적 위험은 표준편차로 측정하고 비체계적 위험은 베타로 측정한다.
③ 비체계적 위험은 기업고유의 위험을 나타낸다.
④ 포트폴리오에 포함되는 주식의 수를 늘리면 비체계적 위험이 줄어든다.
⑤ 잘 분산된 포트폴리오의 경우 기업 고유의 위험은 제거되고 체계적 위험만이 남게 된다.

> **해설** 체계적 위험은 베타로 측정하고 비체계적 위험은 잔차분산으로 측정한다.

66 다음 중 투자설계 프로세스 6단계를 순서대로 올바르게 나열한 것은?

① 재무목표와 투자우선순위 파악 → 재무상황 파악, 경제 및 금융환경 분석 → 투자정책서 작성 → 투자포트폴리오 수립 및 개별상품 선정 → 투자 실행 → 투자성과 평가 및 수정
② 재무상황 파악, 경제 및 금융환경 분석 → 재무목표와 투자우선순위 파악 → 투자정책서 작성 → 투자포트폴리오 수립 및 개별상품 선정 → 투자 실행 → 투자성과 평가 및 수정
③ 투자정책서 작성 → 재무목표와 투자우선순위 파악 → 재무상황 파악, 경제 및 금융환경 분석 → 투자포트폴리오 수립 및 개별상품 선정 → 투자 실행 → 투자성과 평가 및 수정
④ 재무목표와 투자우선순위 파악 → 재무상황 파악, 경제 및 금융환경 분석 → 투자포트폴리오 수립 및 개별상품 선정 → 투자정책서 작성 → 투자 실행 → 투자성과 평가 및 수정
⑤ 재무상황 파악, 경제 및 금융환경 분석 → 투자정책서 작성 → 투자포트폴리오 수립 및 개별상품 선정 → 재무목표와 투자우선순위 파악 → 투자 실행 → 투자성과 평가 및 수정

> **해설** 투자설계 프로세스 6단계는 '재무목표와 투자우선순위 파악 → 재무상황 파악, 경제 및 금융환경 분석 → 투자정책서 작성 → 투자포트폴리오 수립 및 개별상품 선정 → 투자 실행 → 투자성과 평가 및 수정' 순서로 이루어진다.

정답 60 ② 61 ④ 62 ③ 63 ④ 64 ② 65 ② 66 ①

65 Y펀드 수익률의 표준편차가 0.5, KOSPI 수익률의 표준편차가 0.2, Y펀드와 KOSPI 수익률의 공분산이 0.008일 경우 두 수익률 간의 상관계수는?

① 0.06　　　　　　　　　② 0.08　　　　　　　　　③ 0.10
④ 0.12　　　　　　　　　⑤ 0.15

> **해설**　상관계수 = 0.008/(0.5×0.2) = 0.08 이다.

67 다음 중 자본시장선(CML)에 대한 설명으로 옳지 않은 것은?

① 자본시장선상의 포트폴리오들은 비체계적 위험이 완전히 제거된 포트폴리오이다.
② 모든 투자자는 시장포트폴리오를 최적 위험포트폴리오로 보유한다.
③ 시장포트폴리오를 위험자산으로 사용한 자본배분선이다.
④ 투자자의 위험회피 성향에 따라 무위험자산과 시장포트폴리오에 대한 투자비중이 변한다.
⑤ 완전히 분산투자된 효율적 포트폴리오만을 분석 대상으로 하며 기대수익과 베타(β)의 관계를 나타낸다.

> **해설**　자본시장선은 완전히 분산투자된 효율적 포트폴리오만을 분석 대상으로 하며 기대수익과 총 위험(σ)의 관계를 나타낸다.

68 무위험자산의 수익률이 4%이고 시장포트폴리오의 수익률이 8%로 예상되며, 베타가 1.25인 주식 Y에 투자 시 12%의 수익률이 예상될 경우, 증권시장선(SML)을 이용하여 평가한 주식 Y의 현재 상태는?

① 주식 A의 주가는 현재 적정한 상태이며, SML선상에 위치한다.
② 주식 A의 주가는 현재 저평가된 상태이며, SML선 위쪽에 위치한다.
③ 주식 A의 주가는 현재 고평가된 상태이며, SML선 위쪽에 위치한다.
④ 주식 A의 주가는 현재 저평가된 상태이며, SML선 아래쪽에 위치한다.
⑤ 주식 A의 주가는 현재 고평가된 상태이며, SML선 아래쪽에 위치한다.

> **해설**　SML에 의한 주식 Y의 요구수익률 = 4% + (8% − 4%)×1.25 = 9%이고, 실제로 주식 Y에 투자 시 예상되는 수익률은 12%이므로 Y주식은 저평가된 자산이며 SML선 위쪽에 위치한다고 볼 수 있다.

69 다음 중 상관계수의 범위로 올바른 것은?

① −2 ~ +2　　　　　　　② −1 ~ +1　　　　　　　③ −0.5 ~ +0.5
④ 0 ~ +1　　　　　　　　⑤ 0 ~ +2

해설 상관계수는 −1에서 +1 사이의 범위를 갖는다.

70 투자설계 프로세스 중 자산배분 전략을 포함한 투자정책서 작성인 3단계에 해당하는 내용이 아닌 것은?

① 위험허용수준 및 기대수익률
② 국내외 금융시장 및 경제환경 파악
③ 성과평가를 위한 벤치마크 기술
④ 경제지표에 대한 가정치
⑤ 기존 투자를 고려한 자산배분전략

해설 국내외 금융시장 및 경제환경 파악은 투자설계 프로세스 2단계에 해당한다.

5편 비금융자산 투자설계 모의고사

71 부동산시장에 관한 설명 중 옳지 않은 것은?

① 부동산 거래에 필요한 정보 습득에는 일반적으로 많은 비용이 소요된다.
② 부동산경기가 상승 국면에 들어서면 시장은 구매자 주도시장(buyer's market)으로 변한다.
③ 부동산시장에서는 수요와 공급의 불균형으로 인해 단기적으로 가격형성이 왜곡될 가능성이 있다.
④ 부동산 공급에는 상당한 시간이 소요되기 때문에 수요가 급증하더라도 공급이 적시에 이루어지지 못하는 경우가 많다.
⑤ 부동산시장은 지역의 경제적, 사회적, 행정적 변화에 따라 영향을 받으며 수요, 공급도 그 지역 특성의 영향을 받는다.

> **해설** 부동산경기가 상승 국면에 들어서면 시장은 매도자 주도시장으로 변한다.

72 토지의 특성에 관한 설명으로 옳지 않은 것은?

① 부증성으로 인해 토지이용이 집약화된다.
② 개별성(이질성)으로 인해 부(−)의 외부효과가 발생한다.
③ 부동성(위치의 고정성)으로 인해 부동산활동이 국지화된다.
④ 영속성으로 인해 원칙적으로 감가상각이 적용되지 않는다.
⑤ 이용주체의 목적에 따라 인위적으로 분할 또는 합병하여 이용할 수 있다.

> **해설** 부동성 또는 인접성으로 인해 부(−)의 외부효과가 발생한다.

73 부동산의 경제적 개념에 해당되지 않은 것은?

① 소비재　　　　　② 자산　　　　　③ 자본
④ 환경　　　　　　⑤ 상품

> **해설** 부동산의 기술적 개념은 공간, 자연, 환경, 위치이고, 경제적 개념은 자산, 자본, 생산요소, 소비재, 상품이다.

74 토지 관련 용어의 설명으로 옳은 것을 모두 고른 것은?

> A. 획지는 용도상 불가분의 관계에 있는 2필지 이상의 일단의 토지를 말한다.
> B. 이행지는 택지지역·농지지역·임지지역 상호간에 다른 지역으로 전환되고 있는 일단의 토지를 말한다.
> C. 표준지는 지가의 공시를 위해 가치형성요인이 같거나 유사하다고 인정되는 일단의 토지중에서 선정한 토지를 말한다.
> D. 택지는 주거·상업·공업용지 등의 용도로 이용되고 있거나 해당 용도로 이용할 목적으로 조성된 토지를 말한다.

① A   ② A, B   ③ C, D
④ B, C, D   ⑤ A, B, C, D

해설 상관계수 = 0.008/(0.5×0.2) = 0.08 이다.
A의 획지란 인위적·자연적·행정적 조건에 의해 다른 토지와 구별되며, 가격수준이 비슷한 일단의 토지이다.
B는 후보지에 대한 설명이다.

75 개별 필지에 대한 규제사항 및 토지이용계획 사항을 확인하는 것으로, 해당 토지에 대한 용도지역·지구·구역, 도시·군계획시설, 도시계획사업과 입안내용, 각종 규제에 대한 저촉 여부 등을 확인할 수 있는 자료는?

① 토지대장   ② 건축물대장
③ 토지특성조사표   ④ 토지이용계획확인서
⑤ 개별공시지가확인서

해설 토지이용계획확인서란 지역·지구 등의 지정내용, 그 지역·지구 등 안에서의 행위제한 내용 및 토지거래계약에 관한 허가구역 등이 기재되어 토지의 이용 및 도시계획 시설 결정여부 등을 알 수 있는 서류로서 토지이용계획확인서를 통해 해당 부동산의 용도지역·용도지구, 앞으로의 개발계획수립여부 등을 확인할 수 있다(「토지이용규제 기본법」 제10조 및 「토지이용규제 기본법 시행규칙」 제2조, 별지 제2호서식).

76 다음 중 도시의 녹지공간의 확보, 도시확산의 방지, 장래 도시용지의 공급 등을 위하여 보전할 필요가 있는 지역으로서 불가피한 경우에 한하여 제한적인 개발이 허용되는 지역은?

① 보전녹지지역   ② 생산녹지지역   ③ 자연녹지지역
④ 생산관리지역   ⑤ 보전관리지역

해설 자연녹지지역에 대한 설명이다.

정답 71 ② 72 ② 73 ③ 74 ④ 75 ④ 76 ③

77 다음에서 설명하는 부동산 관련 용어가 순서대로 올바르게 묶인 것은?

> ○ 담보대출의 가치인정 비율을 의미하며 담보인정비율이라고도 한다.
> ○ 대출자의 연간총소득에서 연간 총부채원리금이 차지하는 비율을 말한다.
> ○ 연 총소득에서 부채의 연간 원리금상환액이 차지하는 비율을 말한다.

① DTI - LTV - DSR　　② LTV - DTI - DSR
③ DSR - LTV - DTI　　④ DTI - DSR - LTV
⑤ LTV - DSR - DTI

해설 순서대로 LTV(Loan to Value Ratio) - DSR(Debt Service Ratio) - DTI(Debt To Income)에 대한 설명이다.

78 다음 중 용도지역·지구·구역에 대한 설명으로 옳지 않은 것은?

① 용도지구는 모든 토지에 지정하며 중복지정이 가능하다.
② 같은 지역에 중복하여 2가지의 용도지역을 정할 수 없다.
③ 용도지구 상호간 또는 용도지역과 용도지구는 중복이 가능하다.
④ 용도지구는 그 지역의 특성에 따라 여러 개의 용도지구로 중복지정 될 수 있다.
⑤ 용도구역은 중복지정이 불가능하지만 용도지역과 용도지구에 중복하여 지정하는 것은 가능하다.

해설 용도지구는 필요한 토지에 지정하며 중복지정은 가능하다.

79 분양가상한제에 관한 설명으로 옳지 않은 것은?

① 분양가 상한제는 시장가격 이하로 상한가격을 설정하여 무주택자의 주택가격 부담을 완화시키고자 하는 제도로 현재 정부가 시행중인 정책이다.
② 신규 분양주택의 공급 위축 현상과 질이 하락하는 문제점이 나타날 수 있다.
③ 주택법령상 분양가상한제 적용주택의 분양가격은 건축비와 택지비로 구성된다.
④ 도입배경은 주택가격을 안정시키고, 무주택자의 신규주택구입 부담을 경감시키기 위해서이다.
⑤ 주택법령상 사업주체가 일반인에게 공급하는 공동주택 중 공공택지에서 공급하는 도시형 생활주택은 분양가상한제를 적용한다.

해설 주택법령상 사업주체가 일반인에게 공급하는 공동주택 중 공공택지에서 공급하는 도시형 생활주택은 분양가상한제를 적용받지 않는다.

80 부동산시장의 경기변동에 관한 설명으로 옳지 않은 것은?

① 부동산 경기변동이란 부동산시장이 일반 경기변동처럼 상승과 하강국면이 반복되는 현상을 말한다.
② 회복시장에서 직전 국면 저점의 거래사례가격은 현재 시점에서 새로운 거래가격의 하한이 되는 경향이 있다.
③ 상향시장에서 직전 국면의 거래사례가격은 현재 시점에서 새로운 거래가격의 상한이 되는 경향이 있다.
④ 하향시장에서 직전 국면의 거래사례가격은 현재 시점에서 새로운 거래가격의 상한이 되는 경향이 있다.
⑤ 후퇴시장에서 직전 국면 정점의 거래사례가격은 현재 시점에서 새로운 거래가격의 상한이 되는 경향이 있다.

> **해설** 상향시장에서 직전 국면의 거래사례가격은 현재 시점에서 새로운 거래가격의 하한이 되는 경향이 있다.

81 계약의 유형에 관한 설명으로 옳은 것은?

① 부동산매매계약은 유상, 요물계약이다.
② 중계계약은 민법상의 전형계약이다.
③ 부동산교환계약은 무상, 계속적 계약이다.
④ 증여계약은 편무, 유상계약이다.
⑤ 임대차계약은 쌍무, 유상계약이다.

> **해설**
> ① 부동산매매계약은 유상, 낙성계약이다.
> ② 중계계약은 전형계약이 아니다.
> ③ 부동산교환계약은 유상, 일시적 계약이다.
> ④ 증여계약은 편무, 무상계약이다.

82 부동산 투자분석기법에 관한 설명으로 옳지 않은 것은?(단, 다른 조건은 동일함)

① 내부수익률법, 순현재가치법, 수익성지수법은 할인현금흐름기법에 해당한다.
② 순현재가치가 '0'이 되는 단일 투자안의 경우 수익성지수는 '1'이 된다.
③ 동일한 현금흐름의 투자안이라도 투자자의 요구수익률에 따라 순현재가치(NPV)가 달라질 수 있다.
④ 재투자율로 내부수익률법에서는 요구수익률을 사용하지만, 순현재가치법에서는 시장이자율을 사용한다.
⑤ 회계적 이익률법에서는 투자안의 이익률이 목표이익률보다 높은 투자안 중에서 이익률이 가장 높은 투자안을 선택하는 것이 합리적이다.

> **해설** 순현재가치법에서는 재투자율로 사전에 결정된 투자자의 요구수익율을 사용하지만, 내부수익률법에서는 대상 부동산으로부터 계산되는 내부수익률을 재투자율로 사용하고 있다.

정답 77 ⑤ 78 ① 79 ⑤ 80 ③ 81 ⑤ 82 ④

83 다음 중 등기사항증명서의 활용방법으로 옳지 않은 것은?

① 본인 보증금의 우선순위를 확인할 수 있다.
② 실거래 사례의 거래금액을 확인할 수 있다.
③ 해당 부동산의 소유권 여부를 확인할 수 있다.
④ 압류, 가압류, 경매 등 소유권 침해여부를 확인할 수 있다.
⑤ 면적정보와 대지권 비율은 건축물대장보다 정확하게 확인할 수 있다.

> **해설** 면적정보 등의 정보가 건축물대장과 다른 경우 건축물대장상의 정보가 우선시된다. 따라서 면적정보와 대지권 비율 등의 정보의 정확한 내용을 확인하고자 한다면 건축물대장을 확인하여야 한다.

84 다음 중 주택임대차보호법에 대한 설명으로 옳은 것은?

① 적용범위는 보증금이 5억 미만인 주택이다.
② 일부를 주거 외의 목적에 사용하더라도 적용된다.
③ 대항력은 인도와 전입신고를 한 날로부터 발생한다.
④ 가족이 있다면 가족 전원을 주민등록신고 해야 한다.
⑤ 불법건축물이나 비닐하우스는 적용대상에서 제외된다.

> **해설** ① 주택임대지보호법의 보증금에 대한 제한이 없다.
> ③ 대항력은 인도와 전입신고를 한 날의 다음날(익일)부터 발생한다.
> ④ 가족에 대한 대항력은 가족의 일부만 주민등록신고를 해도 된다.
> ⑤ 불법건축물은 적용대상이 된다.

85 다음 중 상가건물임대차보호법에 대한 설명으로 옳지 않은 것은?

① 임대차기간을 정하지 않은 임대차계약의 기간은 1년으로 본다.
② 상가건물이어야 하며, 사업자등록의 대상이 되는 영업용 건물에 적용된다.
③ 임차인이 3기 이상 차임을 연체한 경우 임대인은 임차인의 갱신요구를 거절할 수 있다.
④ 소액임차인이 등기 및 확정일자를 부여받은 경우 최우선변제권이 발생하여 최우선으로 변제받을 수 있다.
⑤ 권리금이란 영업과 관련된 유형무형의 재산적 가치의 양도 또는 이용대가로서 임대인, 임차인에게 보증금과 차임 이외에 지급하는 금전 등의 대가를 말한다.

> **해설** 확정일자 없이 인도 및 사업자등록을 부여받은 경우 최우선변제권이 발생하여 최우선으로 변제받을 수 있다.

86 상가임대차보호법에서 보증금이 1억, 임차료(월세)가 200만 원일 때 환산보증금은?

① 1억 2천만 원 ② 1억 4천만 원 ③ 2억 원
④ 2억 4천만 원 ⑤ 3억 원

> **해설** 상가임대차환산보증금=보증금 + (월세×100)이므로 환산보증금 = 1억 + (200만 원×100) = 3억 원
> * 현재 상가건물 임대차보호법 적용을 받는 환산보증금액은 서울 6억 1천만 원, 과밀억제권역/부산 5억 원, 광역시 등 3억 9천만 원, 그 밖의 지역 2억 7천만 원이다.

87 등기의 효력에 관한 다음의 설명 중 타당한 것으로 짝지어진 것은?

A. 등기에는 물권변동의 효력이 있다.
B. 등기에는 공신력이 인정된다.
C. 등기에는 점유적 효력이 있다.
D. 등기에는 순위확정적 효력이 있다.
E. 우리나라에서는 등기의 대항적 효력이 없다.
F. 판례에 의하면 소유권이전등기의 등기명의자는 제3자에게 뿐만 아니라 전 소유자에 대해서도 적법한 등기원인에 의하여 소유권을 이전받은 것으로 추정된다.

① A, C, D, F ② A, B, D, F ③ A, B, C, F
④ A, D, E, F ⑤ A, D, E, F

> **해설** 등기에는 물권변동적 효력, 대항적 효력, 권리추정적 효력, 점유적 효력, 순위확정적 효력, 형식적 확정력이 있다. 등기에 공신력은 인정되지 않는다.

88 한국주택금융공사의 주택연금제도에 관한 설명으로 옳지 않은 것은?

① 주택연금지급방식은 종신지급방식과 종신혼합방식이 있다.
② 연금가입자는 주택연금의 전액 또는 일부 정산시 중도상환수수료를 부담한다.
③ 주택법상 주택연금을 받을 수 있는 주택의 유형에는 단독주택, 다세대주택, 연립주택 및 아파트가 해당된다.
④ 종신지급방식에서 가입자가 사망할 때까지 지급된 주택연금 대출원리금이 담보주택 처분가격을 초과하더라도 초과 지급된 금액을 법정 상속인이 상환하지 않는다.
⑤ 한국주택금융공사는 연금가입자를 위해 은행에 보증서를 발급하고, 은행은 한국주택금융공사의 보증서에 근거하여 연금가입자에게 주택연금을 지급한다.

> **해설** 연금가입자는 주택연금의 전액 또는 일부 정산시 중도상환수수료를 부담하지 않는다.

정답 83 ⑤ 84 ② 85 ④ 86 ⑤ 87 ① 88 ②

89 부동산 가격공시 및 감정평가에 관한 법률상의 규정에 관한 설명으로 틀린 것은?

① 표준지공시지가의 공지사항으로는 표준지의 단위면적당 가격, 표준지 및 주변토지의 이용 상황, 도로·교통상황, 지세 등이 있다.
② 표준지공시지가는 국가·지방자치단체 등의 기관이 그 업무와 관련하여 지가를 산정하거나 감정평가업자가 개별적으로 토지를 감정평가하는 경우에 그 기준이 된다.
③ 개별공시지가에 대하여 이의가 있는 자는 개별공시지가의 결정·공시일부터 60일 이내에 서면으로 국토교통부장관에게 이의를 신청할 수 있다.
④ 표준지의 적정가격을 조사·평가하는 경우에는 인근 유사토지의 거래가격·임대료 및 당해 토지의 유사한 이용가치를 지닌다고 인정되는 토지의 조성에 필요한 비용추정액 등을 종합적으로 참작하여야 한다.
⑤ 국토교통부장관이 공동주택의 적정가격을 조사·산정하는 경우에는 인근유사공동주택의 거래가격·임대료 및 당해 공동주택과 유사한 이용가치를 지닌다고 인정되는 공동주택의 건설에 필요한 비용추정액 등을 종합적으로 참작하여야 한다.

> **해설** 개별공시지가에 이의가 있는 자는 그 결정·공시일부터 30일 이내에 서면으로 시장·군수 또는 구청장에게 이의를 신청할 수 있다.

90 정부의 주택임대 정책에 관한 설명으로 옳지 않은 것은? (단, 규제임대료가 시장임대료보다 낮다고 가정함)

① 장기전세주택이란 국가, 지방자치단체, 한국토지주택공사 또는 지방공사가 임대할 목적으로 건설 또는 매입하는 주택으로서 20년의 범위에서 전세계약의 방식으로 공급하는 임대주택을 말한다.
② 임대료 규제는 임대부동산을 질적으로 향상시키고 기존 세입자의 주거 이동을 촉진시킨다.
③ 주택바우처(housing voucher)는 임대료 보조 정책의 하나다.
④ 임대료 보조금 지급은 저소득층의 주거 여건 개선에 기여할 수 있다.
⑤ 임대료 규제는 장기적으로 민간 임대주택 공급을 위축시킬 우려가 있다.

> **해설** 임대료 규제는 장기적으로 임대주택량 감소를 낳게 되어 초과수요가 발생한다. 임대부동산의 '질적인 저하'가 초래되어 기존 임차인은 새로운 임대주택을 구하기 어렵기에 기존 주택에 계속 살려고 하기 때문에 주거이동은 감소된다.

91 부동산 조세에 관한 설명으로 옳지 않은 것은?

① 부동산 조세는 부동산 자원을 재분배하는 도구로 쓰인다.
② 소형주택공급의 확대, 호화주택의 건축억제 등과 같은 주택문제해결 수단의 기능을 갖는다.

③ 양도소득세의 중과는 부동산 보유자로 하여금 거래를 뒤로 미루게 하는 동결효과(lock-in effect)를 갖고 있다.
④ 조세의 전가란 납세의무자에게 부담된 조세가 납세의무자의 부담이 되지 않고 다른 사람에게 이전되는 것을 말한다.
⑤ 절세는 합법적으로 세금을 줄이려는 행위이며, 조세회피와 탈세는 불법적으로 세금을 줄이려는 행위이다.

> **해설** 조세회피행위(tax avoidance)는 어떠한 경제 목적을 달성하기 위한 일정한 행위를 취함에 있어서 본래대로라면 채택했을 행위형식을 채택함이 없이 조세부담의 경감목적으로 다른 이상한 행위형식을 채택함으로써 조세부담을 부당히 경감하는 행위를 말한다. 조세회피는 불법적인 행위가 아니기에 세법상 처벌대상이 되지 않는다.

92 다음 중 우리나라 정부의 부동산시장에 대한 직접개입 수단은 모두 몇 개인가?

| ○ 공공토지비축 | ○ 취득세 | ○ 종합부동산세 | ○ 토지수용 |
| ○ 개발부담금 | ○ 공영개발 | ○ 공공임대주택 | ○ 대부비율 |

① 3개 ② 4개 ③ 5개
④ 6개 ⑤ 7개

> **해설** 우리나라 정부의 부동산시장에 대한 직접개입 수단은 공공토지비축, 토지수용, 공영개발, 공공임대주택 등이 있다.

93 부동산 분석에 관한 용어 설명 중 옳지 않은 것은?

① 상권분석에서는 대상 점포가 고객을 끌어들이는 지리적 범위를 분석한다.
② 시장분석에서는 특정 지역이나 부동산 유형에 대한 수요, 공급 등을 분석한다.
③ 지역경제분석에서는 대상 지역의 부동산 수요에 영향을 미치는 인구, 고용, 소득 등의 요인을 분석한다.
④ 흡수율분석에서는 개발사업과 관련한 거시적 경기 동향, 정책 환경, 지역시장의 특성 등을 분석한다.
⑤ 타당성분석에서는 개발사업에 투자자금을 끌어들일 수 있을 정도로 충분한 수익이 발생하는지 분석한다.

> **해설** 흡수율분석은 일정기간동안 특정 부동산이 시장에서 얼마의 비율로 흡수되었는가를 조사하는 것을 말하며, 개발사업과 관련한 거시적 경기 동향, 정책 환경, 지역시장의 특성 등을 분석하는 것은 지역경제분석을 의미한다.

94 甲씨는 주택구입을 위해 7,000만 원을 목표로 하여 투자하였다. 이자율 4%로 10년간 적립할 경우 매년 적립금을 산정하기 위해 사용하는 방법은?

① 7,000만 원 × 저당계수
② 7,000만 원 × 감채기금계수
③ 7,000만 원 × 연금의 내가계수
④ 7,500만 원 × 저당계수
⑤ 7,500만 원 × 감채기금계수

해설 매년 적립액=연금의 미래가치×감채기금계수

95 은행으로부터 고정금리조건부 주택담보대출을 원금균등분할상환방식으로 대출을 받았다. 대출실행 이후 예상치 못한 인플레이션이 발생한 경우에 이로 인한 결과로 옳은 것은?

① 차입자의 명목이자율이 증가한다.
② 차입자의 조기상환가능성이 증가한다.
③ 차입자의 매기 원리금상환액은 증가한다.
④ 차입자의 매기 지급이자액에는 변화가 없다.
⑤ 대출자의 실질이자율이 하락할 가능성이 높아진다.

해설
① 차입자의 명목이자율은 변하지 않는다.
② 차입자의 조기상환가능성이 감소한다.
③ 차입자의 매기 원리금상환액은 감소한다.
④ 차입자의 매기 지급이자액은 감소한다.

96 역대 정부별 부동산 정책에 대한 설명으로 옳지 않은 것은?

① 김영삼정부 : 부동산실명제 도입
② 김대중정부 : 주택건설촉진법 개정
③ 노무현정부 : 다주택자 양도세 중과
④ 이명박정부 : 다주택자 중과세 폐지
⑤ 박근혜정부 : 수직증축 리모델링 허용

해설 이명박 정부도 다주택자 중과세를 폐지하지는 못하였다.

97 부동산 투자 타당성 평가에 관한 설명으로 옳지 않은 것은?

① 순현가(NPV)는 화폐의 시간적 가치를 고려한다.
② 수익성지수(PI)는 화폐의 시간적 가치를 고려하지 않는다.
③ 이론적으로 순현가(NPV)가 '0'보다 작으면 투자타당성이 없다고 할 수 있다.

④ 회계적 이익률(accounting rate of return)은 연평균순이익을 연평균투자액으로 나눈 비율이다.
⑤ 내부수익률(IRR)이란 투자로부터 기대되는 현금유입의 현재가치와 현금유출의 현재가치를 같게 하는 할인율이다.

> 해설 투자의사 결정을 위한 분석기법에는 화폐의 시간가치를 고려하지 않는 방법인 회수기간법과 회계적수익률법(회계적이익률법)이 있고, 화폐의 시간가치를 고려하는 내부수익률법, 순현재가치법, 투자규모가 다를 경우 활용하는 수익성지수법, 위험을 고려하여 분석하는 감응도분석과 확률분석 등이 있다.

98 다음 중 경매와 공매에 대한 설명으로 옳지 않은 것은?

① 공매는 채권자 평등원칙이 적용된다.
② 경매는 금전채권을 법원 통해 회수한다.
③ 경매는 경매개시결정 후 기입등기를 한다.
④ 공매는 체납세액을 강제 징수하는 행정처분이다.
⑤ 협의의 공매는 조세체납처분의 최종단계로서의 공매 즉 재산현금처분을 뜻한다.

> 해설 경매는 채권자 평등원칙이 적용되고, 공매는 국세 우선의 원칙이 적용된다.

99 자산비중 및 경제상황별 예상수익률이 다음과 같을 때, 전체 구성자산의 기대수익률은?(단, 확률은 호황 40%, 불황 60%임)

구 분	자산비중	경제상황별 예상 수익률	
		호황	불황
상가	20%	20%	10%
오피스텔	30%	25%	10%
아파트	50%	10%	8%

① 11.5%   ② 12.0%   ③ 12.5%
④ 13.0%   ⑤ 13.5%

> 해설 개별 투자자산의 기대수익률을 구해 다음과 같다.
> - 상가 기대수익률 = (0.4×20%) + (0.6×10%) = 14%
> - 오피스텔 기대수익률 = (0.4×25%) + (0.6×10%) = 16%
> - 아파트 기대수익률 = (0.4×10%) + (0.6×8%) = 8.8%
> ∴ 전체 구성자산의 기대수익률=(0.2×14%) + (0.3×16%) + (0.5×8.8%) = 12%

정답 94 ④ 95 ⑤ 96 ④ 97 ② 98 ① 99 ②

100 부동산관리에 관한 설명으로 옳은 것은?

① 자산관리는 건물의 설비, 기계운영 및 보수, 유지관리 업무에 한한다.
② 시설관리는 시장 및 지역경제분석, 경쟁요인 및 수요분석 등이 주요업무다.
③ 부동산관리에서 '유지'란 외부적인 관리행위로 부동산의 외형·형태를 변화시키면서 양호한 상태를 지속시키는 행위다.
④ 부동산의 법률관리는 부동산자산의 포트폴리오 관점에서 자산-부채의 재무적 효율성을 최적화 하는 것이다.
⑤ 건물관리의 경우 생애주기비용(Life Cycle Cost)분석을 통해 초기투자비와 관리유지비의 비율을 조절함으로써 보유기간동안 효과적으로 총비용을 관리할 수 있다.

> **해설** ① 시설관리에 관한 설명이다.
> ② 자산 관리에 해당된다.
> ③ 유지는 부동산의 외형·형태를 변화시키지 않고 양호한 상태를 지속시키는 행위이다.
> ④ 자산관리에 관한 설명이다.

정답 100 ⑤

은행 FP(자산관리사) 파이널 총정리

발 행 일	2020년 2월 5일 초판 1쇄 인쇄
	2020년 2월 10일 초판 1쇄 발행
저 자	유준수
발 행 처	 
발 행 인	이상원
신고번호	제 300-2007-143호
주 소	서울시 종로구 율곡로13길 21
대표전화	02) 745-0311~3
팩 스	02) 743-2688
홈페이지	www.crownbook.com
ISBN	978-89-406-3699-2 / 13320

특별판매정가 18,000원

이 도서의 판권은 크라운출판사에 있으며, 수록된 내용은
무단으로 복제, 변형하여 사용할 수 없습니다.
Copyright CROWN, ⓒ 2020 Printed in Korea

이 도서의 문의를 편집부(02-6430-7012)로 연락주시면
친절하게 응답해 드립니다.